# 主権者と
# 歴史認識の社会学へ

## 21世紀社会学の視野を深める

庄司興吉　編著

新曜社

# 21世紀社会変動の社会学へ
## 主権者が社会をとらえるために

庄司興吉 編著　A5判並製200頁　本体2300円＋税

　21世紀社会の形と方向性が見えてきて、私たち主権者はそれをとらえ、対応するよう迫られている。そのために私たちは、自分が主権者であることをどこまで自覚しているか、反省してみなければならない。少し前に有権者年齢が18歳にまで引き下げられて、主権者教育などが云々されたが、すでに主権者になって久しい、いや歴史的によく考えれば、まだまだ間もない私たち自身、どこまでその意味を理解しているだろうか。

　「王は君臨すれども統治せず」のもとの英語での言い方が、"The Sovereign reigns, but does not rule."だと知って、私は驚いたことがある。王とはSovereignのことで、市民たちはその王から統治する権利、すなわち主権Sovereigntyを奪って、自分たちが主権者sovereign peopleになったのである。だから、統治するために私たちは自分たちの社会がどうなっているのかを知らなければならない。社会学とはそのための学問なのではないか、ということに気がついて私は愕然とした覚えもある。主権者といえばある年齢以上の全員なのだから、誰でもが主権を行使するために使えるような、そんな社会学があるであろうか。

　本書は、そういう理由から、私たちの社会の歴史を認識して、少しでもその形と方向性が分かるよう、6つの論文を有機的に編んでなったものである。

　最初の論文で、編者は恥をさらして、自分の主権者歴を反省し、自分が、これがそうだと考えてきた社会学が本当にそうなのか、を問う。次いで冨江論文は、ほぼ1世紀さかのぼり、日本人にまだ憲法上の主権がなかったころ、生存権ならぬ生活権を求めて主権者として苦労した人びとのことを跡づける。それから佐久間論文は、日本人が思い上がって植民地をつくり、さらに思い上がって新しい理想の国家を建てるのだなどとうそぶいて侵略行為を拡大した時代に、そのために社会学を利用しようとした、ある人物のことを追う。

　戦後になり、日本の社会学はこうした過去の動きを反省し、少しでも日本の主権者のためになろうとしてきたが、奥村論文は、そうしたなかでもとくに困難な問題、いかに懸命に、あるいは誠実に生きても、私たちは皆いずれ死ななければならない、という問題にどんなふうに取り組んできているかを取り上げる。そのうえで、編者はあらためて、できるだけ分かりやすい歴史のとらえ方、つまり歴史認識を検討し、多くの人が良しとしてきた市民社会にじつは大きな問題があっ

たのではないか、と主張する。なぜなら、21世紀社会は、明らかに形が変わってきていて、その問題を解かないととらえることができないのではないか、と思うからである。

　率直に考えてみよう。30年前、私たち主権者は、21世紀の今の社会を予見できていたろうか。ソ連東欧が崩壊し、中国やインドやその他多くの、かつて市民社会の従属国や植民地であった国ぐにが、それぞれすごい勢いで成長してきて、アメリカやヨーロッパや日本をおたおたさせ、世界の仕組みを変えてきているのではないだろうか。

　本書は、この問題に真摯に取り組み、自分自身を含む主権者に少しでも役に立つような社会学を創ってみようという、試みである。できるだけ多くの主権者にお読みいただき、その不十分さを叩いて議論していただければ……と心から思う。これはそういう意図からの試供本である。


　　2020年1月

　　　　　　　　　　　　　　　　　　　　　　　　　　　　編　者

# 凡　例

1　本書は、共同研究の成果を編者が有機的に編集して成っている。目次および各
　論冒頭に黒地に白ヌキ文字で示したのは、本書の構成における各論の役割である。
　次の主題と副題は各論の執筆者による。

2　各論は、節を1, 2, 3……などで示し、それ以下の区切りはゴシック体の小見出し
　で示している。

3　各論は、本文、注、参照文献、という順でまとめられている。

4　本文中で参照文献を示す場合には、（著者姓　発行年：ページあるいは章、節）な
　どとなっている。

5　各論末の文献リストは、著者名ABC順になっている。判別しやすいよう、2行
　以上にわたる場合には2行以下を2字ずつ下げている。同一著者の作品を挙げる場
　合には2回目から著者を――――で示した。

6　索引は、事項索引、人名索引とも、編者が、本書のタイトルと副題に沿って、
　重要と思われる概念、用語、人名を選択して作成した。該当項目について調べや
　すいよう、また全体を見渡したばあい、本書の視野と内容が分かりやすいよう、
　最大限の配慮を施したつもりである。

# 目　次

## 《現代日本社会学の創造性を生かす》

# 不調和からの創造性 ──────── 奥村　隆 81
## ── 戦後日本の3人の社会学者をめぐって

## 《21世紀社会のための社会理論を構築する》

# 歴史認識をふまえた社会理論の形成 ──── 庄司興吉 111
## ── 共同性・階層性・体系（システム）性から地球社会の理論へ

《21世紀社会変動のダイナミックな現状分析へ》

# 21世紀社会の現段階と課題 ────────────庄司興吉　145
## ── 歴史の現段階と新しい社会理論の必要性

装幀＝虎尾　隆

《主権者であることを反省する》

# 戦後史認識から主権者のための社会学へ
## ── 自分史から地球社会学への展開

庄司興吉

# 1　主権者の予感

## とても人の役に立つことなどできないのだが・・・

　主権者のための社会学を、私などに論ずることができるだろうか。そもそもこれまでの私が、自分の生きる社会の主権者であることを、どれほど本当に理解していたのか。私は社会学という学問の道に進み、研究ばかりでなく長いこと教育にも携わってきたわけだから、その気さえあれば、研究のうえでも教育のうえでも多くのことができたはずだ。にもかかわらず、研究のうえではあまりにも大きなテーマに取り組みすぎ、教育のうえでも科目として教えなければならないことを教えるのに精一杯で、おまけに研究と教育以外のことにも多くの時間を費やし、なしえてきたことはごくわずかなのではないか。

　そう思いながら、私はためらう。しかし、あえて自分につごうよく考え直せば、私は、主権者などという言葉に接し、その意味を考えたりするようになるずっと前から、いろいろな機会にいろいろなかたちで実質的に主権者にかかわるような体験をし、無意識のうちにもそれについて考えてきたのではなかったか。そんなふうにあえて考えて、自分が社会学という学問の道に入り、それから研究や教育やその他のいろいろなことをつうじて意識的に、あるいは無意識的に考えたり、したりしてきたことをふり返ってみると、なんだか生涯をつうじて、自分が主権者であることの意味を考えつづけてきたような気もしてくる。

　もちろん、今さらもったいらしく自分のこれまでの生き方に筋道づけ、それをもっともらしく意味づけて、私は主権者としてこのように生き、このようなことを言い、このようなことをしてきたなどと語ってみても、すぐにその底の浅さや、作り話ふうの危うさはばれてしまうだろう。それでも、あえてそれをしてみて、主権者である多くの人びとが、こんなんだったら自分の方がましだと思い、自らの主権者としての生き方をふり返り、今までよりももっと主権者らしくふるまう

1

ための参考になるのであれば、それもやってみる価値があるのではないか。

　つまりは、主権者である多くの人びとに、自分を見直してもっと主権者性を発揮するための踏み台になるということだが、そういうことならできるのではないか。いや、私には全力を挙げてもそれくらいのことしかできないから、文字どおり全力を尽くしてそうしてみて、いくらかでも、私もその一員である主権者の、主権者性発揮のためになるならば、私にも少しくらいは皆の役に立つようなことができるのではないか・・・

　本論を書き始めるのは、このような動機からである。


## 幼少期の記憶

　そういう意味で、ここでは、人に語るほどのものでないのは十分分かっているつもりなのだが、自分自身の生い立ちからはじめてみるのが良いように思う。

　私は、太平洋戦争が始まってもまもなく東京で生まれた。しかし、戦争が半ばを過ぎて日本中の都市が空襲を受ける可能性が出てきたころ、私の一家はそろって、東北のY市の近くにあった村の、母親の実家に「疎開」した。その市は幸いにして空襲の対象にならなかったので、私には同年齢の友人のかなりが持っている空襲の記憶はない。

　私の思い出せるかぎり最初の記憶は、その村を流れていた小川のほとりで立ちションをしたら、母親に「なんということをする、この子は！」と大声で怒られた、というものである。付近にいたおばさんたちが「まだ小っこいんだから・・・」といって擁護してくれたが、気がついてみたら、そこは村人たちが使っている食器などの洗い場の上流だったから、怒られるのも当然のことだった。そのとき戦争が終わっていたのかどうか、私には確かでない。

　それからしばらく経って —— この時までに確実に戦争は終わっていたのだが —— 、私は、母と姉といっしょに、村から市へと向かう道の途上にいた。たしか九月のまだ暑い日で、私はパンツ一丁だったと思う。道の両側の田圃には稲穂が繁り、実っていた。「コウちゃん、そんな格好でいるとスンチュウグン（進駐軍）に連れて行かれちゃうよ」と姉が私をからかい、母が「んだ、んだ」と同意しながら笑っている。二人は明らかに小さい私をからかうつもりだったのだが、私には、実った稲穂の向こうになにか巨大な怪物がいるような気がして、稲穂のなかにもぐり、逃げ回った。巨大で大きな力を持つものについての、最初の全身的な体感である。

　こんなふうに書いているとキリがなさそうだから、もう一つだけにとどめよう。それからしばらくして私の一家は、父のツテで市内に移り住み、時が来て私は小

学校に通い始めていた。三年生の時である。私たちが住んでいた家には不釣り合いなほど広い庭があって、そのなかほどに大きな柿の木があった。ある晴れた日の午後、学校から帰ってきてその下で遊んでいると、通りに面した屋根付きの門のそとを大人の男性が、

「戦争だ、戦争だ！」と大きな声で叫びながら、駆け抜けていった。

この日のことを、私はもちろん何月何日などとはっきり記憶していたわけではない。しかし、のちに日本や世界について考えるようになってからは、いろいろなものに付いている年表によってこの日を正確に同定できることが分かった。1950年6月25日、朝鮮半島で戦争が勃発した日である。この戦争の意味や当時の世界情勢などについては、幼かった私にはもちろんまったく分からなかったのだが、ドキッとしてまるで心臓が止まりそうな気がしたことだけは、今でも覚えている。稲穂の実った田圃で感じたものよりも、なにかもっと大きな怪物の衝突のようなものを垣間見せられた感じであった。

## Ｔ先生のこと

小学校の先生たちのうち、六年生の時に担任をしてくれたＴ先生のことは、今でももっともよく覚えている。中肉中背で細身の、顔も細長く痩せ顔で、大きな目を時にぎょろりとさせたりする男性だったが、背が小さいために一番前の席にいた私に、私の思い込みかよく気を遣ってくれ、授業の途中や合間にもいろいろなことを教えてくれた。

それまで子供用に書き換えられた本で読んでいた作品を、文庫本などでじかに読むようになったのはこの先生の薦めだったと思う。漱石や龍之介などの作品を、まだ旧字体を用いていて、そのために仮名などのふられているもので読んで、私は面白くなり、先生の要求する作文などもそういう「である」体で書いたりして、先生に、そんな文体で書く生徒もいるなどと皆に紹介されて、内心得意がったりしたものだった。

中学にいったら英語の勉強があるということで、英語への関心をそそられたのもこの先生からだったと思う。私は、父にもらったわずかな小遣いで、県庁前の目抜き通りにある大きな書店に行き、よく分かりもしないのに英語の参考書を買ってきて勉強したりし始めた。また、中学に行くと算数は数学となり、高校に行くと代数や幾何などもあるのだと聞いて、すでに高校生だった兄の教科書をそっと覗かせてもらい、ピタゴラスの定理についての記述などを読んでおもしろがってなどもいた。

しかし大事なことは、この先生が授業のあいだに時どきおこなった、いわば社

会的な発言である。当時は戦後教育が始まってまだそんなに経っていない頃だったから、教職員の組合運動も盛んで、小学校の先生のあいだにも進歩的な先生が少なくなかったのだと思う。Ｔ先生はあるとき、ふだんとは違う厳しい表情で、私が小さいときに恐れたスンチュウグン（進駐軍）について、ほんとうは占領軍なのだが、そうでないかのような言い方で国民をごまかそうとしている、という意味のことを言った。またある時には、少し遠くを見るような眼をして、ある国のある映画を見たが、新しい型の人間が登場していて、どうも向こうでは新しい社会が創られているのではないかと思う、というような意味のことを言ったりもした。

　もちろん私にはそれらの意味がよく分からなかったのだが、そういえば私の家の近くにも、なにやら四六時中動き回っていて、私のような子どもにも熱心に話しかけてくるような学生がいた。あるとき私が、その学生の言葉尻をとらえてなにか生意気なことを言ったら、彼が、小さな私に上からのしかかるようにして反論してきて、ほんとうに怖いと思ったことがある。Ｔ先生にはもとよりそんなことはなかったのだが、その頃から、私には進駐軍とか新しい社会とかが忘れがたくついて回るようになったように思う。

## 2　原子・人間・主権者

### Ｍ君の導き ── 原子物理学開眼

　こんなことを書くと、私は子どもの頃から、いわゆる社会派だったと言いたがっているように思われるかもしれないが、実際にはそうではなかった。小学校から高校にかけて、私がなんとなく、そうなりたい、あるいはそうなるのではないか、と思っていたのは原子物理学者である。

　発端はたあいもない。小学二年生の秋、全校朝礼で校長先生が、日本のある偉い学者が日本人として初めてノーベル賞をもらうことになった、という話をしてくれた。湯川秀樹博士の名や中間子論の内容などをこの時の私が理解できたわけはないが、ノーベル賞というのがなにやらすごいもので、日本の学者がそれをもらうのは大変なことだというのは分かって、記憶に刻み込まれたのだと思う。それからしばらくして、何年生のときか、同じ校長先生が、原子力というのは驚くべきもので、爆弾に使われるとヒロシマやナガサキのように大変なことになるが、これからは平和利用への道が拓かれていくことになるようだ、というような話もしてくれた。今でこそ原子力発電は世界的に問題視されているが、この時は平和利用ということで、明るい未来につながりそうな展望が広げられていたように思

う。

　そんな文脈で五年生か六年生のとき、私の隣にM君という、私よりもはるか
に体の大きな人が座っていた。前に書いたように、当時は背の順に小さい方から
生徒を座らせるのが普通だったようで、クラスで一番くらいに小さかった私はい
つも最前列だったのだが、M君は眼に障害があったために私の隣に座らせられ
ていたのだと記憶している。度の強そうなメガネをかけていて面長な顔立ちの
M君はアゴがとがっていたので、なにかそれを揶揄するようなアダナを彼につ
けようとしてT先生に怒られた記憶が残っている。

　そのM君は、育ちなのか家庭の事情なのか私には分からなかったが、私など
よりもはるかに大人びていて、あるとき、県立図書館というものがあるので行っ
てみないか、と私を誘ってくれた。小学校が、私が入学する直前に火事にあい、
整備途上でそれらしい図書館もなかった時代である。行ってみて開架の部分を見
て歩き、私はびっくりした。もちろん子ども向けというのではなく、普通の大人
向けだったのだと思うが、じつにいろいろな本が並んでいて、そのどれでも手に
とって読んでみることができたからである。たとえばその一冊に気候や風土につ
いての本があり、イギリスから世界に広まったサッカーは雨が降っても試合を中
止したりしないが、それはもともとイギリスではそんなにひどい雨は降らないか
らで、日本のように土砂降りの雨が降る国には番傘と下駄がいちばん合っている
のだ、などと書いてあったのを覚えている。

　しかし極めつけは、原子についての解説書であった。それには、ギリシャ以来
の原子論の歴史から20世紀になって発達した原子模型をめぐる諸研究までのこ
とが書かれていて、ラザフォード（Rutherford, E. 1871-1937）とかボーア（Bohr,
N. 1885-1962）とかいう学者たちが切り開いた原子の構造についての議論が紹介
されていた。原子核があって、その周りを電子が回っている。原子核は陽子と中
性子とからなっていて、両者を固く結びつけているのが……というふうに展開し
て、私が小さいころから持っていた関心につながってくる。私は、自分自身も含
めて、身の回りにあるもののすべてが、こんな形をした小さなちいさなものから
できているということの意味を具体的に理解できず、理解できないままにとりつ
かれて夢にまで見るような状態におちいった。

## 漱石からロマン・ロランへ

　そんな状態から普通の人間の世界に引き戻してくれたのも、T先生だったと思
う。先生は、原子の構造にとりつかれながら、『坊ちゃん』や『草枕』や『猫』
などを読み、大人の世界などよく分かりもしないのに面白がっている私に、もっ

と深刻な問題を抱えた人びとを描いたものもあるのだといって、藤村の『破戒』のような作品も教えてくれた。難しいなと思いながらそういう本もかじり読みしながら、私は中学に進学した。

　中学生になった私は問題児であった。なまじっか先のことを自分流に勉強したりしていたために、授業の流れに同調せず、勝手に好きな本を読んだりしている私に、多くの先生が手を焼いた。そんな流れのなか、私はたまたま出会った「人間失格」という言葉に惹かれて太宰治の世界に入り込み、「不良」化することに、たあいのない楽しみを覚え始めたりしていた。そういう時に、私は、これはたまたまかどうかよく分からなかったが、もう一人の良い先生に救われた。

　「エンちゃん」と呼ばれていたその先生は、ダンディなロイドメガネの奥から優しそうな眼を光らせている、新制大学の工学部を出た英語と数学の得意な先生だった。彼は、小さくて、生意気の意味も知らずに生意気だった私を、お前の知識と実力などまだまだなのだ、などと威丈高に叱ったりせず、放課後にがらんとした音楽室に連れて行ってくれた。そして、当時としては最新のステレオ装置を操作して、自分で買ったばかりだというLP盤でチャイコフスキーの交響曲第6番「悲愴」を聞かせてくれた。兄の影響で私は小学生の頃からクラシックにはなじんでいたが、自宅の古いラジオから流れてくるのとは違う、大音量で複雑に交響する管弦楽曲を初めて聴いて凝然と立ちすくんだ。

　ベートーヴェンの交響曲を初めとするクラシックをあらためて神妙に聴くようになり、チャイコフスキーやベートーヴェンについての解説書や伝記などを読んでいるあいだに、私のなかに原子への関心に張り合うように目覚めてきたのは人間への関心だったと思う。とりわけ聴力を失うという音楽家には致命的な病を克服して、九つ目の大交響曲を完成させ、その初演に指揮棒をふるいながら自分では聞こえず、ソリストの一人に振り向かせられて聴衆の大喝采に気づいたというベートーヴェンの話は、それまでに読んできたあらゆる小説に描かれていた人間像を超えたものであった。こうした文脈で、私は、エンちゃん先生に外国の作家の少し大きな作品も読んでみたらどうかといわれ、ベートーヴェンをモデルにしたロマン・ロランの大河小説『ジャン・クリストフ』（Rolland 1903-12=1952-53）などにも、挑もうとするようになった。

### 憲法前文・フランス国歌・実存主義文学

　私が「主権」という言葉に意識して接したのは、そんな頃だったと思う。社会科の時間に、背の低い、四角な顔の真ん中に細い眼を光らせた中年の男の先生が、「日本国民は、正当に選挙された国会における代表者を通じて行動し」と日本国

憲法前文を読み上げ始め、「政府の行為によって再び戦争の惨禍が起こることのないやうにすることを決意し」まで来たところで長い間を取り、クラス中の生徒の顔をみわたしたうえで、「ここに主権が国民に存することを宣言し」と念を押すように言った時のことを、私はまるで、なにか悪いことをして叱られた時のような感情とともに覚えている。国民主権の意味などとても理解できないながら、「オマエらに責任があるんだぞ」と言われているような気がしたのである。

そんな受け止め方だったせいか、その後まもなく私は憲法前文のことなど忘れてしまった。音楽や小説に振り回される一方、アインシュタインらの『物理学はいかに創られたか』(Einstein & Infeld 1938=1950) で、また原子の物語に引き戻されたりしているあいだに、私の身辺に大きな異変が起こった。父が戦前の知り合いを頼って東京に戻ることを決意し、一家まるごと東京に移住することになって、なんと中学3年の11月に東京の中学に転校することになったのである。高校受験を考えるとこれは無茶苦茶な話であったようだが、私はもとより両親もそんな深刻さの意味は分かっておらず、心配するエンちゃん先生に記念の品に何がいいかと言われて事情も分からずに『ジャン・クリストフ』を挙げ、当時としては相当に高価な箱入りの四巻本をプレゼントされて、私は東京の、とある公立中学に移動した。

そして、東京の中学と生活にあたふたとなんとか適応し、翌年三月には受験して、都立の、進学校と言われていた高校の一つに入ることができたのだから、私はやはり幸運だったのであろう。しかし、その辺のこともあまり理解できていないまま、私は、高校に通い始める直前から、ラジオ講座でフランス語の勉強を始めたりしていた。誰に勧められたわけでもなく、ロマン・ロランなどを読んでいた経緯から、この辺でもう一つ外国語の勉強を始めてもいいだろう、やるならフランス語だ、という程度の動機であったが、あとから考えてみたら、これが致命的であった。担当していた小林正先生の、詩や歌をふんだんに盛り込んだ教え方に引き込まれてしまったせいもあるが、とりわけそのなかに含まれていた「ラ・マルセイェーズ」の歌詞内容に、世界にはこういう歌を国歌として歌っている人びともいるのだと思って、それこそひっくり返るほど驚いたのである。

「起て、祖国の子らよ」などという出だしは、もとより私の好みではない。しかし、「われわれにたいして圧政の血にまみれた旗が掲げられている」と歌い、情景を描写したうえで、だから「市民たちよ、武器を取れ、隊列を組め、進め、進め」と続けるこの歌のインパクトはもはや理屈を超えている。それは、長いこと奪われ続けていた自分たちの力と権利を今こそ取り戻すのだ、と決意した人びとにしか口にできない歌である。そう思いながら私は、この歌が呼び起こす感情

と、中学生の時に主権という言葉によって呼び起こされた、あの叱られたときのような感情との対比に、よく分からないながら、なにか歴史というものの底知れぬ深さを感じさせられたような思いがした。

とはいえ、もう一度言うが、感情など長続きしないものだ。私は、それからまもなく、この同じ年にノーベル文学賞を受賞したフランスの作家アルベール・カミュを、どんな作家なのか全部読んでみようという単純な動機で読んでいるうちに、先輩作家ジャン-ポール・サルトルやアンドレ・マルローに出会い、当時の通称でいう実存主義文学に魅せられてしまった。そしてこれは、ほぼ同じ頃に読んだ加藤周一のエッセーにいう、人間という言葉がフランスの文学や思想では独特の深いニュアンスを持つという、その「人間」に惹かれてしまったことを意味していた（加藤 1958）。その人間こそ主権者なのだ、などというふうに、当時はまだ思っていたわけではない。だが結果として、その人間を基礎の基礎から構成しているはずの、あの奇妙な構造をもつ原子への興味を、まだ失ってしまったわけではなかったにせよ、いつのまにか少しずつ薄れさせていくことになっていったようだった。

## 3　行動から省察へ

### 大学入学＝国会前デモ

高校三年の秋の終わりに、父が風邪をこじらせて肺炎で急死した。カミュに教えられた「不条理」そのもののような出来事であったが、良いも悪いもなく受け入れるしかなかった。それでも私は、父、母、姉、兄が必死に支えてきた家族のなかで彼らに依存して甘えており、ろくな受験勉強もしていなかったことに気づき、大学に直近で入らなければまずいと思い、それからの三ヶ月は受験勉強らしいことに集中した。その結果は、これも相当程度偶然だと思うのだが、合格であった。数学が思ったよりもよくできて、物理学に進むつもりで、ある時期まで力を注いでいたことの想定外の成果かとも思ったが、とにかく運が良かったのであろう。

現役で合格したことに気をよくして支援してくれた家族のおかげで、私は大学に通い始めた。先のことなど何も考えず、フランス文学に進むつもりでその類を選んだので、まじめにフランス語その他を勉強し、該当学科進学を目指して勉強するつもりであった。ところが、入学のための手続きの日はまだ良かったのだが、実際に授業が始まるというので行ってみると、降りた駅から大学に通じる道は学生でいっぱい。教室へ行こうとしても、いやも応もなく学生集団のなかに巻き込

まれる。活動家らしい学生がひとしきりアジ演説をする。それから集団は動き始め、渋谷までデモ行進して地下鉄に乗る。地上に出ると国会周辺である。活動家のアジ演説のもと、いつのまにかまた整列し、激しいジグザグデモを始める。周りには、取り締まろうとする警官隊ばかりでなく、学生たちの激しい動きを批判的な眼で見ている人びとも大勢いたが、そんなことはお構いなしであった。

　そういうことをくり返すなかで、いくつかのことが私の印象に強く刻まれた。デモをする学生の先頭で後ろ向きになって指導している活動家の一人に、私服制服の何人かの警官が近づき、背中にチョークのようなものでマークして両側から腕を抱え、逮捕していく。目の前で見る権力の発動。また、あるときデモ隊が首相官邸まえで止まっていると、目の前を石のようなものがかすめて近くに落ちる。頭に当たっていたら、現在の私はいなかったのではないか。そんなくり返しのなか、ある日、学生たちは国会構内に入る門の一つのまえで立ち止まり、待たされ始める。後ろのほうにいた私には、前のほうで学生たちが何をしているのか、よく分からない。そのうち私には、家庭教師のアルバイトをしていたお宅への訪問の時間が迫ってくる。時計を見ながら私はその場を離れ、近くの地下鉄駅の階段を降り始めた。

　その夜10時近くに帰宅した私のまえに、兄が仁王立ちになった。「どこへ行っていたのだ？」「バイトでいつものところへ」と答えながら私はハッとした。まだ自宅にテレビなどなく、直近のニュースはラジオで知るしかない時代であった。「学生たちが国会構内に乱入し、大変なことになっている」と兄は言った。それから私はラジオにかじりつき、すべてを知った。翌朝、大学キャンパスは異様な雰囲気であった。集まっている学生たちにたいして、教官の一人が壇のうえから、「君たちは何をしたのか分かっているのか？」とキリキリ声で言ったと思う。多くの学生たちは悄然としていた。そのなかで私は、中学で主権という言葉を聞いた時のあの感情を思い出した。「オマエらに責任があるんだぞ」。1960年6月16日のことである。

　私の周りに、その夜その場にずっといて、ケガをしたり、逮捕されて何日か過ごしてきた仲間たちが何人かいた。私たちが加わっていたのは当時「主流派」と呼ばれていた学生運動の流れであったが、その流れが取っていた闘いの戦術が正しかったのか、当時から議論はあったし、その後も激しく議論された。しかし、少なくとも私の記憶しているかぎり、連日のデモに加わっていたのは普通の学生であった。その後私は、「反主流派」と呼ばれた運動の流れに加わっていた学生たちとも何人も知り合いになったし、当時の日本の労働運動や、この前後から大きな話題になり始めていた市民運動についてもたくさんのことを学ぶようになっ

たが、要するに重要なことは、人びとがいろいろな背景から国会周辺に集まって
きて、あれほど強く反対の意思表示をしたのに、日米安全保障条約の改定続行が
なぜ強行されてしまったのか、ということであった。

## 生き残った人間の責務

　6月15日に亡くなった女子学生樺美智子さんのことも、重く私の心に残った。
彼女について私は何も知らなかったが、最大の責任は、安保改定を強行し、その
やり方に反対して抗議する学生たちを、指導する活動家たちの戦術の問題はあっ
たかもしれないにしても、強引に排除しようとした権力の側にある、と仲間とと
もに考えた。その意味では、樺さんも仲間であった。仲間の死は、生き残った人
間に、共有していた志を遂げねばならないという責務を感じさせる。

　共有していた志とは何だろう、と私は考え始めた。日本は、アメリカと結んで
いた安保条約を改定し、拡大して、自らの役割を増大させつつ、いったい何をし
ようとしているのか。日本の西に朝鮮半島があり、それは私が小学生の頃に衝撃
を受けた戦争で南北に分断されている。その北半分をあたかも角とするかのよう
に当時はソ連と中国という大国があり、社会主義を掲げてアメリカに対峙してい
た。アメリカの意図は明らかに、朝鮮半島南半分の韓国を日本で補強し、北朝鮮
を先兵とするソ連と中国の進出を食い止めることであった。これにたいして、学
生たちばかりでなく、安保改定に反対した多くの人びとは、日本が憲法で宣言し
た平和国家となり、朝鮮半島ばかりでなくアジアの平和、世界の平和に貢献する
ことを望んでいたのである。

　日本国憲法を、その前文と、戦争放棄と非武装を規定した第九条を軸にして読
めば、日本の進むべき道は「非武装中立」以外にはありえないことになる。これ
にたいして、米ソ冷戦が厳しく、革命後、日が浅く方向の定まらない中国の隣で
は、非武装中立などとんでもなく非現実的だ、という声が保守サイドを中心にし
てくり返し上げられていた。しかし、現実的とはどういうことなのか？　現状が
そうだからそれに従うということなのか、そうではなくて、現状を厳しく見つめ
ながら、それを望ましい方向に変えていく、ということなのではないか？　今日
でもなお有効なこの現実主義論議は、その後急速に社会に向けて開かれていった
私の思考方法を決定づけるものであった。

　こういう論議にさらされながらも、私はフランス文学の研究を怠っていたわけ
ではない。フランスの文学は、ロマン・ロランや『チボー家の人びと』のロ
ジェ・マルタン・デュ・ガール（Du Gard 1920-40=1949-50）らの大河小説の時
代から、マルロー、サルトル、カミュらの実存主義文学の時代をへて、小説その

ものの限界を問う反小説（アンチ・ロマン）や新小説（ヌヴォー・ロマン）の時代へと移行しつつあった。小説がそれ自体のあり方を問うのは、必要なことであり、意義のないことではない。しかし実際に出てくるものは、小説であることを意識しすぎたり、技巧に凝りすぎたりして、かえってそれまでの壮大なスケールや豊かな内容を失っていくようにも、私には思われた。安保闘争を経験し、生なましい社会に巻き込まれてしまった今、こういう文学で、私——いや実存が社会に巻き込まれて仲間とともに自らを取り戻そうとしている今、私たち——の抱える問題は解けるだろうか？

　私は、日本の社会科学者の書いたものを読みあさった。経済学、経済史学、法学、法社会学、政治学、政治思想史、社会学、社会思想史などの諸分野に、読みごたえのある書物が少なからずあった。なかでも大塚久雄氏の『株式会社発生私論』（大塚 1938）や『近代欧州経済史序説』（大塚 1944）、丸山眞男氏の『日本政治思想史研究』（丸山 1952）や『現代政治の思想と行動』（丸山 1956-57）、川島武宜氏の『所有権法の理論』（川島 1949）や『日本社会の家族的構成』（川島 1948）などには、日本の社会科学が近代というものをどのようにとらえ、そのなかで日本が何をしてき、どのような誤りを犯してしまったのかについて、逃げを許さない峻厳な理論が展開されているように思われた。このようななかで、大学生活も2年目に入り、私も仲間たちも、進学先を決めるよう迫られていた。いろいろ迷ったあげく、私はフランス文学をあきらめ、文学部に属していて、小さいながら自由度が高いように思われた社会学に進むことにした。

## 主権者になるための社会学

　社会学に進学してみると、そこは議論のルツボであり、混沌であった。安保闘争との関連では、私のようにノンポリで巻き込まれた者もいれば、高校時代に政治運動などで訓練を受けてある立場を取っていた者もおり、家族などの心配で一定の距離を取っていた者も、スポーツや社交ダンスなどに熱中して、無意識のうちにか意図的にか政治に距離をおいていた者もいた。しかし、どんな背景をもつ者も、大学入学直後の政治的事件には何らかのかたちで負い目のようなものを感じていて、それが自分の選択した学問へののっぴきならぬ要求となっていた。「社会学とは何だ？」と私たちは仲間同士で問い、「社会学って何ですか？」と教官たちに詰め寄った。

　社会学に進学先を決める前後から、私は当時の主だった社会学者の業績を多少は読み進めていた。当時進学先には三人の教授がいたが、最年長の尾高邦雄は、戦前戦中にマックス・ウェーバーやエミール・デュルケームを研究し、職業社会

学を構想したものの、戦後はアメリカの産業社会学をほぼ全面的に導入して、企業従業員の意識研究をテコに産業民主主義を唱えていた（尾高 1941; 1958）。学生たちのあいだにはこれを新しい動きとして受け入れ、産業界への就職を考える動きも有力であったが、安保闘争や学生運動をつうじてマルクス主義の影響をこうむった学生たちの多くは、これに批判的であった。他方、次に年長の福武直は、戦中に中国農村の調査をおこない、それと日本の戦後民主化をふまえて社会学のあり方を熱心に議論したうえで、戦後日本農村の実地調査をくり返し、有賀喜左衛門や鈴木栄太郎など先輩の業績もふまえながら、農村の民主化をつうじての農民の解放を情熱的に訴えていた（福武 1946; 1948; 1949; 1952）。

　この二人にたいして若手の教授であった高橋徹は、イデオロギーや社会意識、社会心理などを主な対象とし、その視点から社会を見直すことを主張していた。当時は大衆社会論がまだ盛んであったが、それは現代社会を、産業化が進み、都市化が進んでいくにつれて、人びとが、繁華街のような場所にかぎらずいわば社会のどこでもいつでも群集化し、相互にひびきあう群集心理で非合理な行動をしやすくなる社会ととらえて、警告を発する理論であった。こういう視点から高橋は、理性的にふるまう市民を理想とし、社会学を「近代市民社会の自己認識の学」であると規定していた。私は、それまでの読書をふまえた省察から、産業も農村も大事だが、近代社会を市民の社会ととらえる学は重要であると思い、演習も高橋のものを選択した（高橋の業績の特徴はのちにまとめられたものにもっとも良く示されている。高橋 1987a; 1987b）。

　この当時、日本国憲法を前提に、国民の一人ひとりが主権者であるという意識が暗黙の前提となっていたためか、主権者という言葉そのものがキイタームとして使われることは少なかったと思う。その代わり学生たちのなかでは、マルクス主義を意識した者は「労働者」の語を用い、大塚、丸山や清水幾太郎や日高六郎など市民主義者と呼ばれた人びとを意識した者は、「市民」の語を用いた。労働は、人間が自然を対象化し、その過程で不可避的に協業して社会を作り上げる行為であるから、社会の生産と必然的に結びつき、自らが作り出した社会を「生産手段の所有」によって奪い取ってしまう資本への批判と結びつく。これにたいして市民は、市民革命とそれを理論化したトマス・ホッブズいらい、王から主権を奪い返した人たちが自らそれを行使していく絶えざる運動と結びついていく。労働者と市民は、ではどのように関連づけられていくべきなのか、などと考えているあいだに、私は、大多数の仲間が就職活動をして企業やマスコミや政府機関などに就職を決めていくのに取り残され、いつのまにか大学院に進学することになってしまっていた。

# 4 日本近代と社会科学

## 日本の社会科学は何をしてきたのか？

　大学院に進学した私の課題は、したがって、日米安保条約を改定し、経済成長を続ける日本は今どうなっていて、どこに進もうとしているのか、それについて日本の社会科学はこれまでどんなふうに研究し、何を明らかにしてきているのか、を解明することであった。大きな課題といえばそうだが、それ以外に課題があるわけではない。私を迎え入れてくれた教官たちも、いずれ焦点は絞られていくと考えたのであろう、それ以上急いで絞れとは言わなかった。

　当時の日本の現在、それが載っかっていた日本の近代 —— これは当時の社会科学者の多くにとって、のっぴきならぬ課題であった。日本は、19世紀の半ばに近隣のアジア諸国、いや世界の欧米いがいの諸国や地域、のほとんどが欧米主要国の植民地か、あるいはそれに近い状態にされていくなか、なんとか自力で近代国家 —— らしいもの —— を立ち上げ、それを押し立てて近代化を始め、20世紀の20年代までになんとか近代社会らしいものを築き上げた。しかしそのために、当時の清と戦争し、ロシアと戦争して、台湾や朝鮮半島を植民地にした。そして、拡大した利権をさらに拡大するため、中国東北部に侵出し、さらに中国本土を南下して東南アジア諸国にまで侵出して、ついには太平洋を挟んでアメリカと戦火を交えるまでになった。

　その結果が1945年8月15日の無条件降伏である。日本は、すべての植民地属領を失い、北方領土をのぞく本土はアメリカ軍に全面占領された。私が子どもの頃に恐れた進駐軍である。それから51年9月にサンフランシスコで日米安保条約と抱き合わせに対日平和条約を結び、それが翌52年4月に施行されるまで、この間に公布・施行された日本国憲法にもかかわらず、日本には主権はなかった。いやこのあとも、日米安保条約が事実上憲法の上位に位置づけられ、日本には厳密な意味での主権はなかったし、ないのではないか、という見解がズーッと提起され続けている。とりわけ、北方領土はソ連 —— についでロシア —— の占領下に置かれたままであり、沖縄は戦後なんと27年にもわたってアメリカの占領下に置かれたあげく、復帰後も在日米軍基地の4分の3をも抱え込まされたまま、安保条約のもと日米地位協定によってつねに不利な状態におかれ続けてきている。

　私が大学院に進学したころ、沖縄の復帰ですらまだメドが立っていなかった。そういう状態で、日本近代が何であったかを問うとはどういうことなのか？　私は、たとえば丸山眞男などの業績から、幕藩体制下の日本にも「自然」にたいし

て「作為」を強調する思想があったとか、幕末から明治期にかけては福沢諭吉の
ような思想家が、欧米から学び、それなりに近代的で主体的な思想を展開したと
か、にもかかわらず、日露戦争での勝利後は、福沢も含めて多くの人びとが自ら
を客観視する力を失い、大日本帝国憲法の「統帥権」を悪用して独走し始めた軍
部に引きずられて、あのような大規模な侵略戦争に走ってしまったとか、さまざ
まなことを学んだ（丸山 1952; 1961, 遠山・山崎・大井編 1956-57）。しかし要する
に、問題はどこにあったのか？　二度と同じことをくり返さず、日本社会を根底
から、自ら信頼できるし、世界の諸国および人びとに信頼してもらえるような社
会に変えていくには、どうしたらよいのか？

## マルクス主義と近代主義 ── 総体社会把握と主体性

　日本の社会科学も、最初は欧米からの輸入品であったから、英語やフランス語
やドイツ語などで書かれたものを、翻訳して紹介するだけでもそれなりの意義が
あった。しかしやがて、学問の本質 ── 理論と方法 ── をつかんで、それによっ
て目の前に突きつけられた現実を分析し、実践にもつながる新しい命題を立てる
ようになっていく。とくに明治維新のあと半世紀を経過した第一次世界大戦後に
なると、ロシア革命による新社会建設の試みが大きなインパクトとして受け止め
られ、それと対比しての自社会の分析が、若い人びとを中心に盛んになっていく。
　入ってきたマルクス主義の理論と方法を自分たちなりに消化し身につけて、明
治以降の日本資本主義の発達を分析しようとする動きは、1932-33年の『日本資
本主義発達史講座』に一つの具体的成果として結実した（全7巻、岩波書店）。こ
の講座を主導した野呂栄太郎の『日本資本主義発達史』（野呂 1927）は、彼が理
解した史的唯物論と弁証法の視点から古代いらいの日本史を一貫的に書き直した
もので、社会の経済的基礎の発達に応じて階級闘争が展開され、結果としてそれ
にあわせた政権や思想、文化などが成立していった経過をダイナミックに描いて
いる。これを前提に『講座』では、当時までの論争を整理して資本主義の再生
産構造についての理論をまとめていた山田盛太郎が、「半農奴制的」生産関係を
「基底」としつつ、軍事的国家資本を「旋回基軸」とする「生産旋回」すなわち
産業革命が遂行され、独特な資本主義が築き上げられた経過を分析し、平野義太
郎がこれと併行して、この「半封建的軍事的資本主義」が「機構」として造り上
げた国家すなわち天皇制国家を上部構造として分析し、服部之総らが諸階級階層
間の闘争関係を、羽仁五郎らが諸思想とそれらをめぐる葛藤などを分析した（山
田 1936; 1948, 平野 1934, その他は省略）。
　この活動については、それが当時の共産主義国際組織（コミンテルン）の「指

令」を受けておこなわれたのではないかという批判や反発があり、猪俣津南雄や櫛田民蔵や向坂逸郎ら、主に経済学的に日本資本主義の発展を分析していた人たちとのあいだに「日本資本主義論争」が展開された（代表的なものとして、向坂 1937）。この「労農派」と呼ばれた人びとの資本主義分析にもそれぞれに意義はあったが、ここで重要なのは、「講座派」と呼ばれた人びとの上のような集団研究が、野呂が目指した「日本資本主義の現実的運動の全体性的理解」を目指したものであったということであり、山田や平野の目指した「全機構的把握」の試みであったということである（内田・大塚・松島編 1966）。

　私は、講座派の研究がこのように明治以降の日本資本主義の発達を全体的に理解しようとしたことを重視し、社会研究の目的はこのような「全体社会把握」——「全体主義」との連想による反発を考慮してのちに「総体社会把握」と呼ぶことにしたが——を目指すべきなのではないかと考えた。そう考えてこそ、講座派の研究を意識しながら、社会のなかで社会に対峙し、社会の変革を目指す主体的な人間のあり方を追究した、大塚、丸山、川島ら近代主義者登場の理由も分かる、と思ったからである。これらの人びとは、マルクス主義者による社会の総体把握の意義を十分に認めながら、なおそれには十分に現れていない不可欠なものを追究するため、ウェーバーのエートス論などを研究し、近代的人間に必要な主体性の起源と性格を強調したのだ（日高編 1964）。

　彼らの研究の影響もあって、戦後日本では梯明秀や梅本克己らによって主体性論が提起され、広範な社会科学者を巻き込む主体性論争が展開された（日高編 1964；竹内編 1965）。しかし、論争の成果が実ってその後、主体性を契機として含む総体社会把握の理論が形成されたかというと、必ずしもそうは言えない。戦後日本資本主義あるいは日本社会の変動は上に見たように凄まじいもので、アメリカ軍による全面占領が終わったあとの状態を戦後冷戦構造のなかでどう把握するかについても、経済学者、政治学者、社会学者等による分析は多岐に分かれ、日本資本主義は依然としてアメリカに従属しているのか、それともまがりなりにも自立したのかなどの諸問題をめぐって、論争がくり返されていたのが実態であった。

　私はこうした実態をふまえながら、社会学の立場から、人間の主体性を組み込んだ総体社会把握の理論を創ることに自分の目標を定めたつもりでいた（庄司 1975b；2008）。

## 現代社会論の展開とコンピュータ化の進展

　しかしこの間にも、米欧における現代社会認識は激しい勢いで進展した。上に

ふれた大衆社会論は、もともとファシズムの起源と危険性を指摘する理論であったが、1950年代には、1920〜30年代におけるような危機においてだけでなく、戦後経済成長が続くいわば常態においても、人びとが政治に無関心となり、市民あるいは主権者としての意識を失えば、オブラートに包まれたようなファシズムが再現しかねないことを警告していた（庄司 1977: II-1）。

　これにたいして、同じ1950年代のアメリカに、アメリカは、経済成長が続く常態において産業社会として安定しており、それをふまえた多様で民主的な活動が展開し、中間集団も数多く存在していて、大衆社会論の警告は的を射ていない、という20世紀的な産業社会論が出現した。戦後のアメリカには、ソ連が「スターリン批判」をおこない、米ソ冷戦の「雪解け」を喧伝してきていても、実際には共産党一党支配の「全体主義社会」であるという認識が根強く残っていた。そういうなかで、アメリカは、新しい柔らかなファシズムに転化しかねないような社会ではなく、各種産業が発展して「ゆたかな社会」となり、そのもとで民主主義が花開く開放的な社会であるという産業社会論および産業主義的世界認識が、ソ連が展開してきた、社会主義は第二次世界大戦後、東ヨーロッパから中国その他アジアやキューバなどにまで広がり、やがて世界を制覇するであろうという社会主義的世界認識に正面から対抗するように出てきたのである（庄司 1977: II-2）。

　経済学者のウォルト・W・ロストウは、社会は、条件が整えば経済成長に向けて「離陸」し、「成長への前進」を続けて、ある程度すると「成熟」し、安定した「大衆消費社会」になるという、いわばS字型成長のモデルを提起し、これまでの先進社会がいつごろ離陸していつごろ成熟したかの比較図を示して、それらを追いかけるように発展途上国もまた、すでに離陸したか、あるいはいつごろ離陸しそうであるなどの見通しを示しつつ、諸社会の産業社会への成長の展望を示そうとした（Rostow 1960; 1971=1971）。そして、これに併行して政治学者や社会学者の多くは、経済成長ばかりでなく民主主義や社会的文化的な発展も見る必要があるとして、米欧日先進国ばかりでなく、発展途上国についても、実態調査などをふまえた研究を進めようとした。これらの諸研究からやがて、社会主義国の多くは実質的にいまだ開発途上であるとして、それらの産業化が進めば世界全体がアメリカのような高度大衆消費社会になるという、あらゆる社会の産業社会への収斂を主張する「収斂理論」までが登場するようになっていく（庄司 1977: II）。

　注目するべきなのは、こうした流れのなかからやがて、コンピュータの実用化と産業への応用に注目し、学問の世界ばかりでなく産業全般から社会全般に情報化が進んで、産業全体が情報を体系的に利用する知識産業を基礎とするようになり、それを基礎に社会全体が情報社会あるいは知識社会になっていく、という理

論が出てきたことであった。日本では、コンピュータ講座が流行したり、消費の分野に選択可能性の拡大やファッション性が強まるという、どちらかといえば表面的な変化を強調した情報社会論が流行したりしたが、アメリカの知識社会論はもっと堅実に、コンピュータ化による産業基盤から社会全般への変化の波及を予見していた（庄司 1977: II-3）。

　もちろん、こうした動きにたいして、大衆社会論の流れをくむ批判的社会理論が沈黙していたわけではない。産業社会論が隆盛を極めると、それにたいして、産業発展の基礎にある技術の合理性が社会の全領域にわたって幅を利かすようになり、その意味での一次元性が人間と社会のあらゆる面を規定するようになってしまうという「一次元的人間」論が、ドイツのフランクフルト学派でアメリカに亡命したヘルベルト・マルクーゼによって提唱され、1960年代以降アメリカおよび欧日先進社会に広がった学生・青年運動の大きな典拠にすらなった。そしてこの理論は、学生・青年運動の鎮圧と体制内化をつうじて管理強化を進めていった先進社会を、いろいろな面から「管理社会」として批判する管理社会論に発展しつつ欧米日から世界全体に広がっていき、暗黙のうちに社会主義の現実を批判していたジョージ・オーウェルの『1984年』などとも絡みながら、のちの監視社会論にもつながっていく（庄司 1977: III）。

　私は、こうした現代社会論の展開を、マルクス主義と日本的近代主義と社会学の良い面から創り上げる社会理論で批判的に整理しようとし、そのうえでそれをふまえた創造的理論で、敗戦後の混乱から立ち直り、「高度成長」を続けて形成されてきた1970年代の日本資本主義社会を分析して、それにふさわしい変革主体像を描き出そうとした（庄司 1977: VII, VIII, IX）。

# 5　社会主義と民主主義

## 中国の「三つの世界」論

　この過程で私が一貫して気にかけていたことの一つは、社会主義の命運である。理論的には、社会主義は労働者の政権であり、国家であり、社会であるはずであり、労働者にはもともと国境などないはずだったから、次つぎにできてくる社会主義はたがいに友好的であり、相互援助をつうじて発展していくはずであった。しかし、ソ連と東ヨーロッパ諸国のあいだではすでに1950年代から問題が起こっていたし、ソ連と中国のあいだにも意見の相違があり、中ソ論争はしだいに中ソ対立にまで昂じていく傾向を見せていた。1968年には、当時のチェコスロヴァキアで起こった「プラハの春」と呼ばれる民主化運動を、ソ連を中心とするワル

シャワ条約軍が鎮圧する、という事件も起こった。私は先輩の誘いと指導で、ロシア語と東ヨーロッパの諸言語を勉強し、とにかく実際に行ってみることにした。

　私のソ連東欧旅行は二度にわたり、一度目は1971年の8月から10月にかけて、二度目は74年の3月から5月にかけておこなった。詳細は他のところに書いたが、二度の旅行をつうじて体感したソ連東欧社会は、たしかにまだ、高度どころか普通の消費社会にも達していない感じで、物資は食品も衣料品も質素で華やかとは言えず、車の普及もまだまだで、街で見かける人びとの立ち居振る舞いも、どちらかといえば慎ましやかなものであった（庄司 1989b: II）。それでも、まだ新しい社会の建設中ならそれでも良い、と私はなんども自分に言い聞かせたのだが、国に入る最初の通関から途中のさまざまな場所にいたるまで、監視されているような感じは否めず、人びとが自由に伸びのびと自分たちの新しい社会を創りつつある、という感じはしなかった。だから、こうした社会から西ヨーロッパの資本主義社会に出ると、やはり豊かで自由な感じがした。

　1974年の5月、二度目の旅行の途中、イタリアでのことである。私は、地元のイタリア語の新聞で、よく分からないながら、当時の中国の指導者の一人鄧小平が国連総会に出てきて、中国が当時の世界をどう見ているかについての演説をおこなったことを知った。帰国して、当時の日本の新聞や中国側の資料で確かめてみて、これは大変なことになったと思った。鄧はその演説で、社会主義陣営はすでに解体しており、世界は、覇権を争うアメリカとソ連の「第一世界」と、それぞれに付和雷同する欧日先進諸国および東欧諸国の「第二世界」、およびその他の「第三世界」からなっており、中国はその第三世界の先頭に立ってアメリカともソ連とも闘っているのだ、と述べていたのである。

　私は、これは世界の見方、さらには世界史の見方を変えさせる出来事だと思い、「中国の世界認識と世界認識の諸類型」という論文を書き、それに「世界史の社会学への序章」という副題を付けた（庄司 1975a）。ソ連がモスクワ宣言やモスクワ声明によって世界に普及させようとしてきた社会主義的世界認識、それに対抗してアメリカで形成された、上述の産業主義的世界認識にたいしてこれは「第三世界論的世界認識」とも呼ぶべきもので、世界の人びとに世界の見方、世界史の見方を変えるよう迫るものだと思ったからである。私のこの論文は、情勢がまだまだ流動的であり、中国の一指導者の演説だけでは決定的なことは言えないという、当時の研究者や知識人の慎重意見のため、広く受け入れられるところとならなかったが、中国は基本的にこの世界認識の延長上で、その後プロレタリア文化大革命を収束し、「改革開放」をおこなってその後の発展の軌道を決めていったのだ、と私は今でも考えている（庄司 1980）。

この論文を境に、日本社会から出発し、先進諸国や社会主義諸国に視野を広げてきていた私の社会学は、「世界社会」という概念を持つようになり、世界社会論への展望を拓いていくことになった。

## アメリカ民主主義の体感
　一度目のソ連東欧旅行を終えた直後から、私は、さまざまな社会に実際に行って見ることの重要性に気づき、とくに当時ソ連と激しく対立していたアメリカを実地に見聞する必要性を強く感じて、アメリカの学会連合委員会の研究者向け招聘基金に応募していた。私は、その後、科学研究費などを取れるようになり、国内のいろいろな社会調査をおこなったが、国外であれ国内であれ社会を知るためには、実際にその社会に行ってみて、人びとの生活ぶりを観察し、できるだけ多くいろいろな人びとと話してみて、さまざまな情報を得るのに越したことはない、と思っている。二度目のソ連東欧旅行を終えて帰ってきた直後に、アメリカ行きのスカラシップが取れたことが分かり、私は1975年夏に、勤めていた地方自治体から留学休暇が取れた妻と、当時まだ3歳と5歳だった2人の娘を連れて、アメリカはボストン近郊の町ケンブリッジにあるハーヴァード大学に旅立った。
　実質ほぼ2年に及んだハーヴァード大留学経験についても、書き出せばきりがない。アメリカ社会学界の大物だったタルコット・パーソンズやデヴィッド・リースマンは引退していたが、まだ大学で会うことができ、ジョージ・ホマンズはまだ現役で、私が直接教えを請うたダニエル・ベルやネイサン・グレーザーらとともに活躍していた。アメリカの教授たちの授業や、それらをつうじて知り合ったアメリカの大学院生や学生たちについても、書き出せばきりがない。そこで私は、ここであえて、妻と私が2人の娘を通わせたデイケアセンターのことを書こうと思う。それは、ハーヴァードの教員や院生や留学生などが、自分たちの子女をケアするために共同でつくり運営していた保育所で、専門の保育士何人かに親が週1回などのペースで加わって実際の保育をおこなう施設であった。妻も大学院の院生として学んでいたから、私は彼女だけに任せるわけに行かず、ときどきは保育士たちとともに働いた。
　その経験をつうじて得た重要な学びを2つだけ上げておこう。第一に、そこには白人、黒人、アジア系のあらゆる子どもたちがおり、そこは、保育所通いの、こういう年齢からあらゆる人種の入り交じった集団のなかで育たなければ、人種的偏見をもたずに成長することは困難である、という見解の正しさを実際に感得せざるをえないような場所であった。第二に、保育士たちの保育の仕方を見て、私はアメリカ民主主義のまさに草の根を感じた。子どもたちが言い争いになって

も、保育士たちはけっしていきなり叱りつけたりしない。二人をていねいに引き離し、それぞれにどうしてそうなったのかを言わせる。そのうえで子どもたち自身に、どの子の言い分がどれだけ正しいかを考えさせる。そういうことをくり返しているあいだに、自己主張は良いが暴力はいけないこと、互いの言い分をよく聞き較べてその場に合ったもっとも妥当な見方や振る舞い方を決めていくこと、などを学ぶのである。そういう場面を見ながら、私は、大人としての自分の見方や振る舞い方をふり返り、なんとも赤面した。

　こういう経験をしながら、私はアメリカ社会学についても多くのことを学んだ。これについても2つだけ上げておくと、1つは平等をめぐる当時の研究と論議と実践である。アメリカ民主主義の基礎は「機会の平等」だとわれわれは教えられていた。それはそのとおりで、黒人を初めとするマイノリティにはそれすらも長く閉ざされてきたから、1950年代の南部から公民権運動が起こり、60年代にかけてそれが全米の大学やリベラル派に波及して、64年の公民権法が成立し、人種、性別その他を理由とするあらゆる差別は連邦レベルで禁止され、差別されてきた人びとを救済するための「差別撤廃行為（アファーマティブ・アクション）」が開始されたのである。この過程で多くの人びとが、機会の平等だけでは不十分で、社会は「結果の平等」を目指さなければならないのだ、と主張するようになり、社会学の分野でもこの線で多くの優れた業績が生み出された。一つだけ私がもっとも感動した本を上げておけば、ハーバート・ガンスの『もっと平等を（モア・イクォリティ）』がある（Gans 1968）。この本を読み、平等に向けてのわれわれの努力がまだまだ足りないのではないかという著者の態度の誠実さと、その立場から検討されているアメリカでの多様な研究と政治的社会的実践に、私は、これはまさに社会主義以上なのではないかと思ったほどだった。

　もう一つは、こうした運動をふまえての世界および世界史の見直し作業の登場である。アフリカ研究から出発した社会学者のイマヌエル・ウォーラーステインが1974年に『近代世界システム』という本を刊行し、近代資本主義はイギリスから自生的に発生し発達したかのように言われてきたが、じつはそうではなく、「大航海」に乗り出したヨーロッパ主要国が世界を「システム」化し、自らを「中核」としつつ、南北アメリカ、アフリカ、アジアなどを「周辺」として扱いながら、周辺から持ち込んだ資源で生産を活発化し、同時に世界中を市場化しつつ発達してきたのだという歴史認識を展開した（Wallerstein 1974=1981）。これは、日本的近代主義の資本主義発生論を覆すものであったばかりでなく、私が、中国の「三つの世界」論を受けて考えざるをえなかった第三世界中心の世界認識にもつながるものであった。世界の社会学は1970年代以降、この世界システム

論の普及によるインパクトを受けつつ、全分野における理論と実証の再検討を要求されていくことになるのである（Wallerstein 1980=1993; 1989=1997; 2011=2013）。

## 社会主義・現代思想・ソ連東欧の崩壊

こうした経験をしながらも、私はずっと社会主義のことを気にし続けていたので、私なりに社会主義の総体把握をおこなうため、ジョージ・リヒトハイムの『社会主義小史』を全訳した（Lichtheim 1970=1979）。「小史」と銘打ってはいるものの、これは、西ヨーロッパ的な視点から社会主義の起源と展開過程を偏りなくとらえようとしたもので、マルクス主義はもちろんその主要潮流として扱われてはいるが、他の潮流を不当に過小視するようなことはなく、まして、マルクス主義がロシア革命を成功させたヴラジーミル・イリッチ・レーニンによって唯一正統に継承発展させられ、「マルクス・レーニン主義」として20世紀社会主義の「正統」を形成しているのだ、などという見解は取っていない。私はこの書から、イギリス独自の社会主義といわれるフェビアン主義、サンディカ（組合）を重視するフランスの社会主義、また19世紀末から20世紀にかけてのドイツ社会民主主義などなどについて、多くのことを教えられた。この書の翻訳をつうじて形成した包括的な社会主義観によって、私はその後、1970年代末以降に起こった中国社会主義の現実主義化、東ヨーロッパ社会主義の崩壊、ソ連社会主義の崩壊からヴェトナムやキューバの変容に至るまでの動きを、柔軟にとらえることができていると思っている。

これと併行して私は、東京大学で「社会学史概説」の講義を担当することになり、その基調を社会主義と社会学の対抗的発展に置くことにした（以下については本書最終論文「21世紀社会の現段階と課題」参照）。社会学は、フランスのオーギュスト・コントによって諸科学の階層的整序をつうじて生み出されたとされているが、それ以前に諸学の総合をふまえて前代未聞の哲学を展開したのはドイツのヘーゲルであり、その継承者たちの論争からマルクスの近代資本主義批判も生み出されていることから、私は、ヘーゲルから出発し、コント、マルクス、スペンサー、エンゲルス、デュルケーム、ドイツ社会主義、ジンメルとテンニース、フェビアン主義とイギリス社会学、マックス・ウェーバーと進んでいくような、近代社会の競合的認識の展開を考えてみた。こうした弁証法的展開が、20世紀に入って、ロシア革命とマルクス・レーニン主義の展開、アメリカ社会学の展開、フロイト精神分析の影響を受けたマルクス主義の革新（フランクフルト学派）、ケインズ・ルカーチ・グラムシ・マンハイムによる現代社会批判と社会計画論の展開から、さらには、20世紀前半から後半にかけての全世界的植民地解

放革命を代表する中国革命とインド独立、それらを導いたマルクス主義の独自解釈と東洋思想の現代的展開にまで発展する。

　この展開は20世紀中葉から後半にかけて、と私は続けた。現代アメリカにおける、パーソンズの行為と社会体系の一般理論の展開や、ロバート・K・マートンの中範囲の理論の提唱に代表されるような、理論的および経験的社会学の全面的展開へと進んでいく。そして、この動きがあたかも、繁栄を続けながらも、人種差別を解消できず、ヴェトナム戦争を強行するアメリカ社会のイデオロギー的反映であるかのように受け止められたことから、それらにたいする反対運動が学生青年や良心的知識人のなかから巻き起こり、社会学の世界では批判的さらにはラディカルな諸研究や諸理論の噴出を見るにいたる。こうした動きをつうじて、現象学とマルクス主義があらためて社会諸科学に大きな影響を及ぼすようになり、西ヨーロッパではいわゆる現代思想が展開される。すなわち、ドイツでは、ジョージ・H・ミードやパーソンズなどを取り込みつつマルクス主義を革新するユルゲン・ハバマスの批判社会学や、現象学を取り入れつつアメリカ社会学の一般理論をさらに普遍化するニクラス・ルーマンの社会システム論などが展開され、フランスでは、サルトルやルイ・アルチュセールの批判的マルクス主義をふまえながら、フリードリッヒ・ニーチェの根底的近代批判に刺激されつつ、ミシェル・フーコーの、性的諸行為（セクシュアリテ）の面での欺瞞の指摘をテコに西欧近代を徹底批判する理論や、それをふまえて、資本主義を、強大な父親への劣等意識（エディプス・コンプレクス）と、商品の消費をつうじてくり返しそれを克服しようとする人間欲望との反映と見なす、ジル・ドゥルーズとフェリックス・ガタリの資本主義全面批判とそれからの解放の理論などが生み出されていくのである（同論文、参照）。

　この間にソ連では、ブレジネフの急死を受けた指導部の交代がくり返され、共産党内部にかろうじて残されていた民主主義的手続きから、「グラスノスチ（情報公開）」と「ペレストロイカ（改革）」を主張する、前代不出の指導者ミハイル・ゴルバチョフが登場した。ゴルバチョフは、ソ連共産党内に民主的改革を呼びかけ、それをつうじてソ連自体の民主的改革を図ろうとし、衛星国扱いにしてきた東欧諸国への干渉も取りやめて、自主的で民主的な改革を促そうとした。しかし、東欧諸国でもソ連でも、長いあいだ党による官僚的統制で維持・運営されてきた政治機構はもとより、経済制度や社会制度もすでに上からの改革指令ではどうにもならないほどに硬直しており、東欧諸国では民衆の大量逃走や暴動が起こり、ソ連では、改革の意味と必要性を理解できない指導部による反乱とその後の混乱で、けっきょくソ連東欧の社会主義システムは全面的に倒壊した。ゴルバ

チョフは、この意味で、かろうじて残されていたレーニン以来の民主主義の継承者ではあったが、レーニン的政治主義の後継者としてそれを乗り越えることはできず、20世紀社会主義という巨大社会システムの民主的改革には成功しえなかったのである。

# 6　世界社会から地球社会へ

## 冷戦終結と歴史の始まり

　1989年秋から91年夏にかけて、東欧社会主義がつぎつぎに崩壊し、米ソ冷戦が終結し、ソ連が崩壊した。この動きに乗って、アメリカから「歴史の終わり」という声が上げられ、世界に広まった（Fukuyama 1992=1992）。フランシス・フクヤマによるこの宣言は、20世紀後半を特色づけた資本主義と社会主義の、過度にイデオロギー的に強調された対立の終わりを意味していたという点では、騒がれたほど挑発的なものではない。社会主義と資本主義の対立を、現実以上に誇張し強調する宣伝合戦の時代は終わりつつあるという「イデオロギーの終焉」論は、すでに60年代から、前に見た産業社会論や、それをベースとする両体制「収斂理論」などによって唱えられていたからである（Bell 1962=1969；庄司 1977, Ⅱ）。フクヤマの狙いは、それをふまえて、歴史がけっきょく、自由経済を基調とする民主主義によって軌道づけられていくしかないことを示すことにあったが、この点ではむしろ、彼には、民主主義の担い手とその経済についてまだアメリカ的な楽観論があり、正確を期するならばこれはむしろ逆に「歴史の始まり」と言われるべきであったろう。

　東西冷戦の終結は、その意味で第一に、不毛なイデオロギー対立の陰に隠されていて全貌の見えにくかった地球環境問題を、国際政治の前面に浮かび上がらせた。環境問題は、すでに1960年代から先進諸国で深刻化し、これら諸国の「公害輸出」や途上諸国の工業化開始などをつうじて世界に広まりつつあったが、政治的ヴェールに包まれていた社会主義諸国についてはその全貌が明らかになっていなかった。1986年のチェルノブイリ原発事故はその端緒であったが、冷戦終結で明らかになってみると、それは想像以上に深刻であった。1992年のリオデジャネイロ国連環境開発会議は、72年のストックホルム会議からの20年が名目であったが、現実には、冷戦終結による地球環境問題の世界政治的焦点化に応えざるをえず、応えようとした結果であったと言うべきであろう。この会議で出された「環境と開発に関する宣言」をもとに、とりわけ気候変動枠組条約の締結が始まり、「気候変動に関する政府間パネルIPCC」がつくられて、その提唱に基

づく地球環境改善のための「締約国会議COP」が95年から毎年開かれるように
なっていくのである。

　第二に、この経過をつうじてますます明らかになっていったのは、地球環境問
題に代表される、世界的規模の問題をめぐる欧米日「先進」諸国と途上諸国、そ
してしだいにます新興諸国とのあいだの、歴史的背景に関する理解の仕方の対
立であった。「先進」諸国が目下さし迫っている問題について一刻も早い解決策
の実施を主張するのにたいして、途上諸国と新興諸国はそれを生み出してきたの
が「先進」諸国の産業化であったことを強調し、自分たちはまさにこれから産業
化をしていかなければならないことを主張して、問題解決の仕方とそのための費
用分担などについて「先進」諸国の率先負担を要求する。これはまさに、欧米日
「先進」諸国が築いてきた知識産業社会が、新興諸国および途上諸国大半の従属
や植民地化という犠牲強要を前提におこなわれてきたことへの告発である。前に
ロストウの経済成長論にふれたとき、それがあたかも「先進」国から途上国まで
を一列に並べて競争させるかのように構成されていたことを指摘したが、途上諸
国およびその立場にたつ研究者や論者たちからはすでに、「先進」諸国の経済成
長が途上諸国の「低開発」や「従属」をふまえておこなわれ、前者が成長すれば
するほど後者の低開発や従属が深まるという意味で、「低開発の発展」や「従属
の発展」が進むとする議論さえ出ていたのである（Frank 1969=1980）。

　私は、こうした経過をふまえて、世界社会の概念を地球社会の概念へと発
展させる必要性を感じた。地球環境問題の深刻さにはすでに1970年代から気
づいてはいたが、ローマクラブの「成長の限界」という問題提起（Meadows
1972=1972）いらい、それが社会体制の違いや「先進」国・途上国間関係などを
乱暴に捨象して論じられることを警戒し、一足飛びに地球社会概念を用いること
を控えていた。この世界に生きるすべての人びとからなるのが世界社会であるが、
その内部における体制の違いや発展度の相違は慎重に扱われるべきである、とい
うのがその理由であった。しかし、地球環境問題がここまで深刻化すると同時に、
それに取り組む新興諸国および途上諸国の姿勢も明確になってきた今、世界社会
と地球環境という概念枠組みにたいして、世界社会が地球生態系を内化し、地球
社会といういわば社会・生態系になってきているという概念設定を明示しなけれ
ばならないと思った。地球社会は、もとより「先進」諸国だけのものでもなけれ
ば、新興諸国・途上諸国だけのものでもなく、とくにその多くが、いまだにより
直接的に地球生態系のなかでの生存を維持してきている新興諸国・途上諸国の立
場から、地球環境の取り込みとそれとの有機的関係を維持する社会・生態系とし
て、積極的に構想されていかなければならないであろうと思ったからである（庄

司 1999: Ⅶ)。

　私が「地球社会と市民連携」という問題意識を明確に持つようになったのは、このような背景と経過のもとでのことであった（庄司 1999）。

### 地球社会化とポストコロニアル化

　ソ連の崩壊によって唯一の超大国となったアメリカは、自由経済と民主主義をベースに世界への影響力を強めようとしたが、新しい状況のもと国連の機能を強化して世界平和を推進しようとしたブトロス・ブトロス−ガーリ事務総長の国連ともウマが合わず、「文明の衝突」論などで警告されていたイスラーム系のテロリズムを世界に広める結果となってしまった（Huntington 1996=1998）。20世紀末までの状況を基礎に、アントニオ・ネグリとマイケル・ハートは、フーコーの「生政治的生産」概念を用いて、アメリカ的なセクシュアリテと生活の様式が世界に普及し、地理的限界をもたない「帝国」を生み出しつつあるという理論を立てたが（Hardt & Negri 2000）、現実のアメリカは2001年9月11日に起こったニューヨークとワシントンへの同時多発テロに過剰反応し、中東やアフガニスタンで戦争を起こす軍事帝国となり、この傾向は、2008年に民主・平和派の運動が実って初のアフリカ系大統領オバマが誕生するまで変わらなかった。

　ヨーロッパでは、1992年のマーストリヒト条約でヨーロッパ連合EUが成立し、通貨統合から政治統合へ向けて、国民国家の分立を乗り越えようとする、世界史的に見ても画期的な動きが起こったが、加盟国が東に広がるとともに、相対的に生活水準の低い東側から西側への労働力移動が進み、これに南側からの移民なども加わって、社会状況は複雑で不安定なものとなっていった。この間にイギリス社会学は、独仏とは異なって、マルクスとウェーバーを統合し、独自な「構造化」概念や近代の「自己回帰性」などの概念で世界をリードするアンソニー・ギデンスを生んだが（Giddens 1998=1999）、ギデンスがブレーン役を務めたと言われる労働党のブレア政権は、アメリカの中東戦争を停めるどころか、事実上それに加担するような動きを示し、21世紀初頭の世界を混乱に導いた。すでにサッチャー政権の時代から、イギリスは、旧植民地などから来た研究者たちを加えて、下層労働者や植民地民衆の文化を積極評価し、現代を基礎から造り替えようとするカルチュラル・スタディーズを成長させてきていたが（吉見 2000）、こうした動きを21世紀の社会づくりに生かすことはできなかった。

　フランスでは、1981年から95年まで続いたミッテラン政権のもと、すでに見たフーコーやドゥルーズとガタリの研究と理論に加えて、ピエール・ブルデューが、アルジェリアでの植民地体験をふまえてエリート社会を批判するため、資本

の概念を教育と文化の世界にまで拡張する「文化資本」の概念を発展させ、少数のエリート養成機関の出身者が支配するフランス社会、さらにはエリート支配の構造を脱しきれないヨーロッパ社会を批判しようとした（Bourdieu et Passeron 1970=1991; Bourdieu 1979=1989）。こうしたなか、ジャック・デリダは、現代思想の自己省察を中世から古代ギリシャにまで進めて、自明とされている概念の解体と、その過程で気づかれる新たな要素を組み込んだ再構築とを同時に進める、「脱構築」という思考操作を明らかにするとともに実践し、現代思想を含むヨーロッパ的思想とその基礎にある、イデアすなわち理念および概念の力への無意識的な信奉の暴露にまで迫った（Derrida 1967=1971; 1994=2003）。日本の社会学の視点から見ても、ある種のインド哲学や禅などでは、自己と世界を理解するのに理念や概念などを必要としない。ただ全身で世界を体感し、明視すれば良いのである。

　こうした現代思想の動きを見、それに学び、その脱構築法を採用しながら、旧植民地出身の思想家——たとえばガヤトリ・C・スピヴァク——は考える（Spivak 1988=1998; 1999=2003）。そういうことを言う現代思想家たちは、それでは、自分たちの社会すなわち欧米社会が築き上げ、支配してきた世界を体感し明視しているのか。たとえばインドでは、ヨーロッパからやってきた文明の使徒たちが、先だった夫を追って自殺する寡婦（サティー）たちの風習を野蛮として批判したのにたいし、現地の支配者たちがインド的文化を無視する植民者の暴挙として反批判し、論争が続けられた。これは、ヨーロッパ的な意味で人道的に見える植民者たちと、彼らに反対する頑迷な現地支配者たちとのあいだの争いのように見える。しかし実際に、頑迷な現地支配者たちはもとより、ヨーロッパからやってきた人道主義者の仮面を付けた植民者たち、およびその後継者である現代思想家たちは、後追い自殺しようとするサティーたちの心の内を考えたことはあるのか。インドは独立し、同様の運命にあった多くの植民地は独立したが、それらの多くにまだこのような構造が残っている。それこそまさに、ポストコロニアルということの意味なのではないか。

　こうした動きを見て、私は、地球社会論の基礎にポストコロニアリズムを置くというか、地球社会論をポストコロニアリズムによってくり返し脱構築していく必要性を痛感した（庄司 2008）。

## インターネットとようやく見えてきた社会学

　20世紀から21世紀にかけて、全社会および地球社会そのものの情報化が、驚くべき勢いで進展した。1987年から88年にかけて、世界社会論構築のためアジア、中東、アフリカ、南アメリカ、中央アメリカを研究旅行して歩いたとき、私

が携帯していたのは、英語のみならず日本語のためにも工夫を凝らされていたとはいえ、ワープロであった。帰国後、米ソ冷戦が終結しソ連東欧が崩壊する前後に電子メールが普及し、1995年のウィンドウズの大規模更新などをきっかけに、冷戦の終結で過度な軍事的警戒心がなくなったこともあって、インターネットが急速に普及した。パーソナル・コンピュータが普及し、携帯電話は瞬く間にスマートフォンに取って代わられた。地球をカヴァーしてヴァーチャル・リアリティの巨大な層が形成され、世界中の図書資料その他がそこにアップロードされるようになったばかりでなく、あらゆる人びとの声や発言や映像がネットをつうじてやり取りされるようになった。明らかに、これほど急速でこれほど広範な社会・文化変動は人類史上かつてなかった、と言わねばならないであろう。パーソンズまでの社会学を乗り越えるために、マルクスからニーチェまで、さらにはポストコロニアリズムの視点までを取り入れつつおこなわれてきた現代思想の諸投企も、情報化の過程そのものにはひとまず脱帽しなければならない。

　こうしたなか、地球社会論の形成を進めながら、私は社会理論の、それこそ脱構築が必要なことを痛感させられた。世界社会論から地球社会論にかけて、私の試みは、現実に存在するのは各国社会であり、せいぜい国際社会であるとする多くの社会学者から、虚構を語る不可能な社会学であるかのように批判されてきた。私はもちろん、世界社会や地球社会が、主権を持つ国家によって統合された国民社会と同じように存在する、と主張してきたわけではない。世界社会や地球社会が現実に形成されつつあるので、それに合わせてそういう社会理論を形成しなければならない、と主張してきたつもりである。だから、そういう社会が形成されつつあると主張するためには、そもそも社会と何であり、どのように組み上げられ、解体をくり返しながらもどのように高度化していくのか、その結果どのようにして世界社会や地球社会になっていくのか、これまでの世界史の現実に即した理論を示さなければならない。社会学の歴史を追跡してくる過程で、私は、あらゆるとは言えなくても、相当多くの社会理論を吟味してきたつもりではあるが、それでもなお、根底からの社会形成を説得的に語っている理論は少ないのではないか（庄司 1999; 2008）。

　理論と並んで方法も重要である、と私は考えた。人がなにか新しい事態の出現を感得するのは、何らかの問題をつうじてである。問題を解くために人は、それがどのようにして生じてきたのか、その歴史を研究し、そこから一定期間持続するなんらかの仕組すなわち構造を見いだす。そしてその意味を考えているあいだに、それが不合理であれば、それを変えるための戦略を発見し、それを実行する主体を特定する。社会がいかに形成されていくのかを示す理論に、この方法を

絡ませていけば、理論はより具体的な歴史性と現実性を帯びてくるのではないか（庄司 1999: Ⅶ; 2016）。

　私は、地球社会論をさらに前進させるため、それをもっとも必要とする人びと、すなわち地球社会のなかで生き、あらゆる面からその影響を受け、それが不都合であれば議論しつつ具体的にそれを変えていかなければならない人びとのための学に、それを展開していかなければならないと考えた。そういう人びととは、学生のころから労働者であることをふまえて市民であると考えてきた人びとである。社会が地球社会と呼ばざるをえないところまできているのであれば、市民はその主体としての地球市民であり、必要なのは地球市民のための学である。私は、新たに勤務することになった大学で地球市民学の具体的な内容づくりを迫られたこともあり、同僚や院生学生さらには学内外の協力者などとともに、懸命に地球市民学の学としての創設に取り組んだ（庄司編 2009）。そしてその過程で、さらに重大なことに気がついた。

　これには、私が1990年代から、大学の生活協同組合の仕事に関係し始めていたことも絡んでくる。21世紀に入って私はその全国連合会の会長を務め、それまでの、世界の人びととの交流に加えて、さらにアジアおよび世界の協同組合に関係する人びとと交流したのだが、そうしているあいだに、私のなかに、市民はじつは、欧米日社会にこそもっとも適合的な主体概念であり、アジアを初め、欧米日によってかつて植民地や従属国にされた諸国の人びとから見ると、かつての「主人」というイメージがつきまとっているのではないか、という思いが募ってきたのである（庄司 2015; 2016b; 2019）。欧米日の市民は、かつてイギリス革命で「王は君臨すれども統治せず」として王から主権を奪った歴史のうえに載っているが、旧植民地従属諸国の民衆からすれば、自分たちを支配してきたのは欧米日市民たちであり、自分たちはこれから主権を確立し、欧米日に支配されてきた世界を自分たちの世界に造り直していかねばならないのだ、という意識がある。

　私はさらに、日本人として生まれ育ち、社会学の研究と教育に携わるようになり、述べてきたように世界社会や地球社会を論ずるようになったことに、くり返し思いをいたした。前に述べたように、日本は、欧米以外の社会としては唯一、自力で近代国家を立ち上げ、欧米列強の世界支配に割り込んで力を得ようとして、近隣諸国を侵略し、植民地や従属国にしたり、しようとし、最後はアメリカとの無謀な戦争で、沖縄を地上戦で失い、全国の都市を爆撃され、広島長崎に原爆を投下されて無条件降伏し、一時は植民地同様の状態に置かれた。こうした経験をふまえて率直に自分自身をふり返るとき、日本の人びとは、欧米市民と同様の市民になろうとしてきた自分たちの歴史とともに、そういう市民たちに植民地

や従属国にされた人びとの生活経験や心情も分かるのではないか。だから要するに、一般的な地球市民ではない。これまでの世界の歴史をくり返し思い起こしつつ、自分たちの社会の真の主権者になることをつうじて、世界社会や地球社会の真の主権者にもなっていこうとする人間、その意味で欧米日市民の過去の支配と現在の責任を忘れないとともに、新興国と途上国の人びとの過去の犠牲と現在の事情に思いをいたしつつ、彼らの成長と発展の権利を大切にしていく人間になる必要があるのである。そういう人間を、どの国に属するにせよ端的に主権者と呼び、主権者のための社会学を創り出したい（庄司 2016a）。

　本書にいう主権者と歴史認識の社会学とは、こうして、21世紀社会の最前線に登場してきた世界の民衆の立場から、主権者民衆が、これまでの歴史をふまえて、世界を変革しつつ新たに創造していくための社会学である。

【文献】
文献は巻末の「庄司論文文献」に一括掲載。

# 大正期日本における「中流階級」の「生活権」論
## —— 生活保障をめぐる"自由と国家"への社会学的一考察

冨江直子

## 1 はじめに

　本論では、各人の生活が権利として保障されるということの意味について考えてみたい。

　「生活の権利」ということばは、日本の近代の始まりにすでにあった。幕末から明治の初めの時期、明治日本の近代化を担った知識人たちが西洋の自然法や権利の概念を翻訳する過程で、「生活権」の論が登場した。

　たとえば、加藤弘之『立憲政体略』（1868年）に、「生活の権利」という語が登場する。また、中江兆民「権利之源」（1882年）、植木枝盛「天賦人権弁」（1883年）にも、天賦人権としての「生活権」を論じたことばがある。

　これら明治初期の「生活権」論は、不当な力によって生存や生活を妨害されない権利、つまり生存・生活を享有する自由の権を論じたものであり、今日において一般的な「生存権」論や「生活権」論のように生活保障のための積極的な配慮を求める権利を論じたものではなかった [1]。

　しかし、単に生命や生活への妨害を受けない自由としての「生活権」は、資本主義が浸透していく社会のなかで、貧困や不平等から貧者・弱者の生存や生活を守るためには役に立たなかった。近代資本主義の弊害としての貧困や不平等の問題を前にして、生存や生活の権利をめぐる議論は、自由を妨げられない権利 —— 自由権 —— の論から、国家による何らかの作為を求める権利 —— 社会権としての「生活保障への権利」 —— の論へと展開していった [2]。

　各人の生活が、国家によって積極的に保障されるべき権利であるという議論は、どのように登場してきたのだろうか。本論では、その一つの局面として、1910年代から1920年代、特に大正の米騒動前後の日本における中流階級の生活難をめぐる議論を読んでいきたい。それらのことばのなかに、「生活保障への権利」

の論が生成してくる様を見ることができるだろう。

## 2  私生活と国家

　本論の出発点に、松田忍が提示した「生活論」の多義的な可能性への視座を踏まえたい。松田は、「生活」が、帝国主義の側にあるものとして国民国家形成の基盤ともなり、またデモクラシーの側にあるものとして社会運動の起点ともなり、さらには生活する各人の側にあるものとして個への没入を支える可能性をも秘めていると指摘する（松田 2012）。

　松田の論考が示すように、「生活」は、国家による動員の回路ともなるし、国家による動員に対抗する社会運動の足場ともなる。また他方で、個人が国家や社会から遁れて、私的領域へと退避する砦ともなり得る（松田 2012）。したがって「生活」は、国家が各人の私的領域を動員していくための語彙にも、あるいは各人が国家の領域に参画していくための語彙にもなり、さらに、“国家からの個人の自由”を擁護するための語彙にもなり得る。

　本論では、この視座を踏まえて、国家との関係において「生活論」が持ち得るもう一つの可能性に関心を向けたい。もう一つの可能性とは、「生活」が、個人の自由のために、私的領域に国家の権力を呼び込むための語彙にもなり得るということである。「生活」は、社会の様々な力による圧迫から私的領域の自由を保障させるべく国家の権力を呼び出すための根拠にもなる。「生活」は、“国家によって守られる自由の砦”としても意味づけられ得るのである。

　国家のために各人の生活が論じられるだけではない。各人の生活のためにも、国家が論じられるのである。「生活」を論じる文脈では、国家権力は、個人の私的領域を侵害する暴力であるだけでなく、個人の私的領域を守ってくれる保護者でもある。一方では、個人の自由な生を全うするために国家の力が抑制される。しかし他方では、個人の自由な生を全うするために国家の力が呼び出される。「生活」をめぐって、自由と国家との関係は両義的である。

　ここで留意しておきたいのは、「生活論」が持つ多義的な可能性は、必ずしもそれぞれ独立のものではないということである。本論で着目する「生活論」の第四の可能性は、松田が論じた三つの可能性のいずれとも結合したり、重なり合ったりすることが大いにあり得るはずである。

　はたして、“国家によって守られる自由の砦”としての「生活」は、国家との関係においても自由な私的領域として存立し得るのだろうか。筆者は私的領域の自由の存立をめぐるこの問いに関心を持っているのだが、本論で行うことができ

るのは、この問いを問う一歩前までの作業である。「生活保障への権利」を論じた人びとのことばのなかに自由の行方を探るという作業は、稿を改めての課題としたい。副題に示したように、以下は生活保障をめぐる"自由と国家"の考察に向けての社会学的一考察である。

# 3 生活の難儀と不安

## 新しい生活

　大正という時代は、生活様式・文化の主流が伝統的なもの優位から近代的なもの優位へと変容した転換期として位置づけられる。奥井復太郎は、江戸的性格の延長ないし継続であった明治・東京の形骸および生活が、大正期に徹底的に破壊し崩壊し去られたという（奥井 1975: 399-400）。この変革の時代には、「合理主義、主知主義の旗じるしのもとに、過去の伝承は、いずれも野蛮の陋習でしかなかった」（奥井 1975: 416）。

　この時代、労働のあり方も、消費のあり方も、伝統的なものから近代的なものへと変化した。労働については佐藤（粒来）香（2004）が、「生業の世界」（在来産業 —— 伝統的セクター）の優位から「職業の世界」（近代産業 —— 近代的セクター）の優位への転換が起こったことを指摘している。消費については満薗勇（2014）が、大衆消費社会の始まりの時期として、それまで重んじられてきた勤勉、倹約の生活規律から、合理的な生活像と享楽的大衆文化へと、価値の転換が起こったことを指摘している。

　変革の時代としての大正期に登場した近代的な価値観や社会関係にもとづく労働や消費の新しいあり方 —— 広く"新しい生活"と捉えておこう —— は、生活に関する新しい難儀と不安とをもたらすものであった。戸田海市は、明治の終わりに、次のように書いた。

> 一般の所得および生活程度の向上にもかかわらず中産以下の生活難が叫ばれるのは、第一には、人類一般に物質欲に渇する時代であるためである。第二には、精神上には四民平等となり、下級民は物質的生活の上にも上級者と同等たらんと欲し、その所得不相当に生活程度を高める傾向があるためである。そして第三に、昔の世は万事停滞不進であると同時に一般に生活は安全であったが、今日は万事競争進歩の世であるから地位が不安全となったためである（戸田海市「生活難」『新公論』第26年第7号1911年7月: 1-2）。

労働も消費も近代的なあり方へと変化していった大正の時代は、人びとをして物質的な豊かさやより高い水準の生活を求めしめるとともに、生活を不安全なものにした。ここに、新しい時代の生活難が生じたのだという。

　当時の人びとを不安にさせた要因の最たるものが、他ならぬ「現代人」の「生活」そのものであった。『現代人の生活』（1921年）のなかで、寺田精一は次のように書いている。

　　　現代人各自の日常生活は、色々な方面から脅されて居る。殊に現代味を最も適
　　　切に得せしめて居る都市の生活に於てさうである。生存競争の赤裸々な現はれ
　　　はいふまでもなく、生活物価の急変や、未知者中の警戒や、街路の混雑に対
　　　する用意や、住宅難等は、何れも都市生活者を脅しつゝあるものである（寺田
　　　1921: 10）

　　　自然からの脅威を離れ得た現代人は、自ら作り上げた現代の社会生活から、謀
　　　らずも悩ましい不安な感を受けなければならない運命となつた。かくて現代の
　　　人々はそこに焦りながら踠いて居る（寺田 1921: 22）

　こうした"新しい生活"は、中川清が明らかにしたように、当時の人びとが生活構造の緊張に耐えながら作り上げていったものであった（中川 1985）。中川の研究によると、1910年代の都市の生活反応として、社会的な費用の支出のために食費を圧縮するという現象があった。食費を圧縮して捻出した費用は、雑費、特に養育と教育、保健衛生費、交際費にあてられた。つまり、都市の人びとが形成しつつあった新しい生活様式は、食費を圧縮することによって賄われていた。大正の米騒動の背景となった米価高騰は、こうした新しい生活様式の模索過程に対して、深刻な打撃を与えたのであった。これが、大正の米騒動期に新中間層から都市下層までを含む広範な民衆が経験した生活難であった、と中川は指摘する（中川 1985）。

### 〈中流〉の生活、〈中流〉による生活論

　1910年代から1920年代の日本で、資本主義社会における強者によって生活を圧迫されている人びととして特に言論の中心になったのは——言論の主体としても客体としても——、官吏、教員、会社員など、俸給によって生計を立てる人びと、「新中間層」[3] である。これらの人びとの生活難と生活不安を訴えることばのなかに、国家による生活保障を正当な「権利」として求める議論が登場し

てくる。本論で取り上げるのはこうした議論、すなわち〈労働者〉や〈貧民〉とは異なる階層として表象された〈中流〉[4]に関わる「生活」と「生活保障」の論である。

　寺出浩司によると、当時新中間層はさまざまな呼称で呼ばれていたが、それぞれの呼称はこの階層が持つ性格をそれぞれの一側面において捉えていた。まず、「俸給生活者」「サラリーマン」と呼ばれたように、彼らは、工場労働者のような労働賃金ではなく、俸給を所得として受け取る人びとであった。また、「知識階級」と呼ばれたように、彼らが従事するのは、工場労働者のような肉体的生産労働ではなく、知識を媒介とした事務的な仕事であった。そして、「中等階級」「中流階級」「新中間階級」などと呼ばれたように、彼らは、その生活水準が諸階層の中位に位置する階層であり、資本家と賃労働者の中間の位置に新しく勃興しつつある階級であった（寺出 1994: 184-186）。さらに、高い教育を受けたにもかかわらず生活難に苦しむ彼らに対して、当時「有識無産階級」という名もあった。

　中川は、新中間層の家計には、生活構造上の緊張を伴う都市生活の模索過程が典型的に認められると指摘している（中川 1985: 379）。中川によると、官公吏は明治末期以来、固定した俸給で社会的地位を守らなければならないために生活構造上の緊張を強いられ、1918～19年には生活困難の極点を経験するに至った。そして、1920年8月の「判任官俸給令中改正」等によって彼らの生活状態は急速に安定に向かい、1921～22年には工場労働者とほとんど同時に新中間層として都市に定着可能な生活構造を確立した。教員と工場労働者の支出構造を比べると、1917年には両者は類似していたのに対して、1922年には両者は異なるものになっていたという（中川 1985: 106-107）。

　明治の末期以来、食費の圧縮という家計の緊張を伴いながら模索してきた"新しい生活"への執着こそが、新中間層の難儀と不安の基であった。形成しつつある"新しい生活"の経済的な行き詰まりと、食費を圧縮してまで追求してきた"新しい生活"を失うかもしれないという不安が、彼らを苦しめた。第一次世界大戦後の物価騰貴による生活難は、中川が指摘したように、都市の新中間層が追求し、形成しつつあった生活を一時的に破壊し、彼らの不安を現実のものにしたのであった。都市の新中間層が、この時期の生活難をこのような事態として経験していたことは、この後にみていく言説から、主観的な面からも裏付けられるのである。

　以下でみていくことになるが、新中間層の人びとが生活難のなかで懸命に守ろうとしていたのは、一般的な意味で生存することではなく、〈中流〉として生活することであった。生活の難儀と不安のなかで、彼らがどうしても守らねばなら

なかったのは、自ら〈中流〉に属する人となり、〈中流〉の人と結婚し、子や孫にも〈中流〉としての人生を与えることができるような生活であった。どんなに経済的に行き詰っても、彼らは、「下層」の労働者がするような暮らしや仕事をすることはできない。それができないということは、〈中流〉のアイデンティティを持つ人びととしては全く正当なこととして、主張されたのであった。

　以下、新中間層を中心とする〈中流〉の人びとを語り手とする、あるいは〈中流〉の視点から語られた、「生活」と「生活保障」をめぐることばを読んでいこう。

## 4　生活難の言説

### 〈中流〉のアイデンティティと生活難

　当時の生活意識を窺う一つの手がかりとして、米騒動の時期における生活難をめぐる新聞・雑誌記事をみてみよう。当時の新聞や雑誌などの記事に表れた状況認識と問題意識をみると、生活難として特に問題化されたのは、「下層」の労働者や生活困窮者の生存の危機ではなく、〈中流〉の人びとの生活の危機であったことがわかる。

　井上清・渡部徹らが指摘しているように、米騒動を報じた新聞記事は、中流階級の生活難を特に強調した。多くみられるのは、労働者階級や「細民」よりも、中流階級の人びとが最も困難で深刻な状況に置かれているという状況認識および問題意識である。1918年7〜8月頃の諸新聞においては、「細民」や「下層民」の窮状よりも、中流階級の俸給生活者の生活が困難なことを重視して伝える記事がきわだって多くなったという（井上・渡部編 1959: 57-58）。

　村島歸之『ドン底生活』（1917年）は、当時の官公吏の生活難のあり様を次のように描いている。

　戦前に比してべらぼうな物価騰貴で、「日用品其他約七十種を通じて平均約六七割の騰貴」である。一方で所得はどうかというと、「職工は受取仕事の増加で名目賃金に数倍する収入があり、会社員は会社の増配当に均霑してシコタマの賞与金をせしめている」。そのなかで「独り貧乏籤を抽いたのは官公吏」である。官公吏は、仕事が増えても職工のように受取仕事の分前がある訳でもなく、輸出超過で巨額の金が入ったとて賞与が殖える訳でもない（村島 1917: 304-305）。

　なぜ特に官吏や教員などの新中間層が生活に難儀したのか。それは、物価の高騰に対して彼らの月給が追い付いていかなかったということに加えて、彼らの生活難が〈中流〉に特有の生活理念と生活様式に対する圧迫という性格のもので

あったからである。この後にみていく記事のなかでくり返し訴えられるように、物価の高騰によって家計が苦しくなっても、〈中流〉の人びとは生活水準を落として倹約することが難しい。学歴があり、官吏や教員といった仕事に就いている彼らは、〈中流〉としての体面と名誉を維持しなければならないからである。社会的地位に伴う体面と名誉を重んじる価値観こそが、〈中流〉の人びとの生活を困難にしているのである。他方で、そうした体面や名誉から「自由」な労働者や貧困者たちは、むしろ生活に困難を感じていないというのである。

　新中間層の生活を特に難しくさせる理由になった〈中流〉的な生活とは、具体的にはどのようなものであったのだろうか。当時の新聞・雑誌の記事からみてみよう。

　〈中流〉の生活の特徴として見出せる第一の特徴は、見苦しくない服装と住まい、そして社交や教養のための支出が必須であることである。彼らは、〈中流〉としての社会的地位ゆえに、経済的に苦しくてもこれらの費用を省くことはできなかった。

　　他の社会の如く見栄も外分も無きに候へば反つて心安く候へども何事に就きてもはでに候へば心苦しさは想像も及び申すまじく候一寸の来客にても御茶や御菓子にてはすまされずビール位は出さねばならぬ習慣に候（東京　尉官の妻「食はねど高楊枝」『国民新聞』1918年8月26日：5）

　〈中流〉の生活の第二の特徴として見出せるのは、子どもの教育費、子どもや自身のための貯金や保険など、将来のための支出である。彼らは、自身の、そして子どもの将来のために備える人びとであった。新中間層の家計において、子どもの教育や老後のための貯金・保険は必須であった。

　1917年の『主婦之友』誌に寄せられた読者たちの家計報告をみると、ほとんどの世帯が、生活難を訴えながらも毎月子ども一人一人のための貯金と夫婦の老後のための貯金をし、学資保険や生命保険などをかけている [5]。読者のことばから窺えるのは、いつ何が起こるかわからないという生活不安を常に抱えているため、貯金、保険といた経済的備えがいかに切実に必要とされていたかということである。子どもの教育への支出も、「学歴を唯一の資本とする」「"知的"無産者層」（鹿野 [1983]2007）にとっては、ほぼ絶対的な必要であった。

　第三に、〈中流〉的な生活の特徴として重要であると思われるのは、救済を受けることへの強い抵抗感である。救済を受けることに抵抗感がない（と〈中流〉の眼には見える）〈労働者〉や〈貧民〉とは違って、〈中流〉の人びとは、その社

会的地位ゆえの矜持のために、救済を受けることが容易にはできない。生活にどんなに困っていても、経済的に行き詰っていても、施しを受けたくないのが〈中流〉なのであった。だから〈中流〉の人びとは、生活に窮している人びとのために米の廉売が行われても、〈労働者〉や〈貧民〉に交じって廉米を買いに走るなどということは、敢えてしない。あるいは、したくても出来ないのであった。

　次に引く記事から、救済を受けることを潔しとしない〈中流〉の矜持を見て取ることができる。もう一つ、これらの記事から窺えるのは、〈中流〉の「見得坊」や「痩我慢」を肯定的に評価する書き手のまなざしである。

　　　中等階級の体面上愚痴も覆されず不平も訴へられず、従容として士人の面目を守らねばならぬから、其精神上の苦痛は下層階級に倍してゐる。……俸給生活者の殆んど十分の八九までが皆生活の危惧に脅かされてゐる。誠に由々しき社会問題なる哉（内田魯庵1918「パンを与へよ！」『太陽』24(11): 44-45）

　　　最も慮かるべきは中等階級の逼迫である。細民は愈々となれば慈善に済はれる。が、慈善に縋るを屑しとせず救済せらるゝを蛇蝎の如く忌む中等階級は、愈々となれば自ら起つて自ら解決しやうとする（内田魯庵1918「パンを与へよ！」『太陽』24(11): 48）

　　　或る月給取が僕に話した。「僕が乗つて居る車夫は月に百円からの収入がある、収入の上から云ふと彼奴を乗せて僕が走るのが当然だから、時々車の上で考へさせられる。単に収入が顛倒して居る許りではない、支出も顛倒して居る。彼奴は八円の家賃の家に住んで居るのに、僕は十六円の家を借りて居る。彼奴の嬶は廉売米の買出しに出かけて行くが、僕の女房にドウだお前も行つては、と云ふと赤い顔をする。僕も女房が本気に廉売米に走らうとするなら、オイ一寸待てと止めるだらう」と。……此の見得坊や痩我慢が我中流階級にある時、まだ日本は安泰だ。中流人が真に行詰つて見得も外聞も忘れる時が恐ろしい。今度の騒動の如な生温いものではすまなくなる（鐵箒「見得坊」『朝日新聞』1918年8月26日東京・朝刊: 3）

　〈中流〉の人びとは「慈善に縋るのを潔しとせず救済せらるるのを蛇蝎の如く忌む」のだという。そして、「見得坊や痩我慢が我中流階級にある時は、まだ日本は安泰だ」という。そして、彼らが体面や名誉のために家計を節約することができず、救済を受けることもできないということは、当時の新聞や雑誌の記事に

おいては不合理なこととは捉えられていない。〈中流〉の生活理念や生活様式に固執することは、あくまで肯定的に捉えられている。

　次の記事からは、救済する側からも、〈中流〉の体面に配慮し、彼らの矜持に理解を示していることが窺える。

　　　薄給の官吏や勤め人などの家庭では実際外米は買ひたいが世間態を憚り又は見栄などの為めに昼日中まさか二升や三升の外米を買ひに出かける事も出来ずに困るしんで居る人が実際多いので有りますから毎日午後三時から六時迄売り出したのを十五日には更に午後七時から九時まで夜間売る事として四谷荒木横丁の少隊で試みる事とし一方官吏や勤め人の家庭に向つては外米を面と向つて勧める訳にも行きませんので夜間も売りますと云ふ意味の印刷物を郵便受函や戸の隙から投込んで見ました所が果して非常に成績が好かつたので十六日夜からは六ヶ所でも夜間廉売を致す事に改めました（山室軍平談──引用者）（「救世軍では夜間売出し　世間態を憚る人の為め」『国民新聞』1918年8月17日：5）

　〈中流〉の生活難を伝える新聞・雑誌の記事の基調となっているのは、〈中流〉の階層的アイデンティティである。〈中流〉であるがゆえの価値観とふるまい──体面と名誉へのこだわり、救済を拒否する自尊心──は、不合理なものとしてではなく、肯定され、守られるべきものとしてまなざされている。

　こうした〈中流〉の階層的アイデンティティは、それ自体が彼らの生活の脆弱性の原因であった。〈中流〉として生きなければならないということは、彼らに仕事を選ばせ、支出の削減を難しくし、しかも救済を受けたり求めたりすることも許さないのであった。

　後でみるように、こうした〈中流〉の階層的アイデンティティは、新中間層が抱える“価値ある弱さ”として、「生活保障への権利」の論を構成する根拠となっていくのである。

## 「下層」へのまなざし

　「下層」の労働者や「細民」の生活状況はどのように伝えられたのだろうか。当時の記事をいくつかみてみよう。新中間層の生活難の深刻さや悲惨さが大きく伝えられた一方で、「下層」の労働者や貧困者については、〈中流〉の難儀とは対照的な気楽さや明るさ、好景気による暮らし向きの良さが描かれている。

　　　救世軍の労働寄宿舎などでは収容人員こそ昨年と差がなく皆満足だそうである

が労働者が仕事がないので困るといふ事はなく物価が高いが賃金も割合に好いので一般に景気が良いといふ、各所の慈善病院の外来患者数も昨年に比し一割の減であるさうだ（「他人様の世話に成ずと暖い細民の懐中 —— 景気の好い労働者の年の暮　無料宿泊所も養育院も　大変隙で行倒さへ無い」『朝日新聞』1917年12月14日東京・朝刊:5）

　救済が細民のみに必要なのは世間が最も順調な時の事だ、今の場合救済さるべきは所謂中流の下級者であるといふ声が大分高いやうだ　事実細民の現状は何うであらう宗教団体の施米や廉売を必要とする程窮乏して居るや否や……双葉幼稚園の実況を聞いて見ると……「私は四箇月間に子供達の家が皆揃つて立派になつて居るのに驚いて了ひました道具や何かも立派に出来て何となく家といふ家の中が皆明るくなつて居る様に思ひました、余程景気が好いと見える ——私はさう思つて観ました……此の幼稚園では毎日子供達の持つて来るお小使を貯金してやる事になつて居り、多い子供は十四五円も貯めて居りますので家庭が困つて来ると親達が出て来て「何分物が高価くなりましたので」と云ふやうな事を云つて貯金引出しに参るのですがお米が高い高いと云はれた頃でさへ別段それが増えた模様はありません」と（「細民の家は明るい　子供に貯金もさせて　道具類も整つて居る —— 鮫ヶ橋邊の気楽な生活」『朝日新聞』1918年8月23日東京・朝刊:5）

　以上のように、当時の新聞記事では、「下層」の労働者や「細民」は、好景気で仕事が増えて賃金も上がっているのでそれほど困っていない、あるいはむしろ潤っているとも見られている。
　そして、これらの階層に比べて〈中流〉は非常な生活難に苦しんでいると訴える記事がいくつもみられる。

　此の米高に苦情の当然出づべき筈の労働者に少くして却て中流の家庭に在るのは抑も什うした訳でせうか。……
　　又労働者の如きは安月給取りの愚を笑ひ、米が高いからとて喰ふに困りやしない。寝酒は更らに一合増し二合増し尚女房にも白い着物を買つて遣ると云ふ見幕、且つ曰く会社で愚図々々云へば住み換へる迄の事さと。
　　此の一言で各資本家も事実儲かつて行くのだから職工等が望まぬ内に給料の引き上げを決行するのです。……斯く米が高くつては南京米で我慢仕様とする側が却て上米をば前金で買ひ込むと云ふのだから、単に此の気分丈でもお米は

40

高くなる勘定ではありませんか（岸柳荘「お米は何故斯う高くなつたのでせうか」『婦人公論』3(9), 1918年9月：76-77）

　次の記事では、「中流主婦」が、「下級労働者」の状況と対比することで「中産階級」の苦境を訴えている。「中産階級」は、知識や見識を持ち、体面を重んじ、責任観念が強く、そのために外に救いを求めることができない。社会的な同情や施策は「下級労働者」にのみ厚く、「中産階級」のためには何もない。物価高騰で困れば声を上げて資本家に迫る「下級労働者」に対して、「到底解決の出来ぬ問題を弱い力で解決しなければならぬ」のが「中産階級」であるという。

　　思へば我々の境遇ほど悲惨なものはありません。下級労働者は、物価と共に労働の賃金も漸次昂騰してゆくうへ、社会の同情も彼等には篤く、いろいろの設備や便宜が彼の人達のために企てられてをります。しかも彼等は物価の騰貴率と賃金との調和が少しでも狂ふときは、声を揚げて資本主に迫りどんな際にも生活の安定を得なければ承知しません。ところが私共のやうに多少の知識や見識をもつている階級では、総てのことを自らの力で解決せねばなりません。住宅問題、日用品の廉売、それ等は真に私共中産階級者にとり一時も忽せに出来ぬ問題です。しかも社会はそれ等の問題は皆な下級労働者のみの問題であると思ふのか、中産階級者のためには何一つの企も恩典も設けられていません。
　　といつてそれを社会に訴へるには、私達は余りに体面を重んじすぎます。責任観念が強すぎます。かうして内に苦しみながら外に救ひを求めるすべもなく、到底解決の出来ぬ問題を弱い力で解決しなければならぬ中産階級の苦しみは、蓋し下級労働者の生活難に幾層倍の苦しみであるか知れません（東京某中学教師の妻「生活難に泣く中流主婦の悲痛な叫び　下級労働者に勝る中流家庭の悲惨さを訴ふる叫びを聞け」『主婦之友』3(9), 1919年9月：18）

　　殊に一定の俸給によつて生活をする中流階級の困憊は、下級労働者に比して一層の甚だしさを加へてをります。といつてこれ等の階級にあつては、労働者の如く増俸を絶叫することも出来ず、社会の注意も薄いので、自然自らの努力によつて解決をつけねばなりません（一記者「生活難に処する中流主婦の真剣なる告白　地位ある人の家庭でも如何に生活難に禍ひされているかを見よ」『主婦之友』3(9), 1919年9月：20）

〈中流〉の人びとには、〈労働者〉に比べて暮らし向きがより苦しいというだけ

でなく、彼らの生活難は階層的な優越ゆえに経験しなければならないものなのだという自負があった。〈中流〉は、〈労働者〉よりも「上」の階層として振る舞わなければならないがゆえに、労働者よりも「弱い」存在なのだった。

　大阪市社会部調査課による「俸給生活者調査」（1922年）[6]にも、下に引用するように、同様の議論をみることができる。生活の維持に最も難儀しているのは労働者階級よりも社会上の地位の高い俸給生活者であり、しかも俸給生活者は「服従規律穏和柔順」を本旨とするがゆえ、怠業や同盟罷業を「武器」として戦える労働者とは事情が異なるのだという。

　　凡そ生活難の現象の起り為めに困難を感ずるものは労働者階級に多く生活難を
　　緩和すること即ち労働者階級を救済する所以なりと認められて来た。然るに吾
　　国現下の情勢を見るに労働者階級に属するものは必ずしも生活上に大なる苦痛
　　を感ぜずして寧ろ彼等に比較して社会上の地位に於て上級に属すと目せらる〻
　　俸給生活者こそ今日生活の維持に最も大なる困難を覚えつ〻あることは疑なき
　　事実である（大阪市社会部調査課1922: 3-4）

　　（労働者は──引用者）経済界の好不況に拘らず怠業や同盟罷業を武器として
　　戦ひ罷業者の勝利に帰して解決を告げることもある。然るに俸給生活者に至つ
　　ては全く事情の異なる点がある。何となれば現今社会一般の形勢は要求の声の
　　存するところには耳を傾け易きも声のないところには概して注意を惹かないと
　　いふ状態にある。吾国の俸給生活者は謙譲の徳とか犠牲の精神とか所謂道徳の
　　美名に制せられ服従規律穏和柔順をその本旨とするが故に自己の内部生活は假
　　令窮乏を告げ生活費を極端に節約し乍らも猶武士は食はねど高楊枝と負惜みを
　　並べて好況に浮れ気分になつた世の中を白眼視して居なければならぬのである
　　（大阪市社会部調査課1922: 5-6）

### 貧困の二重基準──異なる階層の表象

　注意しておきたいのは、〈労働者〉や〈貧民〉がそれほど暮らしに困っていないと伝えられているのは、彼らが〈中流〉とは全く異なる階層の人びとであることが自明とされているからだ。〈中流〉に比べれば〈労働者〉や〈貧民〉はそれほど難儀していないということが何を意味するのかは、下記の新聞記事をみれば明白であろう。

　　（救世軍婦人ホームの主任を尋ねると──引用者）私共ではとても普通の方の御

想像もつかない貧乏生活としての鍛錬を経ていますので、倹約もいたしますが、又まづいものを甘しく食べるといふ工夫は随分積んでいますので、費用をかけずに割合に甘しいもの、滋養に富んだものを得る事が出来ます。世間の様に米価暴騰の為め特に四苦八苦といふ様な惨状はございません。

　（新聞を読んで世間の惨状を聞かせると ── 引用者）自分達のみ平素と変わらぬ食事をしていますのは、ひたすら神様の御力であると心から感謝致しています。斯様なわけで、此度の米価暴騰は、私共には特にそれが為め困難を感ずるといふ事もなく、又被保護者は益々信仰を強くするといふ様な有様で、却て祝福に存じています（「貧乏を通り越した救世軍ホーム　外米ばかりの御飯で暮すまづい物を甘く食べる経験」『読売新聞』1918年8月17日朝刊：4）

　見苦しくない暮らしを維持しなければならない〈中流〉とは異なり、「被保護者」は「想像もつかない貧乏生活としての鍛錬を経てい」るから、「費用をかけずに割合に甘しいもの、滋養に富んだものを得る事が出来」る。そして、彼らはそうした食事であっても「平素と変わらぬ食事」をしていることを、神様の御力として感謝しているというのである。
　次の新聞記事からは、「何とかなっている」と伝えられた「下層」の人びとの暮らしぶりが、いかなる暮らしぶりであったのかが窺える。

　坂本万年小学校長の語る處では幸ひ仕事が沢山あるから七八才位にもなれば男も女も皆な働いて何うにか斯うにか飢えずに居るのだと云ふ、此仕事の沢山あるといふことが破天荒な米価にも割合の惨状を呈さない一因であらう（「生てるのが不思議　下級民の困り方　米は高いが仕事があるので何にか食へる」『朝日新聞』1918年8月8日東京・朝刊：5）

　仕事がたくさんあるから子どももたくさん稼げる、というのが「下層」の人びとが「何とかなっている」状態なのであった。子どもの教育費が必須の費用であった〈中流〉とは異なり、「下層」では「七八才位にもなれば男も女も皆な働」くので、仕事さえあれば彼らは食べるのにそこまで困らないというのである。
　〈中流〉の人びとは、どうしても子どもに教育を受けさせたいし、社会的地位にふさわしい体面を保つため見苦しくないように暮らさなければならない。そのためにどうしても一定の出費が必要であった。彼らはそうした生活を維持していくために非常な難儀を経験していた。これに対して、それほどには困っていないと伝えられた〈労働者〉や〈貧民〉にとっては、守らなければならない生活の水

準やかたちが —— 新聞や雑誌に文章を書くような知識階級の人びとの主観においては —— 大きく異なっていた [7]。

　あるいはむしろ、〈労働者〉や〈貧民〉には守らなければならない一定の生活のかたちや水準といったものがないとみなされていたと言ってもよいかも知れない。たとえば大阪市社会部調査課「俸給生活者調査」には、労働者は生活に一定の様式がないがゆえに「自由に生活状態を伸縮することに依て生活難に対抗することを得る」のに対して、俸給生活者は生活状態を伸縮することは不可能であると書かれている。後者にとっては、相当の住居や四季折々の和洋両式の礼服通常服、そして子どもへの相当な教育といったことに必要な費用は「絶対必要費同様伸縮の自由を許さないもの」であるという（大阪市社会部調査課1922: 4）。

　もう一つ新聞記事をみておこう。米価暴騰以来の中流階級の「哀れな現状」に対して「余裕綽々たる細民部落の簡易生活振り」を、救世軍の本所主任が語るという記事である。この記事では、〈中流〉の視点から、全く異なる文化を持つ人びととして「細民」が描かれている。

　細民たちの稼ぎの良さについては、彼らは老婆から子どもたちまで一家総出で働くので、大抵の月給とりは適わない。食料も「細民窟独特の吃驚する様なもの」がある。オブラートで作ったお菓子をお腹一杯食べるとか、慣れない人が食べると体調が悪くなるような魚を細民はおいしく食べるとか、あるいは市場で落ちた野菜を拾ってきたのを「細民八百屋」で安く売っている、という具合。「斯んな風だから買喰ひと毎夜の活動見物を節すれば皆立派に暮せる訳なのです」と、記事は結ばれている（「手軽な長屋生活　稼げば儲け口は山程　オブラートの菓子で腹一杯　独特の仕出屋や細民八百屋」『朝日新聞』1918年9月13日東京・朝刊: 5）。

### 越え難いへだたり

　〈中流〉の生活難に関する議論においては、相対的な貧困観 —— 〈中流〉に相応しい水準 —— が前提となっている。社会的に問題としなければならない貧困は、肉体的な生存の水準ではなく、社会的な生活の水準で論じられている [8]。

　ただし、先にみたように、新聞等の報道においてはその基準が階層によって異なっていたことには留意が必要であろう。「下層」の労働者や「細民」については、肉体的な生存を基準として彼らの暮らし向きの良さが指摘され、他方で〈中流〉の人びとについては、社会的な生活を基準として深刻な貧困が叫ばれたのである。

　新中間層の人びとが自らの生活難を訴えることばのなかでも、その生活難が〈中流〉生活への固執ゆえの難儀であることは明確に認識されていた。しかし、

それでも彼らは、〈中流〉生活を放棄することを考えないし、考えられないのである。「下層」の人びとの暮らし方が「楽」だと言いながら、難儀のもとである〈中流〉生活をやめて彼らのように暮らし、彼らのような人生を生きることはあり得ない。それは〈中流〉からの転落であり、どうしても避けたい事態なのである。あるいは、端的に無理なのである。

　次に引く記事は、〈中流〉の生活の苦しさにあえぎながらも、何としても〈中流〉としての人生しか選択し得ない俸給生活者の妻のことばである。

　　　中流以下の俸給生活をして居るものにとつて一番困りますのは、子供の学資金
　　と婚資とでございます。いくら手許が苦しいからと申しても、商家の子弟や職
　　人衆の子供達のやうに小学校を済すと直ぐ小僧や女工に出すといふことは情に
　　於て忍びませず、さればといつて軍人にしたり官費の学校を宛にするのも、誠
　　に儚い話でございます。私は幼少の時から父や母が具にさういふ困難を嘗め尽
　　したのを見て居りましたので、たとへ職人へでもよい俸給生活の人へは嫁した
　　くないと思つて居りましたが、矢張り真逆の時になつて見ますと教育のある良人
　　を撰みたく、それに父母の考もありますので、とうとう只今の俸給生活をして
　　いる夫に片付いたのでございます（豊島しづ子「生活難の中から子供の学資と婚
　　資を作つた経験」『主婦之友』2(2), 1918年2月：120）

## 5　生活保障の要求 ── 価値ある弱き人びととして

### 価値づけられた弱さ

「有識無産階級」とは、「有識」であるにもかかわらず苦しい生活を強いられている人びとであり、同時に「有識」であるがゆえに苦しい生活を強いられる人びとであった。

　鹿野政直のことばを借りて言えば、新中間層とは、「何程かの学歴を唯一の資本として、この世を渡ってゆこうとする人間（実際には、ゆくことを余儀なくされている人間）」、つまり「"知的"無産者層」であった（鹿野 [1983] 2007: 103）。彼らには、「「中流」という存在そのものの不安定性に由来する不安感」がつきまとった（鹿野 [1983] 2007: 118）。生活不安は都市の新中間層の常態であり、その不安は、1910年代後半の生活難として現実のものとなったように、常に現実となる可能性のある不安であった。新中間層の生活は、脆弱さを基調とするものであった。

　新中間層の生活が脆弱であるのは ── 他の階層に比べて脆弱であると感じら

れたのは──、上にみたように、彼らが〈中流〉として生きなければならなかったからである。新中間層の生活力の弱さは、〈中流〉であることの弱さであった。学歴以外の何の資本をもたないという経済的基盤の弱さ、そして知識階級としての矜持ゆえの「不自由さ」からくる弱さであった。

　こうした彼らの生活力の弱さは、いわば"価値ある弱さ"として提示された。それは、彼ら自身の〈中流〉としての自尊心と結びついていたのみならず、社会的、国家的にも価値づけられた弱さであった。

　〈中流〉を自認する人びと自身が、自らの価値の高さを意識的に主張した。米騒動期の新中間層の生活難を訴えたことばには、彼らの〈中流〉であるがゆえの生活力の弱さを、他の階層に対する優越感と決して無関係ではないものとして提示しているものが多くみられる。新中間層の人びとが生活難を訴えることばのなかでは、生活力における弱さと、彼らが自負するところの〈中流〉が有する社会的・国家的価値とは、矛盾するどころか表裏一体の関係にあった。「生活保障への権利」は、こうした〈中流〉の弱さと価値とを根拠として主張された。

## 「国家による積極的な保護を」

　本論が注目するのは、〈中流〉の生活難を論じることばのなかに、公的な生活保障を求める議論が登場してきたことである [9]。新中間層を中心とする〈中流〉がその階層的性格ゆえに抱える弱さと、その弱さと結びついたものとしての社会的・国家的価値とが、公的な生活保障に正当性を与える根拠であった。〈中流〉の価値づけられた弱さを理念的な基盤として、生活保障の主張が構成されていく様をみていこう [10]。

　〈中流〉の生活難の訴えから「生活保障への権利」の主張が形成されていく筋道は、おおよそ次のようなものであった。──〈中流〉の人びとは、労働者階級のように賃上げを求めて実力行使に出たり権利を絶叫したりしない、思想的に穏健で品位ある人びとである。また、〈中流〉は、公私の救済を受けることを潔しとしない、自尊心と自立心のある人びとである。こうした〈中流〉こそが、国家の中核となるべき価値ある人びとであり、彼らを生活難のために「下層」に堕落させてはならない──。

　内田魯庵は、物価騰貴のために最も悲惨な状況に置かれているのは官公私の下級使用人であるとして、彼らについて次のように述べている。「多少の学問才弁を有して洋服又は羽織袴で執務する階級者に、労働者からは旦那と尊称されつゝ其実労働者よりも少ない給金に生活するのがある」が、彼らは「忠実に使用人道徳を守つて職工のやうにストライキをもせず、朝に衣服を典じ夕に道具を売つて

裸体になるまでも柔順に職務に服する」ような人びとである。「中等階級の体面
上愚痴も覆されず不平も訴へられず、従容として士人の面目を守らねばならぬ」
人びと、しかも、「慈善に縋るを屑しとせず救済せらるゝを蛇蝎の如く忌む」人
びとである（内田魯庵 1918「パンを与えよ！」『太陽』24(11): 44-45, 48）。内田は、
こうした〈中流〉の人びとの逼迫をこそ最も恐れるべしと、政府当局に警告して
いる。

　ある地方官庁の判任官の生計状態を調査した汐見三郎も、次のように言う。

　　……言論の自由が許されている現代では沈黙の民を飽満の階級と看做すのが一
　　般に行はれている擬制であるから。然し自由権主張の此擬制が行はれない点に
　　官吏の美点長所も存するが故に、為政者たる者は声無き所に声を聞き進んで問
　　題の解決に当らねばならぬと思ふ。
　　　判任官の生活は私の調べた範囲内では少からず急迫している。聞く、革命の
　　背後には虐待し尽されし知識階級潜むと。特に識者の大に考へねばならぬ所で
　　ある（汐見三郎「判任官生活の実情」『経済論叢』10(1), 1920年1月: 134）

　もう一つ例を挙げておくと、大阪市社会部調査課「俸給生活者調査」にも、
「（有識無産階級が —— 引用者）資本家階級の与党たる境遇に甘んじて居る間は無
難であるがそれが労働階級に同情を寄せ或は労働者階級と同一心理を抱くやうに
なれば由々敷問題となるであらう」とある（大阪市社会部調査課 1922: 2）。
　〈中流〉は、思想の急進化を防ぎ、革命への防波堤となるのである。〈中流〉が
困窮のために「下層」に転落してしまった日には、革命の危機が訪れる。〈中流〉
を守ることは、国家の秩序を守ることであった。
　次に引く与謝野晶子のことばは、米価高騰による〈中流〉の生活難に対して、
「権利」として国家の介入を求めている。求めているのは、廉米のような「恩
恵的侮辱的」な救済ではなく、国家による合理的な配慮としての生活保障であ
る。与謝野が「国家に対して生活保障を要求する権利がある」と主張する根拠は、
〈中流〉の彼らは自分たち自身の力で自分たちの命を支えて行くことが不可能で
あること、そして「社会の優良分子である中流」を腐敗させるなら、そこから
「最も悲しむべき国民の堕落」が始まるということであった。つまり、〈中流〉が
弱い人びとであることと、価値ある人びとであることであった。

　　ほんたうに一時を糊塗すると云ふのは私達の現状です。かう云ふ現状にある者
　　が謂はゆる中流の名を以て呼ばれる貧民階級に多いと思ひます。米其他の食料

の値の暴騰が今日の調子で尚二三箇月も続いたら、社会の優良分子である中流
の貧民がその体質と精神とを腐敗させずには置かず、最も悲しむべき国民の堕
落は是から始まるだらうと思ひます。……私達が命を支へて行くには、私達自
身の力では不可能です。私達は国家に向つて臨機の保護を要求すべき権利があ
ると信じます（「廉米も買へぬ　中流の無資産階級　恐怖と苦痛の現状　与謝野晶
子女史談」『朝日新聞』1918年8月16日東京・朝刊: 5）

臨機の処置として国民全体が一斉平等に外米を混じた米を食べるだけの忍耐を
自覚せしめ、社会に外米を混じない米の存在を許さないことにし、其れに由つ
て国家が米穀の標準価格を一定して、特に恩恵的侮辱的の意味を持つた「廉米」
と云ふ名称をも全廃するに至つて欲しいと思ひます（与謝野晶子 1918「粘土自
像」『太陽』24(11): 62）

〈中流〉は、自ら「権利」を主張しない人びとだからこそ、積極的な配慮が向
けられなければならないし、施しを受けることを拒む矜持ある人びとであるから
こそ、「恩恵的」な救済ではなく、「権利」としての生活保障を行わなければなら
ないというのである。
　〈中流〉の価値づけられた弱さを論じて、公的な生活保障への要求を正当化・
合理化していく議論の例を他にも挙げておこう。〈中流〉の生活保障を要求する
根拠として、子どもの教育は大きな要素であった。

学校教育を完全に施したところで、家庭がかういふ状態である以上、決して立
派な教育を遂げることはむづかしうございます。どんなに窮乏しても人格だけ
は傷つけたくないといふのは、中産階級者みんなの願でありますが、「衣食足
りて礼節を知る」と昔の人も教へられてをります通り、貧民の生活をしていれ
ば、やはり心持ちも貧民らしくなるのは弱い人間のどうにもならぬところです
（東京某中学教師の妻「生活難に泣く中流主婦の悲痛な叫び　下級労働者に勝る中
流家庭の悲惨さを訴ふる叫びを聞け」『主婦之友』3(9), 1919年9月: 18）

私は世の富豪や為政者が、今少し私共中産階級のために、思ひを廻らして下さ
ることを切望します。赤裸々に叫ぶことも訴へることも出来ぬ境遇を好都合と
思ひ、目を塞いで通るやうな不親切な態度は、やがて国家を亡びに導く基です。
本当に今にして救はれなければ、私共の家庭は堕落してしまひます。私共の子
供は恥も義務も忘れ、自分の利益にのみ走るやうに育てられなければなりませ

ん（東京某中学教師の妻「生活難に泣く中流主婦の悲痛な叫び　下級労働者に勝る中流家庭の悲惨さを訴ふる叫びを聞け」『主婦之友』3(9), 1919年9月：19）

今までにある托児所の多くは、貧民階級のために設けられてあるので、殆んど救済的の意味が含まれています。それでは中産階級の子弟を安心して托することも出来ず、また子供の教育上にもいろいろの弊害が伴ひませう。それゆえ相当の報酬を払つても、教育を本旨とした託児所が欲しいと思ひます（一記者「生活難に處する中流主婦の真剣なる告白　地位ある人の家庭でも如何に生活難に禍ひされているかを見よ」『主婦之友』3(9), 1919年9月：22）

　もう一つ、大阪市社会部調査課による「俸給生活者調査」からも、同様の議論を引いておこう。

俸給生活者は従来自己の受くる僅かの俸給を割いて其子女に教育を施し以て次代に於ける社会の公民を作り又堅実なる自己の後継者たらしむることを得たれども今日の如く俸給生活者の生活難の甚しき時代には到底彼等は自己の子女を教育するがために毎月一定額の学費を支出するの苦痛を忍ぶこと能はざるに至り子女は義務教育を終れば直に職工又は徒弟として一家の生計を補はしむるか女子と雖も同じく女工又は事務員たらしめて僅かなりとも収入を増すの途を講ずるの已むを得ざるに至つた。かくの如き流風の漸次増加せんか。その堅実を誇つた我国の中等社会も漸く衰微するに至るか若しくは中等社会の品質を著しく劣等ならしむることを免れぬであらう。語を寄す天下の為政者は之に対して如何なる対策を講ぜんとするか（大阪市社会部調査課 1922: 6-7）

　米騒動期の生活難への公的な対応を論じる文脈では、「強い国家」が要請されてくる。すべての階層の国民に「平等」に外国米を食べさせること、造酒額を半減して食糧米を確保すること、厳格な取締りの下に公定価格を定めることなどが提案されている。

兎に角日本人は無思慮に内地米を多く消費したのです。かう云ふ事の予想から、私は曩に一種の食糧制限を唱へて、国民が貧富の差別なく平等に外国米を混ぜた米を食べるやうに、政府に於て臨機の調節を断行し、世間に外国米を混合しない米の販売を許さないやうにすると共に、一方に本年の造酒額を半減して食料米の補給を計つて欲しいと述べたのですが……（与謝野晶子「実際生活の危

険」1918年12月22日『横浜貿易』→ 再録　神戸大学経済経営研究所編1976『新聞記事資料集成　通巻三七「社会編」第一巻』大原新生社:209-210)

弥縫策としては、公定価額を定めるといふことも一つの方法でせう。しかしこれも一利一害で、いろいろの弊害が伴ふから、もし公定価額を定めるとすれば、切符制度にして、上下の区別なく、厳格に取締らねば、非常な不公平が起ります。… また節米といふことも非常に有効であらうと思ひます。或は総ての米に必ず外国米を交ぜることも一つの方法でせう。しかしこれは富豪にも是非とも励行させなければならぬことで、貧民ばかりに南京米を強食させるとなると、甚だしい危険の基となるかも知れません（東京帝国大学教授（匿名）「物価騰貴の原因と生活難の解決策　生活難解決法として唯一つの道はこれである」『主婦之友』3(9), 1919年9月:14)

## 〈中流〉が見た米騒動

〈中流〉の人びとによる生活保障への「権利」意識は、米騒動で蜂起した民衆の「権利」意識とは画然と区別され、全く別種のものとして論じられていることに注意しておかなければならないだろう。〈中流〉の人びとは、米価高騰による生活難に対して憤りながらも、米騒動で暴力的に生存権を訴えた民衆の行動に対しては否定的であった[11]。

各地に穏かならぬ騒ぎが少しづゝ起つたのは残念なことです。法外の米価に難渋をする人々には同情しますけれど、穏かならぬ動作は慎んだが上にも謹んで頂かなければならぬ次第であります（「よみうり婦人附録」『読売新聞』1918年8月13日朝刊:4)

求めるから与へる、騒ぐから慰めるといふやうでは、社会生活の円満を期することは出来ません。……今方々で行はれている廉売や救済は決して北陸漁村の女房たちが魁をして贏ち得たものではありません（「よみうり婦人附録」『読売新聞』1918年8月17日朝刊:4)

所謂細民は其の最後の手段として腕力を試みたのでせうが、其のために、つまり彼等は安価な米を買ふ事が出来る様になつたのかと考へますと、何だか余りに、世の中が下らなく、情なくなつてまいります。でどうぞ今後は何事に依らず、そう云ふ事の起らない中に御当局で、うまく道を開いて我等に安心させて

頂き度いものだとぞんじます。細民の方は一時始末が付いたとしても、所謂陰れたる細民の私達は、なかなか落付いた気分ではおられないのです（尾崎恒子「情けなくなつて参ります」『法治国』45, 1918年9月: 19）

富山県の漁民の妻女達は、このたびの騒動の中で、最も純粋にその主因である食糧問題に由つてのみ行動しましたが、他の府県の騒動に到つては、同じ問題を主因としながら、序でに資本家階級殊に成金階級と軍閥政府に対する社会的不平を爆発させることの方が激烈であつたやうに見受けます。さうして、常軌を逸することの甚だしい民衆は、節制も無く、規律も無く、唯だ不平的気分と弥次的気分との中に、良民の家屋を破壊し、傷害や、放火や、食糧品以外の贅沢品の掠奪さへ敢てしました。物価暴騰の苦痛を分ち、社会的不平を共にする点に就て同じく民衆の一人であることを光栄とする私ですが、その余りに常軌を逸して、暴徒となり、或者は強盗ともなった彼等の行為に対しては、之を救解すべき所以を知りません。……現代の民衆の運動は、出来るだけ自覚的に一貫した意義があり、規律があり、節制のあるもので無くてはなりません（与謝野晶子 1918「粘土自像」『太陽』24(11): 60-61）

〈中流〉の人びとは、米騒動の民衆のように蜂起したりはしない。また、労働者階級のように団結したり要求の声を上げたりすることもしない。こうした〈中流〉が、要求の声を上げないがゆえに、国家や社会の配慮や施策から取り残されているのだ。

　これが、〈中流〉の生活保障こそが国家の急務であることを説く論の根拠であった。強調されたのは、単に彼らの生活基盤が脆弱であるということではなかった。その脆弱さの原因であるところの、彼らの主体の在り様――声を上げない、蜂起しない――が、社会あるいは国家にとって、極めて価値があるということであった。「価値がある」とは、既存の秩序を維持するために（都合が）良いということであり、〈中流〉の生活保障要求が保守的な主張であることは言うまでもないだろう。

　しかし一方で、〈中流〉の人びとこそが起ちあがり、社会を変革する主体となれと呼びかける議論があったことにも注意を向けておくべきであろう。次の項ではそうした議論の例をみておこう。

## 社会改革の主体としての〈中流〉

　この時代、〈中流〉とは国家の保護を待つしかない受動的で柔順な存在である、

あるいは、そうあるべきだということだけが論じられたわけではない。〈中流〉の生活は、単に国家の秩序を維持するために重要であるから保護されるべきとだけ論じられたわけでもない。

〈中流〉の人びとに対して、能動的な主体として社会改革の担い手になることを求める議論や、個人としての内面の独立と自律的な生き方を求める議論があった。社会変革の主体としての〈中流〉をめぐる議論については、本論で論じる余裕がなく、稿を改めて考察しなければならないが、ここでは『婦人公論』から二つの記事を引用しておこう[12]。

与謝野晶子は、「生活の消極主義を排す」と題する文章で、米騒動以来の減食の励行を批判し、「かう云ふ無法な禁欲主義が一般社会に行はれるのは、日本人が生活の積極的意義に就て深刻な自発的考察を経て来ないから」と、「生活意志の微温と浅薄」に反省を促している（与謝野晶子「生活消極主義を排す」『婦人公論』3(11), 1918年11月: 16）。与謝野はこの文章のなかで、独立した個人のうえに団体生活を築くべきことを次のように説いている。

> 相互扶助を徹底する生活は私達の理想であるが、それは論者の謂ゆる「独立を輔佐する」ための相互扶助である。また立派に独立した個人が殖えてこそ相互扶助と云ひソリダリテと云ふ団体生活も鞏固になるのである（与謝野晶子「生活の消極主義を排す」『婦人公論』3(11), 1918年11月: 12）

> 団体生活に個人を隷属させるので無くて、個人が自己の意志に由つて団体生活を造るのである。飽迄も個人が主である。……団体生活は個人生活の延長であり拡大であつて、徹底個人主義の具体的表現である（与謝野晶子「生活の消極主義を排す」『婦人公論』3(11), 1918年11月: 13）

馬場孤蝶は、「中流階級の悩み」と題する文章で、真の学問の自由こそが重要であることを説いている。馬場は、生活難を経験している中流階級が学校教育を職業を得るための手段と見過ぎており、「学問が学問としてではなく、単に技芸として教えられ、現時の社会に因襲的に如何に応用すれば宜いかといふ点のみが教えられることになつて居る」ことを批判する（馬場孤蝶「中流階級の悩み」『中央公論』4(1), 1919年1月: 17）。そして、目下の生活問題に対してまず行うべきことは、学理の探究の自由を保障することであると主張する。

> 理性の上に於ても、情操の上に於ても、何等安んじて拠るべきものを持つこと

の能きぬのが、今の中流階級の若き人々の悩みである。……

　先づ物質的方面から云へば、衣食住問題の解決は、新しき真の学理に基いた根本的に徹底せる方針を立て無ければ、その効果は少しも無い訳になる。学理方面は奈如。此も固より真の学理に因つて解決せらるべきものである。

　目下の急務は、学理の討究をば十分に自由ならしむるにある。今日の如く新しき学説の一端を講じてさへ学者が危険人物として取り扱はれるといふ状態では、国民の生活問題に対する解決案の立てやうは無いのである（馬場孤蝶「中流階級の悩み」『婦人公論』4(1), 1919年1月：18）

　真に自己の権利を重んずる人を養成するのが、今後の教育の目的で無ければならぬ。自己の権利を真に尊重する人にして始めて真に義務を守り得ることが能きるのである。

　此の意味よりすれば、少くとも現在の中流階級の全体に参政権を与ふるまでに、選挙権法を改めるべきである（馬場孤蝶「中流階級の悩み」『婦人公論』4(1), 1919年1月：19）

　上に引いた文章で与謝野と馬場が主張しているのは、私生活の保守を国家の力に委ねるのではなく、自ら社会改革を担う政治的主体（すなわち主権者）となるべし、学問を通じて内面の独立を果たした個人が、政治的権利の行使を通じて社会を改革すべし、ということであろう。ここで〈中流〉に対して求められているのは、近代的な権利意識と知識とに基づいて、社会改革を担うことである。

# 6　結びに代えて ──「階層」をめぐる問いと、「自由」をめぐる問いへ

　本論の前半で提起した自由と国家との両義的な関係性を思い出そう。「生活」は、松田（2012）が指摘したように、国家が各人の私的領域を動員していくための語彙にも、あるいは各人が国家の領域に参画していくための語彙にもなり、さらに、"国家からの個人の自由"を擁護するための語彙にもなり得る。そしてもう一つ、本論が着目したのは、「生活」が、個人の自由のために、私的領域に国家の権力を呼び込むための語彙にもなり得るということである。

　本論で読んできた〈中流〉の生活難と「生活保障への権利」の論は、各人の生活のために国家を論じ、同時に、国家のために各人の生活を論じた。〈中流〉の階層的アイデンティティに支えられた「生活保障への権利」の論のなかで、〈中流〉の生活は、各人のために、同時に国家のために、そして社会のために、守る

べきものとして価値づけられた。

　結びに代えて、本論での考察を通じて浮かび上がってきた二つの問いを提示しておきたい。

　一つは、階層をめぐる問いである。〈中流〉の生活難と生活保障を訴える議論のなかで、〈中流〉とそれ以外の階層とのあいだの生活様式や価値観における超え難いへだたりが繰り返し描かれた。そして、そこに表象された階層間の差異こそが、〈中流〉の生活保障要求の正当性を支えていた。本論で見てきたのは、生活保障を権利として要求する議論が、〈中流〉の階層的アイデンティティを根拠としながら ―― 他の階層を否定的に表象しながら ―― 形成され、提起されてきた様である。こうした議論は、〈労働者〉や〈貧民〉など他の階層の人びとの生活難や生活保障を論じる文脈においてはどのような役割を演じるのだろうか。

　もう一つは、〈中流〉として生きることの「不自由」と「自由」とをめぐる問いである。〈中流〉の生活難を訴えた論者たちが強調していたように、〈中流〉として生きることは対社会的な面で「不自由」なことであった。他方で、与謝野と馬場が論じたように、〈中流〉の人びとこそが自律的な個人として「自由」を担うべき主体でもあった。脆弱な〈中流〉の生活に対して国家の配慮を求める議論は、私的領域および公的領域における「自由」に対して、いかなる意味を持つのだろうか。

　これらの問いは、筆者に残された大きな課題としたい。

　最後に、私生活の「自由」を言い切った山川菊栄のことばを掲げておこう。

　　私は三度の食事は贅沢だと云はれて、仰せ御尤もと許り二度にへらし、二度には及ばぬ、一度で沢山だと云はれゝば、成程と許り一度にしてしまひ、此物価騰貴の折柄、貧乏人のくせに御飯をたべるとは身分不相応、越権の沙汰であらうと叱られゝば、ハツとばかり畏入つて水ですまさうといふ気になるような神妙な人間には親が生みつけて呉れませんでしたので、御腹が空けば御飯がほしく、ほしければ是が非でも食べる算段をしようといふ卑ん坊に出来て居ます。随つて物価騰貴に責めさいなまれ、爪に火をともすようにして細く長く、一生空腹を抱へて影ん法師のような生き方をするより、食べられる間はどうにかお腹一杯食べておき、愈々の日が来たら潔く此身を犬の餌食にでも何にでもしてやるつもり。ばかばかしい、一生イヂイヂと世間様の御機嫌ばかり伺つて居られるものか（山川菊栄「物価騰貴の今日に際して　主婦の感想」『婦人公論』4(1)、1919年1月：70-71）

【謝辞】
本研究はJSPS科研費17K04112の助成を受けたものです。

【注】
[1] 戦前期日本の主要な生存権論については、松尾敬一（1954）、中村睦男（1989）を参照されたい。近代的な「生存権」が確立されていった過程は、近世における伝統的な「生存権」が否定されていった過程であった。近代への移行期に否定されていった民衆の「生存権」については、歴史学の成果から学ぶことができる（安丸 1984; 稲田 1990; 鶴巻 1992; 北原 1995; 牧原 1998など）。拙稿（冨江 2017; 2018）では、これらの先行研究を踏まえて、近代化の過程で失われていった伝統的な「生存権」をめぐって若干の考察を試みた。

[2] これを権利概念の「進化」とするのか「転換」とするのかということは、検討すべき一つの問いである。これは筆者の今後の課題としたい。

[3] 季武嘉也によると、1920年の第一回国勢調査からわかる都市住民の階層別構成比は以下のようであった（季武 2014: 76-80）。
　　　①富豪（大工業業主・大商業業主たち）1%
　　　②旧中間層（中小の工業・商業・交通業・土木採取業業主）25%
　　　③新中間層（各業職員、官公吏・軍人・教員・記者など安定した雇用の下で俸給をもらう者、および医師・弁護士・宗教家・著述業・芸術家など高度な学歴知識を持つ自由業）15%
　　　④大規模工場労働者（6人以上の職場で働く工場・鉱山・交通通信業労働者）18%
　　　⑤在来産業労働者（5人以下の工場労働者、全商業労働者）22%
　　　⑥都市下層民（屋外労働者、日雇労働者、家事使用人、公務・自由業労働者）19%

[4] 本論で着目するのは、主に新中間層を語り手とする議論、また新中間層の視点から論じられる議論であるが、自作農や小売業者などの旧中間層の人びと、さらには工場労働者など中間層とは異なる職業階層の人びとを語り手とする議論のなかにも、新中間層と同様の価値観や行動規範を見出すことができる。久井英輔は、当時の一般向けの活字メディアでは厳密な意味の違いが明確にされずに「中流階級」や「中産階級」などの語が使われていたことを指摘している。そして、戦間期の日本において、社会の中間層として想定され、語られた概念を包括的に示すものとして〈中流〉ということばを用いている（久井 2015: 8-9）。本論で用いる〈中流〉の語は久井のこうしたことば遣いに倣っている。なお、久井（2019）は、包括的な語としての〈中流〉を戦略的に用いて、近代日本における〈中流〉に対する認識とその変容の過程を描き出している。

[5] 1917年の『主婦之友』誌に寄せられた読者の家計報告については、鹿野政直（[1983]2007: 105-106）、寺出浩司（1994: 186-192）、木村涼子（2010: 34-43）などの分析がある。

[6] 「大正十年十一月市内の各銀行会社に就きその行員並に社員二、七五一人を調査したもの」（大阪市社会部調査課 1922: 1）とある。

[7] 次に引用する記事からは、〈中流〉的な生活様式と生活理念が「下層」の民衆へも浸透していた様子が窺える。ただし、これらの記事は記事の登場人物である民衆自身が書いたものではないので、その解釈においてはさまざまな可能性を考えてみる必要があるのはもちろんのことである。

　　青木信光子が昨年外米を買つて色々工夫して喰つて見て先づ之ならば喰へない程の米ではないと思ひ近所の長屋に試食して見よと云つて分配して遣つたら長屋の者の云ふには、折角殿様の思召だが第一腹が空つて沢山喰はなければならぬし日本米なら沢庵で掻込めるが外米は副食物が要るから結局損が行きますと云つて来たさうだ　だから不味い物を食へと

云ふ田尻市長のやうな消極的なことよりも積極的に米に不足のない様に、代用食糧が必要なら経済的で美味いものを供給する様、又一面には洋服細民などゝ云ふ非{ママ}惨な言葉の流行しないやうに根本の方法を講ずるのが為政者の義務ではあるまいかとは某子爵議員の談片(「東人西人」『朝日新聞』1919年6月4日東京・朝刊:2)

町長さんや有志の人々の尽力で、米の廉売所を設け一方篤志者の義捐金を窮民に分配すべく、町役場よりこの窮民と目せらるゝ四十二戸の人々に対し戸別に役場吏員が訪ねて救助を受くるや否やを問ひ質したるに孰れも其厚意を謝しお受けする旨を答へたるに其翌日に至り前日御救助を受くる旨お答せるも都合に依りお断りすると申出でたるもの八戸に及びましたとやら聞き伝へ、……其夜納涼旁々或細民部落を通過せるに見るもいぶせき棟割長屋の内で、何事か密語め合ふ音のするので聴くとはなしに立ち聞きせるに主人らしきものゝ声にて「……昨夜熟々考ふるに、この救助金を受ければ自分一家のため非常に都合は宜けれども、世間から窮民と目せられお前等が学校へ行つても肩身が狭からうと思ひ、お前等の将来を顧念し今日以後好きな酒と煙草を禁ち、尚は其上に減食しても救助を受けまいと決心しお役場へお断りをした、お前等も其積りで三度の食事の外は間食を控へ多少とも内政の手援けをする様に」と懇々訓誨して居つたのであつた……(越後新発田町　同情生「子供が可憐さに……救助を謝絶つた」『国民新聞』1918年8月23日:5)

[8] 高田保馬は、当時問題となっていた生活難が「相対的」な性格のものであることを明確に指摘している。高田は、「貧乏」は「一々の社会に特有なる一般的標準」と比較しての「相対的」なものなのだから、皆で生活標準を下げれば、「貧乏」はなくなると主張した(高田1927)。高田の貧困論に関する研究は、雪山伸一(2010)、杉田菜穂(2010)、牧野邦昭(2011)などがある。高田とは対照的に、〈中流〉にふさわしい生活を基準として貧困問題を論じたのが、森本厚吉である。森本の議論については、稿を改めて検討したい。

[9] 久井によると、〈中流〉の保護を訴える議論は、明治後期に論壇に登場した。それらの論者が〈中流〉として指し示した社会層は、中農層であったり旧中間層であったり様々であった(久井2012: 30)。そのなかで、特に新中間層の重要性を説いたのは、戸田海市であった。戸田は、「新中等社会」は「旧中等社会の保守主義と労働者階級の急進主義との仲間に立ちて、穏健なる改良主義を代表するもの」としている(戸田1911: 323)。

[10]　本論では「生活保障の権利」の論を構成することばのみをみているが、実施された施策について林宥一の研究を参照しよう。林によると、米騒動後に実施された社会政策は、金沢市についてみると、米騒動前夜の窮民救済的施策から米騒動後の中産階級・労働者階級への社会政策へと推移したという。「細民救済金特別会計」は、米騒動以降急速に規模を縮小し、1920年からは「住宅建設及供給費特別会計」(1922年から「社会事業費特別会計」)が設置され、市営住宅、公設市場、市営託児所、公設職業紹介所などが、「貧民」に限定した事業ではなく、中産階級および労働者階級を対象とする事業として創設されていった(林2000: 149-165)。

新中間層の生活難に対する政府の施策については、小山静子の研究も参照されたい。小山は、副業や節約・倹約の奨励、公設市場の設置といった施策が、生活の改善を志向し、人びとの生活のあり方に変更を迫るものであったことを指摘している(小山1999: 第3章)。

[11] これに関連のある問題として、拙稿(冨江2017)では、米騒動で蜂起した民衆について論じた知識階級の言論を分析した。本論は米騒動前後の時期の〈中流〉についての、やはり知識階級による議論の分析である。

[12]『婦人公論』(1916年創刊)は、『主婦之友』(1917年創刊)と共に、戦前日本の婦人雑誌を代表する存在であった。対照的なそれぞれの特徴を、岡満男が「教養派」の『婦人公論』と「実用派」の『主婦之友』(岡1981)と、また木村涼子が「知識階級のための『婦人公論』」と「オカミサンのための『主婦之友』」(木村2010: 50-57)と表現しているように、『婦人公論』

の記事は、高学歴の女性読者に向けて、社会問題や女性の権利拡張を論じるものが多かった。

久井（2015）は、創刊から1937年までの両雑誌における〈中流〉言説を分析し、興味深い指摘をしている。社会の主導層としての〈中流〉を意識していた「教養派」の『婦人公論』が、やがて私生活の具体的技術を論じる「実用派」の性格に近づいていったという。久井はこのことについて、〈中流〉の位置づけが、社会を主導する「公的」な存在から、「私的」な生活をめぐる存在へと変化していったと分析している（久井 2015: 34-35）。久井（2019）が提示する「社会の中堅・主導層としての〈中流〉」と「個別化した生活者としての〈中流〉」という鍵概念と合わせて、生活保障をめぐる"自由と国家"を考えていくうえでも示唆的である。

【文献】

林宥一, 2000,『「無産階級」の時代 —— 近代日本の社会運動』青木書店.

久井英輔, 2012,「大正期の生活改善における〈中流〉観の動向とその背景」『広島大学大学院教育学研究科紀要』第三部第 61 号: 27-36.

―――, 2015,「「生活改善」のメディアとしての婦人雑誌と〈中流〉をめぐる言説・実践 —— 大正・昭和初期における変容の構図」『教育科学』(30): 5-43.

―――, 2019,『近代日本の生活改善運動と〈中流〉の変容 —— 社会教育の対象／主体への認識をめぐる歴史的考察』学文社.

稲田雅洋, 1990,『日本近代社会成立期の民衆運動 —— 困民党研究序説』筑摩書房

井上清・渡部徹編, 1959,『米騒動の研究第一巻』有斐閣.

鹿野政直, 1983,『戦前・「家」の思想』創文社（再録, 2007,『鹿野政直思想史論集第二巻』岩波書店.）

加藤弘之, 1868,『立憲政体略』（再録, 植手通有編, 1972,『日本の名著 34　西周　加藤弘之』中央公論社.

木村涼子, 2010,『〈主婦〉の誕生 —— 婦人雑誌と女性たちの近代』吉川弘文館.

北原糸子, 1995,『都市と貧困の社会史 —— 江戸から東京へ』吉川弘文館.

小山静子, 1999,『家庭の生成と女性の国民化』勁草書房.

牧原憲夫, 1998,『客分と国民のあいだ —— 近代民衆の政治意識』吉川弘文館.

牧野邦昭, 2011,「高田保馬の貧困論」小峯敦編『経済思想のなかの貧困・福祉 —— 近現代の日英における「経世済民」論』ミネルヴァ書房.

松田忍, 2012,「「生活」の時代、その源流」『日本歴史』769: 27-35.

松尾敬一, 1954,「近代日本における生存権思想の展開」『神戸法学雑誌』4(3): 433-468.

満薗勇, 2014,『日本型大衆消費社会への胎動 —— 戦前期日本の通信販売と月賦販売』東京大学出版会.

村島歸之, 1917,『ドン底生活』文雅堂・弘学館（復刻版, 1998,『［明治・大正］下層社会探訪文献集成七　ドン底生活』本の友社.）

中江兆民, 1882,「権利之源」『自由新聞』第 5 号（再録, 松永昌三編, 1974,『近代日本思想大系三中江兆民集』筑摩書房.）

中川清, 1985,『日本の都市下層』勁草書房.

中村睦男, 1989,「第二次大戦前における生存権思想の形成」中村睦男・永井憲一『生存権・教育権』法律文化社.

岡満男, 1981,『婦人雑誌ジャーナリズム』現代ジャーナリズム出版会.

奥井復太郎（日本都市学会編）, 1975,『都市の精神 —— 生活論的分析』日本放送出版協会.

大阪市社会部調査課, 1922,「俸給生活者調査」『印刷工に関する調査　俸給生活者の調査　土地建物会社調査　工場及職工数調査　労働調査報告No.17』大阪市役所社会部調査課.

佐藤（粒来）香, 2004,『社会移動の歴史社会学 —— 生業／職業／学校』東洋館出版社.

季武嘉也, 2014,「都市民衆騒擾と政党政治の発展」『岩波講座日本歴史第 17 巻　近現代 3』岩波書店.

杉田菜穂, 2010,『人口・家族・生命と社会政策 —— 日本の経験』法律文化社.

高田保馬, 1927,『人口と貧乏』日本評論社.

寺田精一, 1921,『現代人の生活』京文社（再録, 紀田順一郎監修, 2010,『近代生活風俗誌集第 3 巻　生活戦術、現代人の生活』クレス出版.）

寺出浩司, 1994,『生活文化論への招待』弘文堂.

戸田海市, 1911,『日本乃社会』博文館.

冨江直子, 2017,「1918 年米騒動における二つの「生存権」—— モラル・エコノミーとシティズンシップ」『福祉社会学研究』14: 95-119.

―――, 2018,「貧困と生存権 —— 近世から近代初期における社会意識と実践」駒村康平編『貧困（福祉+ α／橋木俊詔, 宮本太郎監修 10)』ミネルヴァ書房.

鶴巻孝雄, 1992,『近代化と伝統的民衆世界 —— 転換期における民衆運動とその思想』東京大学出版会.

植木枝盛, 1883「天賦人権弁」（再録, 明治文化研究会編, 1967,『明治文化全集第二巻　自由民権編』日本評論社.）

安丸良夫, 1984,「困民党の意識過程」『思想』726: 78-97.

雪山伸一, 2010,「天野—高田「貧乏論争」を読む」『獨協学園資料センター研究年報』(2): 51-67.

《日本社会学の過去を直視する》

# 新明正道の「東亜論」
## —— 矢内原忠雄の「満州論」との関連で

佐久間孝正

## 1　はじめに

　新明正道は、戦前、戦中、戦後を通じて文字通り日本の社会学を牽引してきた
人物である。早くから総合（新明は綜合を使用）社会学を提唱し、基本理論に行
為理論を置き、1人で社会学辞典を編集するなど、社会学史、社会学理論、思想、
歴史研究等その研究範囲は実に広範に及ぶ。ドイツに留学し、ジンメル形式社会
学にも造詣が深く、さらに当時の社会学の第一線で活躍していたフィーアカント
やマンハイムとも交流し、理論水準も群を抜いていた。

　その新明に謎のようにつきまとっているのが、戦間期のアジア新秩序構想に繋
がる「東亜論」である。第二次世界大戦は、多くの民衆や知識人を苦しめ、通常
の自分の理論と異なる主張をする（強いられる）ことも起きたが、これを何らか
の意味で「転向」とみるなら、新明にもそうした時期があった（思想の科学研究
会編 1962: 472-3; 副田 2002: 11）。

　本論の主題は、新明の『東亜協同体の理想』に代表される戦間期の東亜論に関
する著作を取り上げ、検討することである。新明は、この時期の言動がもとで一
時公職追放に処せられたが、かれ自身、この期についてふれることは少なく、門
下生の俊秀も言及する者はそう多くない。言及しても当時の新明が置かれていた
状況や同情を込めた人間関係の考察であり、「人が良すぎた」、「頼まれると断り
切れない性分」だったと「好意的」である。

　筆者も新明が人格者であり、門弟の多くに慕われていたことを知悉している。
直接謦咳に接したこともあり、その物腰の穏やかさ、温厚な人柄は筆者にも強烈
な印象として残る。これらすべてを認めたうえで、人が良すぎただけではすまさ
れない当時の時代考察に焦点をあててみたい。新明社会学ともいわれ、社会的行
為理論を基礎に壮大な社会学体系をもつ新明理論の理解のためにも、本作業は必
須のことと考えている。本論は、この一点に焦点を絞る。

なおのちほどわかるが、本論では新明と同じ東大法学部政治学科出身の先輩、矢内原忠雄がときどき登場する。理由はもともと本論が、新明をはじめから取り上げたのではなく、「矢内原国内植民論」の研究途上で遭遇した課題のためである。これまで新明の東亜論が取り上げられるときは、社会学や政治思想のなかで議論されたこともあり、移民、植民問題からみる視点が弱かった。そのため具体性にも欠けていたように思う。新明とまったく同じ時期に東亜を移民、植民問題として捉え、満州事変を「日本帝国主義と支那国民主義との衝突」（矢内原 全1: 603）とみて、国家の植民施策に批判的に立ち向かったのが矢内原であった。2人を比較することは、当時の新明の立ち位置に新たな光を与えるだろう。

　ただしこうした経緯もあり、新明の考察は極めて限られた時間内に行わざるをえなかった。新明の東亜論関連論文は、さまざまな雑誌論文からなる時事論文ともいえるものだけに、本来は、刻一刻と変わりゆく政治情勢に関する当時のメディア等の関連報道と照らし合わせて検討する必要があるが、その時間的ゆとりはなかった。本論は、思索中のものであり、副題を付したのもこうした事情による。

## 2　「満州国」とは何か

　新明の「満州国」を起点とした東亜論をみるには、「満州国」の概略をみておいた方が便利である。確かに以下の叙述は、近年の歴史学の成果であり、当時は研究者といえども、「満州国」の現実をここまで詳しく知る由はなかった。その「時差」は十分に自覚したうえで、にもかかわらず「満州国」の実態を少しでも知ったうえで、当時の社会学者の主張をみることは、あらためて社会学とは実証科学でもあり、わずかでも現実にふれることの重要性を認識させるうえで、重要な作業ともなる。

　「満州国」とは、1932年3月1日に成立し、1945年8月18日に姿を消した短命の国家である [1]。この国家には、極端に異なる二つの評価がある。一方には、日本による侵略的な植民地国家との捉え方である。これには、日本の傀儡国家とのイメージがつきまとう。もう一方には、五族協和を目標とした人類初の理想国家建設の試みとの評価である。岸信介なども「満州国」は、五族協和を目標にした「科学的にも、良心的にも」理想国家の実現を目指した世界に例をみない試みであったという（山室 1993: 10）。しかしこれは本当か。

　「満州国」の設立経緯をみるには、どうしても時計の針を日露戦争まで戻さなければならない。日露戦争に勝利した日本は、ロシアが中国の関東省にもってい

た租借地と満州鉄道の権益を引き継いだ。満州鉄道の権益も、単に旅順や大連から長春までの路線のみならず、沿線の鉱物資源の採鉱や森林等の伐採も含むものだから、その利権は莫大だった（太平洋戦争研究会 2004: 24）。

　大国ロシアに勝利して手にしたこの権益は、それ自体の利益もさることながら、朝鮮半島の植民地化を盤石なものにするうえでも重要な橋頭堡であった。ただこの利権を守ることと、「満州国」全体を植民地化して、独立国家にすることとは直接には結びつかない。

　「満州国」建設は、その後1931年関東軍参謀として辣腕を振るった石原莞爾の世界秩序構想を抜きには語れない。石原は、早い時期から将来、日本とアメリカの戦いは不可避と捉えていた。当時の日本の国防は、すべてロシアを敵に見立てて構想されていた。朝鮮の領有も、満州への進出も、ロシアを最大の仮想敵国に見立てた日本防衛の拠点構想であった。

　しかし石原は違った。石原は、日本とロシアよりも真に雌雄を決しなければならないのは、日本とアメリカと考えた。日本とアメリカは、東西文化を進化・発展させた最後の両雄であり、衝突は不可避と考えた。このような石原の根底には、日蓮宗があった。アジア的なものと西欧（キリスト教）的なものとを、最高度に発展させた「文明の衝突」である。

　日本がこの総力戦を戦い抜くには、狭小な島国では歯が立たない。どうしても広大な地下資源の眠る満州が必要だった。その限りで満州は、独立国家ではなく、日本があくまでも領有する属国とする必要があった。関東軍参謀石原莞爾の目標は、あくまでも「満州国」の日本領有にあった。これが独立国に変化したのは、柳条湖事件以降の満州事変が、中国本国はもとより、世界各国から中国の主権侵害、露骨な海外侵略として糾弾されたからである。

　そこで中国の激しい抵抗や海外の批判をかわす措置として、中国から満州を引き離し、「満州国」の独立を画策し、その独立もむしろ中華民国からの独立重視であり（山室 同: 162）、事実上日本の傀儡国家をつくり、名を捨て実をとる戦術に切り換えたのである。満州族は漢族と異なり、一部の満州族のなかに、漢族が移住することを快く思わない者もいたことに目をつけた策である。

　議会を設け立憲制を採用したのは、日頃から中華民国の人々を政治的に無知な烏合の衆とみ、日本が近代国家の仕組みを教示しなければならないとした引くに引けないいきさつからであり、統治形態はどうであれ関東軍に奉仕するものでさえあればよかったのである。山室信一は、このような「満州国」を「関東軍の基地国家」（同: 166）と呼んでいる。

　たしかに中国人はもとより、日本の移住者や思想家のなかにも、新しい国家と

して多民族が共生し、世界に類をみない理想郷の建設を志した者がいたのを否定しない。しかし五族協和というのも、もとは中国という民族の異なる国土に日本民族が居座る方便であり、各民族独自の自治とはいえ、自治能力に劣る中国人に代り日本人が主導権を握るのを当然とみなした事実、さらに、民族自治を声高に喧伝しながらも台湾、朝鮮の自治は認めない（同: 101）等の自家撞着を無視するわけにはいかない。

　日本人移民を増やすための殺し文句、豊かな大地も、当時日本の植民学者矢内原忠雄がいうように豊かであればあるだけ「無住地」などあるはずがなく、中国人の生活のすべてであった。矢内原は1936年「植民地再分割論」でいう。「地球表面は独立国と独立国の属領に分割し尽くされ、もはや何れの国家にも属せざる無主地なるものは焼失した」（矢内原 全18: 162）。日本は、その大地を無残にも二束三文で買い上げ、必死に買い取りを拒否する中国人の姿をみて、日本人役人も胸中複雑な思いを禁じえなかったほどである。匪賊は、当時の中国東北部で掠奪を重ねていたが、土地までは強奪しなかったといわれたものである（山室 1993: 286）。

　国家の屋台骨を担う官吏も、採用数においても地位においても常に日本人が多数・上位を占め、使用言語も日本語、文書様式も日本式、日本人の数は、最も多い時期でも「満州国」全体のわずか3%に過ぎないにもかかわらず、満州全地域の第一国語に指定され、すべての学校で義務化された。

　あげくパーティーでも日本人には白米が、中国人には高粱がふるまわれるとなれば、だれが五族協和の理想郷と思うだろうか。それどころか、配給米でも日本人には白米が、朝鮮人には白米と高粱の半分ずつが、中国人には高粱だけがと階層化されれば（同: 280-1）、中国人のみならず朝鮮人も怒るだろう。東亜は、超民族、超国民を前提にするが、現実は日本民族、日本国民中心であった。東アジア共同体は経済に限っても今なお困難であり、矢内原がいう如く、「これは極めて長期を要する事業」（矢内原 全5: 122）である。

　仕事以外の日常生活でも日本人はいつもかたまり、中国人や朝鮮人を敬して遠ざけるなら、理念に燃えて渡満した人々の心意気も消沈したことだろう。こうした差別ゆえに、朝鮮人と中国人の結束を恐れ、かれらがいつも対立し、牽制し合うようにするのが、日本人官吏の「服務心得」（同: 282）でもあったとなると、五族協和など夢のまた夢に過ぎない。

　「満州国」というものに、日中民衆のなかに種々の理想があったにせよ、当時の関東軍の指導者や日本人為政者にとり、こうした矛盾の総体の下で国家造りがなされていたことは、満州を論じる場合、かたときも忘れてはならない。

## 3　新明のみた「満州国」――『東亜協同体の理想』

　後世におびただしい書を残した新明には、第二次世界大戦間期（多少の前後も含む）に限定しても多くの著作がある。刊行された主な書籍だけでも『東亜協同体の理想』（日本青年外交協会出版部 1939年）、『社会学の基礎問題』（岩波書店 1939年）、『人種と社会』（河出書房 1940年）、『政治の理論』（慶應書房 1941年）、『民族社会学の構想』（三笠書房 1942年）、『社会本質論』（弘文堂 1942年）、『社会と青年』（潮文閣 1943年）、そして戦中の大仕事として『社会学辞典』（河出書房 1944年）がある。さらに戦後、本論と関連するものには、『デモクラシー概論』（河出書房 1946年）、『史的民族理論』（岩崎書店 1947年）や『国民性の改造』（有恒社 1948年）等もある。これらは、『社会と青年』『国民性の改造』等を除き、いずれも大部なものである。

　このうち『新明正道著作集』に収録されたのは、『社会学の基礎問題』『社会本質論』『人種と社会』『史的民族理論』の四書で、あとは収録されなかった（辞典は除く）。確かに『東亜協同体の理想』等を読むと、これが新明社会学の一部にもなるのかと驚きを禁じえない。

　『東亜協同体の理想』は、どのような書か。新明は、国民社会を超えたところにさらなる人類社会の建設を理想とする。産業の発展は、国民国家を超えるからである。しかし、いっぺんに国際社会を構想することは、非現実的である。一つの国家と世界との間に、地域的に近い、かつ人種的にも文化、伝統においても近い広域の組織化が重要である。それが、日支満を中心とした東亜民族というわけである（新明②:26-7、64-5）。

　ヨーロッパも協同体をつくるべきだった。しかしこれに失敗している。日本は、国民国家を超えた領域に、いっぺんに世界に行くのではなく人種や民族、文化の近い者たちで、東亜協同体をつくるべきである（同:64-5）。中国もフィリピンも、ヨーロッパ列強の草刈り場になっている。日本は、明治維新により民族形成に成功し、近代国民国家建設に成功した。日本が中心になって、日本を超えた協同体建設に向かい、ロシアの威力をはねのけてアジアをリードしなければならない（同:68-9）。この点では、高田保馬も同じと新明は考えた（同:67）。EUに比して現代的にいうならば、東アジア市民なり、東アジア共同体の建設とでもいえようか。それならば各国の主権を認めて、初めていえることである。

　新明のこれらの主張は、人種理論と結びつけて行われた。これまでは、西欧人が優秀だとの認識があったが、東亜協同体は、アジア人が作らなければならない

（同：84）。アジアの解放は、アジア人の手でということである。東亜協同体をつくっても、西洋の文化を入れるのでは元も子もない。東亜は、文化的にも東亜的なものでなければならない（同：115）。東亜が領域的に確定されても、意味ある協同体になるには、当の協同体に共通のものがなければならない。共通のものも言語や宗教、文化のような基礎となるものの方がいい。さいわい中国と日本には、儒教なり文化、宗教の近似性があり、明らかに西洋のキリスト教や文化より共通性に富む（同：122-5）。

　こうした主張が、当時の近衛内閣の大陸政策と呼応し、大きな利用価値をもったことは想像に難くない。すでに前節で、満州国の実態を知るものにとり、新明がこうした内容の書を著作集に含めなかったのは、当然であろう。これは、当時の軍部の圧力によるものなのか、新明自身の社会学理論、方法論の欠陥によるものなのか。筆者としては、後者に関心があるが、おそらく双方が関係していたといえよう。

　新明は、同様の問題に直面していた三木清や尾崎秀実、船山信一ら哲学やジャーナリストとは異なり、社会学という現実を重んじる領域に身を置いていたが、現状分析にはあまり関わらなかった。本書には、満州国の建設にふれても日本人の移民や植民という視点もなければ、新規移民と先住者との対立という認識も欠落している。すでに在住していた欧米人を含む多文化の視点もなく、東亜中心の共生論である。単に当時の思想弾圧ばかりではなく、新明自身の方法論、人種理論も絡んでいるとみるのはこのためである。

　新明の足跡によると朝鮮半島や中国には、研究者になってからも少なくとも三度、足を運んでいる。例えば、1936年夏には、「満鉄社員会から依頼を受けて満州の大連、奉天、ハルピン、チチハルの各地で『種族と社会』という題下で講演を行っている」（新明⑦：2巻ⅱ、引用は本書による。他に①：51）。日記も公表されているが（新明⑨：5号）、当地の農村や企業、学校を訪れた形跡はない（小学校時代一時滞在した母校訪問を除く、山本1998：3）。

　1940年11月24日から12月14日まで、中国滞在中の日記の一部も公表されているが（山本・田野崎1996：371-394）、20日余りの滞在中、農村や企業、学校等を訪問したり、しようとした形跡も窺えない。中国が日本の統治下にあり、五族協和が真実か否か、共生の現実を自分の目で確認できる絶好の機会かとも思われるが、半官半民の日本の統治組織となる「協和会」を除いては、現地人の生活をかいまみようとした形跡もない。

　新明にも満州についての視察報告があることを知ったとき、矢内原との比較を思ったが、これは無理のようだ。満州訪問三度目となる前著『改造』の「満州問

題の再認識」にしても、新明満州論の基本は、陸軍による満州簒奪を肯定し、より強固な満州国成立を是認したうえで、円滑な新満州政策への提言にある。新明はあくまでも、満州国は対ロシア防衛策としては日本にとり不可欠とする、政府というより、当時の陸軍と同じ位置に立つ。

　「大連、奉天、新京、吉林、哈爾賓、斉々哈爾、錦縣其他の各地を巡つて来た」（新明①：51）といいつつも、内容は、各地に展開されている日本人コミュニティの実態でもなければ、もちろん中国人コミュニティの様子でもなく、満州を日本式に統治するための政府の意をくんだ互助組織としての協和会の機構分析が主である。当時の新明の頭を去来していたものは、日本の運命を握る満州をいかに効果的に維持していくかにあった。

　筆者は、ここに矢内原との差をみる。矢内原は、植民地研究に欠かせない実証について語った所で、「表玄関から入」ると「みせる所も、話してくれることも、会う人も決まっている」ので、そうしたルートは使わず、ありのままの現地をみることを心がけたという（矢内原 1958: 30-1）。その後矢内原は1937年、当時の政府の批判となる「理想を失った日本」国は、「一度ほうむって、新たに出直」さなければ「救われない」（同: 47-8）といって、東大辞職に追い込まれた。職を辞して数年後の1942年7月、かつての学生の勧めもあり、満州を10年ぶりに訪れた。満州のなかでも例えば「ハルピンに来た目的は開拓村視察」である。友人の住んでいる「開拓村」は、道が悪くいけなかったが、「阿城附近の大谷村を視察」し、「満州国地方官庁の空気を知るために大変有益であった」と述べている（矢内原全23: 331）。

　こうした現場、現実を重視する姿勢から、例えば当時の近衛内閣が、五族協和を旗印にした日本の政策の欠陥も「事変以来外地に於ける同化政策の強行は、満州及び支那に対する民族協和の声明と矛盾し、安価なる東亜共存圏論者を警醒するに足るものがある」（同: 329、傍点引用者）と自信をもって喝破しえた。「視察」と「調査」は違うとしても、本旨が「嘉信」に載る1941年3月という時節を考慮すれば、勇気ある発言であり、精一杯の現地「調査」といえる。41年は、39年とも異なり一段と言論統制が強化された時期である。

　筆者が、『東亜協同体の理想』を読むとき、思想弾圧だけではなく、新明自身の社会学のスタンスにもよるとみるのは、この意味においてである。すなわち当時の新明にとり、社会学とは何よりも欧米の社会学理論を精緻化することに向けられ（細谷 2012: 26）、自らの行為理論に基づき眼前の日本社会や東亜協同体諸地域の五族協和の生活実態分析には関心がなかった。以前のマルクスへの関心もどこへやらである。

# 4 戦間期新明のその他の著書

## 『人種と社会』

著作集に収録された『人種と社会』はどうであろうか。『人種と社会』は、1940年の作といわれるから、『東亜協同体の理想』の1年後の執筆ということになる。1年後にしては、かなり禁欲的に人種と社会に限定した論文である。

本書は、3章からなり、1章は「人種と社会」であり、人種とは何か、人種の分類等を明らかにしている。2章は、人種主義の理論であり、ゴビノー、チェンバレン等の人種理論の紹介にあてている。3章は、人種主義的政策と題し、注目すべきはナチズム時代の優生思想を批判的に取り上げていることである。身体的な能力の低劣をもって、社会的に有用性を欠いているとは限らず、しばしば逆のこと、すなわち生物学的には身体機能が優れないけど、精神的機能が旺盛な例もあること等、具体例をもって単純な優生学思想を戒めている。内容はかなり抽象的であるが、重要な指摘である。

新明の基本は、人種理論を人種による社会決定論と規定し、その弊害を指摘する。かれにこのような姿勢をとらせたきっかけは、ドイツ留学時代、ナチスが人種理論に基づいて国家の原理としていることに違和感をもったからという。新明は、1929年から31年にかけてドイツに留学した。30年にはナチス党が第二党に進出し、新明帰国後の33年には第一党に躍り出た。新明留学時代及び帰国後のドイツは、ナチス党の台頭の時代であった。しかしこれだけの理由が、新明に『人種と社会』を書かせた動機だろうか。

『東亜協同体の理想』もまた、ナチスの政権時代に書かれている。『東亜協同体の理想』は、まさに日本による朝鮮半島および中国東北部の民族を中心とした、東亜民族再編の理想を述べたものではなかったか。ヒトラーのチェコスロバキアやポーランドへの進出（ヨーロッパ新秩序構想）と同じことを日本がしているのに（アジア新秩序構想）、新明には満州国への侵略という危惧はなかった。その意味では、筆者自身、時事論文の集成ともいえる『東亜協同体の理想』と基礎的文献研究による『人種と社会』をつなぐ線をみいだせないでいる。

ただし新明が、すでにこの時点で綜合社会学を構想し、その基本に行為理論を置き、人びとの多様な行為が通り一遍の人種理論により導かれるとは思えない、としていることは重要である。すでに新明は、社会学を行為理論により総合化しようとしていた（『社会学の基礎問題』）。人びとの多様な行為は、人種理論などにより簡単に演繹できるものではないとの主張は重要である（新明⑦2巻：63）。

新明は、アーリア人の起源を整理しようとする。インド起源か、ペルシャ起源か、果てはヨーロッパかという具合である。当時の関連文献を実に丹念に渉猟している。しかし、新明の理解する人種問題でドイツを考えるとどうなるのか、具体的な分析はない。そのため、現実味の薄い抽象的な議論が続く。

　この点、植民学者の矢内原にほぼ同じ時期のものとして「民族と国家」がある。もとは講演であり、1937年8月31日から9月2日までの3日間「満州」について行った時事講演からなる。講演という性格上、わかりやすさを旨とすることは当然だが、当時の日本や中国政府、民衆の動きをきわめて具体的に捉えている。新明には、この現実に裏打ちされた具体性がなかった。具体性があるときは、『東亜協同体の理想』のように「民族」も「社会」も抽象化され現実追認型となり、権力に極めて近い側に立つ。新明理解の難しい点である。

## 『政治の理論』

　『政治の理論』は、1941年に出された。新明の特徴は、東亜協同体の重要性を問いながら、それを近衛声明と直接に結び付け、近衛声明を擁護していることである。東亜のみならず諸国家の連合組織の重要性は、誰も否定しえまい。問題は新明が、のちの国際連合の先取りともいえるカントの永久平和に関する諸国家の連合組織論を持ち出してまで（新明③: 235）、近衛声明がこうした評価に耐えるものか否かだろう。新明は、当時の近衛たちに極めて近い情報から推移の判断をしている。1941年ともなると治安維持法や国民総動員法等により国民への言論統制が、一段と強化された時期である。ラジオや新聞報道は、著しく制約された。

　国家を超える連合ができることは理想でも、問題は当時の満州にいわれていることが、民族や国家を超えた真実の連合になっているか否かである。より発展しているはずの欧州に、いまだ国家連合ができないのに、アジアが出し抜くことなどできるかに対しても、欧州は、資本主義の病ともいえる帝国主義に走り、国家連合の意義を忘れているが、日本にはアジア主義が追求可能として、鼓舞しているところに疑問を禁じえない。あたかも日本が中国で行っていることは、帝国主義ではないといわんばかりである。

　新明はいう、日本は、「かくの如き世界史的な一大飛躍を東亜において成し得るものであろうか。私はこれを敢て肯定しようとするものであると」（同: 251）。しかし、事実に基づく裏付けを欠いている。現地に赴き、日本人の入植者や当地の先住民満州族なり、漢族の生活観察・描写もなく、観念のなかで世界史的意義を語っている。1930年代、40年代という時代状況を考慮すると、一見ないものねだりにみられるが、矢内原はそうした時期にも、台湾、朝鮮、満州に出かけ、

可能な限り自分の足と眼差しで農家や企業、学校を視察し、日本人入植者や先住者の生活情報を入手している。

　矢内原は、台湾、朝鮮併合後の現地の学校を訪問し、教育に関し述べている。原住者に対し、同化を重視し宗主国と同じ教育を行うか、原住者重視の教育を行うかにより、植民政策も分かれるとし、朝鮮半島の同化教育の実態に関していう。朝鮮半島では当初より「大正11年（1922年—筆者挿入）に至りて……朝鮮に関する事項を一層加味することになつた。併し乍らそは尚日本歴史及地理の一部として挿入的に教授せらるるに過ぎず、朝鮮歴史朝鮮地理を主とする教科科目を存しないのである。私は朝鮮普通学校の授業を参観し朝鮮人教師が朝鮮人の児童に対し日本語を以て日本歴史を教授するを見、心中落涙を禁じ得なかった」（矢内原全1: 325）。

　ここで引用したのは、矢内原の畢生の名著、『植民及植民政策』の第12章「原住者政策」の第2節「社会生活に関する政策」の4「教育言語宗教」の一節である。ちなみに第1節は、「社会生存に関する政策」であり、あえて章立て、編別構成を紹介したのは、矢内原が本書執筆の1926年時点で、現地調査を踏まえ植民政策を生活から政策までかなり実証的・体系的に組み立てていることを述べたかったからである。

　当時は、社会学より隣接科学の方がはるかに実証的であった。新明の理論重視、体系重視については、門下生も含めてたびたび指摘されるが、当時の社会学と比較するより、社会科学がまだ未分離の状況下からするなら、むしろ隣接科学と比較する方が説得的である。矢内原はいう、自分は「植民地を帝国主義の理論的研究並びに実証的研究の中心として見る」よう心掛けた。そうなると、「どうしても行って見な」ければならなくなった、と（矢内原: 30、傍点引用者）。当時の特に理論社会学は、まだ欧米の学説の紹介レベルから離陸できなかった。

　これは新明のみならず、高田にも共通している。高田は当時、東の新明に対し西の高田といわれた日本社会学創生期の巨匠である。新明が、先生と呼んだのは、高田だけともいわれる。高田もまた、複数回、朝鮮半島や大陸に足を運んでいる。しかし、高田も東亜民族を論じながら、列車のなかで知り合った朝鮮人兵士とは会話しても（高田 1939: 27, 41）、農民や地域の生活者と会話し、東亜民族の可能性を確認することはなかった。高田、新明ともに、社会学とは実証的な科学でもあることを、身をもって示すことはなかった。総合社会学といっても、実証性は欠いていたのである [2]。

　新明の東亜新秩序の結論は、「一九世紀を通して偏曲されて来た国民主義を止揚し、本来の国民主義の立場を生かしながら、その必然的な発展的動向に基

づいて東亜に国民的闘争と反目を排除した協同的な総合体制を建設しようとするところに、歴史的な意義を有している」（新明③: 283、傍点引用者）という純理論的なものだった。古きものを単に破棄するのではなく、止揚するにしても積極的なものは保持しつつ再生を果たすというなかに、現実よりも論理を重視する新明の弁証法理論を感じる。

　新明が近衛声明に関心をもつのも、現実そのものより人類史的な意義であり、弁証法的ともいえる止揚・発展の論理なのだ。東亜という新民族に関心を示すのも、個々の民族、国民が自己を生かしつつ新しい民族、国民となる「止揚」の論理である。しかしそのためには、矢内原も述べたように、日本人は日本人であることを辞め、民族そのものをも超えなければならない（矢内原 全5: 123）。それは、理論以上に困難な道程を伴う。

　新明は、出身からして政治学であり、のちに参議院選挙に推されかけた時期もあったほど、政治には関心が深い（東北社会学研究会 1985: 386-8）。仙台市長選へのある候補への支援も、「最後の日」は候補者と同じ「トラックに乗って、4時間ほど市中」（新明⑨6号: 82）を回るほどの熱の入れようである。この政治への想いは、戦時中は、きわめて危うい身の入れ方だったのである。

### 『民族社会学の構想』

　同じく新明が、著作集に収録させなかった『民族社会学の構想』（1942年）はどうか。本書の一部にも、大本営発表をうのみにしているかのような記述があるが、再論は避ける。新明は、国家総動員の下で「我々が大政翼賛会の設立に賛意を表したのは、これが国民の政治力の最高の結集となつて所謂国民組織の実現に邁進することを期待したからに他ならない。・・・事変を根本的に解決し新東亜の建設を完遂するために、これは絶対に必要である。そしてこの目的を達成するに、強度の統一的な政治力の形成が先決的とされたところにこそ、翼賛会設立の由来が存していた筈である」（新明③: 125-6）との信念の持ち主なので、報道が軍部や内務省主導になっても抵抗はなかったといえよう。

　本書は、『民族社会学の構想』となっているけれど、民族社会学を扱っているのは第1部のみであり、4分の1に過ぎない。第2部の戦争論も、民族を扱っているといえないことはないが、それにしても3分の2は、民族社会学とはあまり関係がない。特に第3部の「都市社会学の方法論」、「パレート社会学の論理」、さらに「実用主義について」、「経済人の終焉」等は、標題とおおよそ関わらない。

　本書の構想は、国民意識の成立には、民族意識の成立を前提にし、民族意識の成立には産業の発展が不可欠である。中国東北部には、いまだに中国人としての

国民意識は成立していないが、それはつまるところ中国人の民族意識が成立していないからであり、とどのつまりは産業の、資本主義の未成熟に帰結する。しかも中国人に、中国東北部の民族意識も国民意識も成熟・発展させることができないとなると、その任は日本人に課せられているとの思いが、本書執筆の主たる動機をなしている（新明④: 5）。

　本書が書かれたのは、前述した通り1942年である。矢内原は、すでに1937年の『大陸政策の再検討』で、満州事変以降の抗日を契機とした中国人の新しい民族意識の変化に気づいており、その後も中国民族の新しい動きに言及しているので、新明と矢内原の差が何によるのか、気になる。

　新明は、民族と国民の区別にも注目する。民族は、政治的意志の有無にかかわりない「基礎社会」に対し、国民は政治的意志を基礎とした「総合社会」というなかには、当時の民族と国家をめぐる世界的な議論を踏まえた新明なりの整理をみる（同: 8-9）。また第2部の戦争論についての断章は、『東亜協同体の理想』で引きずった自説を弁明する意図もあるのか、日中戦争を擁護する気配や国家の正義の戦争には国民も負託の義務があるとの国民意識の宣揚が濃厚な所もある（同: 142）。

　内村は、日露戦争の段階で、戦争絶対悪論を展開した。新明は、国民が積極的に戦争に参加するには倫理性を鼓舞する必要があり、そうした正義の戦争があるかにいうが（同: 141）、内村の主張は新明にどう映ったろうか。新明は第二次世界大戦を目前にしていう。

　　支那事変を戦つて来て、今また対米英戦の戦頭に立つにいたつた我々は勿論、戦争のなかに積極的な倫理性の発揚を期待し得る立場に立つている。我々が如何なる意図を以て戦争を遂行し来り、また遂行しようとしているのかは、改めて説くまでもない。我々はすでに近衛声明によつて支那事変処理の目標の那辺に存するかを内外に闡明した。日本は支那と戦いながら支那の国家的な壊滅ではなく、その成長を希望する。・・・ この目標は東亜の諸国民の保衛上当然のものであり、先頭に立つて日本がその達成のために奮闘しつつあることはその国民の生存的観点から云つても、東亜の全体の興隆から考えても、きわめて明白な倫理的な理義を有つものである。我々がかくの如き理想的な目標をもつて戦つている以上、我々の戦争はその進展過程において、国民に此のうえもない崇高な倫理観を鼓吹し、自らその生活の倫理的向上化を招来する契機を有つものである。（同: 142-3）

新明は、東亜新秩序を何とか弁明しようとしているが（同: 146）、戦後の著作『デモクラシー概論』でいみじくも認めたように、当時はドイツの快進撃に刺激され、アジアにも日本中心の新秩序をというだけで、東亜を治めるに足る明確な理論も展望も欠いていた（新明⑤: 10）。

　本書は『民族社会学の構想』と名づけられているが、表題と無関係の論文も多いことは前述した。内容も、海外研究の紹介が主で抽象度も高く、同じ時期の矢内原の実証を兼ねた満州研究と比べても、具体性を欠く。特に難しいのは、「実用主義」すなわちプラグマティズムである。輸入したばかりの思想とはいえ、抽象度が高く、社会学の名を冠することで社会学を誤解する者もいたのではないか。確かに戦後、『デモクラシー概論』や『国民性の改造』で、教育を重視した萌芽はみられるが、編別をみても、民族論のあとの戦争論はともかく、なぜそのあとが血縁論であり、都市論やパレート論になるのか、実用主義の次がなぜ3つの人間学なのか、体系的にも理解の難しい書である。

　新明は、理論指向のきわめて強い社会学者だった。したがって東亜協同体や民族を論じる場合も、海外の理論・考察の紹介に重点が置かれ、現実の生々しい姿を見逃している。特に『東亜協同体の理想』で新明が関心をもつのは、現実の日本と中国にまたがる民族闘争・確執ではなく、日本が進める東亜民族論の世界史的意味である。実態が日本民族中心の共生論であっても、理念と現実の差が問われることはない。明らかに当時の新明には、理論とともに現実を分析する姿勢は希薄だった。

　新明門下の1人田原はいう。「新明正道博士の学問的営為のなかに経験的な実証研究があったかと問われるならば、ないと答えるほうが正確であろう」（田原 1985: 195）。そのうえで、「総合社会学の実践であり応用であると主張されたのであれば、おそらく『釜石調査』は成功しなったに違いない。フィールドに立った博士の胸中を去来したのは、むしろ総合社会学は実証研究にどこまで耐えられるかということであったろう」（同: 203）、と。この不安は、初期の満州論から付きまとっていたのかもしれない。

　当時、新明が関心をもったものにファシズムやナチズム研究がある。この場合にも新明の関心は、「自由主義下における近代の国民社会」再組織化という理論問題である。その結果、再組織化という観点から、ファシズム、ナチズムもきわめて好意的に描かれる。「ファシズムやナチズムは屡々復古的な運動と誤認され易いが、これらは自由主義的組織を否定することによってそれ以前の組織に復帰しようとするものでなく、新しい国民組織の創造を強調する点において歴史的な進歩性を示しているのである。そして、此の認識は再組織のために絶対的に必

要なもの」（新明③：63-4、傍点引用者）となる。

　秋元律郎は新明にあっては、ファシズム研究もファシズム論として考察されることにより、結果としてファシズムにもかなり楽観的なことを指摘しているが（秋元 1979: 270-1）、これはこれまで取り上げた新明の東亜論にも等しくあてはまる。

## 5　矢内原忠雄との関係

　当時の新明の東亜論や民族論を論じる以上、これまで断片的にみた植民学者矢内原との比較を広げておこう。矢内原は、1893年生まれの新明より五歳先輩で東京帝国大学法学部政治学科卒、仕学時代は奇しくも新明の師でもあった吉野作造から薫陶を得た。矢内原の場合、一高時代の方が新渡戸稲造や内村鑑三等との出会いがあり充実していたようで、東大の講義で熱心に聴講したのが吉野と新渡戸ということで、吉野に直接師事した訳ではない。

　同じ政治学科卒ではあるが、矢内原と新明に直接の面識・交流はなかった。新明が入学したのは1918年9月であり、矢内原は1917年3月に卒業していた。ただこれまで取り上げた新明の満州に関する論文は、内容がいずれも矢内原のいくつかの既論文と交錯するだけに、言及がないのは不思議である。新明はなぜ、東亜協同体を論じながら、矢内原の一連の論文に言及しなかったのか。2人は、当時よく読まれた雑誌『改造』や『中央公論』にもよく寄稿した仲だけに、である。

　矢内原の『植民及植民政策』（1926年）は、前述したが新明の書（『東亜協同体の理想』1939年）の十数年前に出版されている。他にも矢内原には、『帝国主義下の台湾』（1929年）、「満州新国家論」（1932年）、「満州移民問題に就て」（1932年）、『満州問題』（1934年）などがある。『帝国主義下の台湾』は、当時から名著の誉れが高く、台湾では入手困難（輸入禁止措置）なため、台湾の留学生は争ってむさぼり読んだという（若林 2001: 339）。台北生まれの新明にとっても、気になる本ではなかったか。その他の満州論にしても、小学4、5年頃住んでいた（新明①：51）となると、自分の東亜民族論とも絡んで大陸には無関心ではなかったはずである。

　矢内原は、台湾にも満州、朝鮮、南洋群島にも足を運び、自分の目で現実を確認している。矢内原に日本のメディアが放送する内容との違いを感じさせたものは、現地人の日本人入植者に対するまなざしを知ることによってである。以前から実際に満州に行き、張学良の兵隊が満鉄を爆破するのはおかしいとにらんだ（矢内原 1958: 34）。矢内原はいう、「私は満州を視察旅行した。その見聞の結果は、

最初の直感通り満州事変が日本側の作為であることを私に確信せしめ、爾来私の学問と私の信仰とは一致した力となって、私をして満州事変に対立せしめた」（同:113）。矢内原は、1937年、東大を退くと直ちに「大東亜共栄圏の批判的研究」を立ち上げた（同:55）。

　新明が矢内原に言及しないのは、おかしいと述べた。新明は1920年代後半及び30年代半ばに、XYZの筆名で『経済往来』に当時の有名人の人物批評を書いている。20年代のは後述するが、30年代のは、高田保馬や小泉信三、美濃部達吉、河合栄治郎、土方成美といった人物である。残念ながら当企画は、最初に取り上げた高田保馬から出版社に対し激しい批判が寄せられ、土方成美で打ち切りとなった。反感を呼んだ最大の理由は、人物伝を匿名で伝えるとしながら、実際には当人の学説内容に立ち入り、多くの批判を展開したからである。学説内容の批判を趣旨とするのであれば、堂々と名をあかし、そのうえで論じるべきと非難されたのである（新明⑧:285）。

　土方成美論が出たのは1935年『経済往来』新年号であり、矢内原辞職の2年前だけに、のちに矢内原辞職の口火を切った当時の学部長との位置づけはない。新明は、土方をどのように紹介したのか。土方の専門は財政学であり、専門分野の類似から大内兵衛と比較する。かつまた満州事変勃発という時節柄、計画経済ならぬ統制経済の提唱者としても注目した。土方の紹介としては、簡にして要を得たものである。

　しかし東大経済学部には、当時、思想的に自由主義者の河合栄治郎、マルクス主義者の大内兵衛、キリスト教徒の矢内原忠雄、そして国家主義者の土方成美という面々がおり、経済思想の面からであるが、新明は土方を「愛すべき日本人の典型なのかもしれない。ビルデイングや町のここかしこに氏に共鳴する人々が相当多数居るのは、明らかである」（XYZ 10巻:169）としていた。

　1937年7月7日、盧溝橋事件が勃発すると、その年の11月3日の「明治節」に経済学部長土方は、「本位田教授、橋爪助教授など学生数百名を率いて明治神宮に参拝している」。「このこと自体大学の行事としては異常」にもかかわらず、土方は、大内兵衛が「参加しなかったことについて……批難した」（南原他編 1968:232）。土方が、矢内原追放に打って出るのは間もなくである。土方は、イタリアのファシズムを研究し、ときにはファシズムも民衆統治の止むを得ない統治の方式と考えたが、当時の新明はどう解したか。

　いずれにしても土方成美論にも矢内原は登場しなかった。大内まではその周辺人物として登場するにもかかわらず、である。該博な知識と博覧強記ともいえる古今東西の思想家、書にたけていた新明に、在学時代から同じ師につかえ研究対

象を共有し、年齢もわずかしか離れていなかった矢内原への言及がないのは、意図的と取るのが自然であろう。

　管見の限り新明が矢内原にふれたのは、ただ1度、1927年『経済往来』4月号にXYZの筆名で、新渡戸稲造を取り上げたときである。かれに影響を受けた学会関係の人物として、那須皓、森戸辰男、河合栄治郎、田中耕太郎、高木八尺と上げ、最後に矢内原の名を出した [3]。研究内容にふれるためではない。

## 6　矢内原植民理論の先駆性

　矢内原と新明の差は何に帰着するか。矢内原は、自分の民族理論に基づき、台湾、朝鮮半島、満州、南洋群島を直接訪問し、聞き取り調査を行った。新明は、人種理論の弊害を追求していく過程で、人びとの行為が人種理論によって演繹できるほど単純なものではなく、基礎社会やその他の諸要素からなる綜合社会学の重要性を強調した。しかし新明は、綜合社会学の重要性を指摘しながら、その構想に基づいて東亜民族の現実分析は行わなかった。あくまでも理論だけの世界で終わっている。

　新明の当時の一連の書を読みながら感じるのは、行為理論を提起しながら東亜協同体を論じる場合も、移民により人為的に形成されたコミュニティには、新住民と現地人との間に熾烈な闘争があって当然との認識が欠如していることである。行為理論とは、他者との「対立・闘争・和解・協調」という一連の社会諸関係に関する分析を内容とする。植民地の場合、現地人と移住者との「対立・闘争・和解・協調」は、一段と熾烈であり、重要なはずである。東亜民族の理想とは、とくに多文化共生のことであるが、これを具体的に行為理論に基づいて分析することはあったのだろうか。

　新明が重視したジンメル社会学は、まさにこうした社会諸関係の「闘争と結合」を重視するところから生まれた。しかし新明の書から、台湾や朝鮮、中国東北部に日本人が移住することにより現地人とのあいだに緊張関係の生じることが伝わってこない。東亜協同体を日本人の移民、植民という名の新しい行為連関、具体的に新しい社会諸関係構築に関する紛争問題とみる視点も少ない。新明の社会的行為理論は、現実の闘争と結合の問題ではなく、きわめて抽象度の高い行為理論になっている。

　矢内原は、自分の植民論を形式的植民と実質的植民論に分け、前者の国家権力との関係以上に後者の植民問題を重視した。前者以上に後者を重視したことに対する諸批判はここでふれないが、後者を重視したのは、植民を新移民と先住民と

の摩擦・闘争・和解・協調とみたからである。新明社会学は、綜合社会学を提唱し、その基礎理論に行為理論を置いたにもかかわらず、人の移動をみる際もっとも基本となる先住民と新移住者とのあいだに闘争をみないのは、致命的欠陥を蔵しているのではないか。筆者が新明社会学のスタンスに問題をみるのは、このためである。

さらに敷衍するならば、新明の『東亜協同体の理想』に展開された東亜論と矢内原との差は、当時の社会学や現在にまで通じる、社会学が依拠する方法としての行為理論の限界をも語っているのではないか。同じ時期の矢内原との差に、資本の蓄積過程を無視し、資本主義の帝国主義的側面に目をそむけた、社会学に潜む共通の問題をみる思いがする。

この点をよく示すのは、高田保馬である。高田もまた新明に先んじて『東亜民族論』を公表したが、「満州国」で行われていることは、断じて西欧社会にみられる帝国主義的な侵略ではなく、新しい東亜民族を作り出すための民族間の集合・実践とみた。当時においても満州への日本の勢力拡大を帝国主義的侵略とみる一群の人々がいたが、高田は帝国主義とはレーニンがいうように資本主義に典型的なものではなく、国家のあるところいつの時代にも存在する民族の膨張といい、シュンペーターに依拠し、満州への進出を資本主義とは切り離すことを主張した（高田 1939: 213）。もともと植民研究を「帝国主義的な植民政策に対する批判」（矢内原 1958: 61-2）に置いていた矢内原との差は、明瞭である。

確かに民族的な膨張は、歴史上いろいろみられるが、資本主義的な独占段階に顕著な方策でもあることをみないで、多様な民族闘争との結合というジンメル的な行為理論で通そうとしたところに、社会学そのものの限界をみる思いもする。「満州経営に国民的基礎」を付与しようと独占資本の介入を拒否したもののうまくいかず、その後「『満州国』は軍人と官僚と独占資本家との結合に成るファッショ国家の性格を露呈した」（矢内原 全18: 423-4）とみる矢内原の見方とは対極に立つ。

新明は理論社会学者であり、調査は重視しなかった。当時としてはやむを得ない事情もある。日本では、まだ社会学は本格的な市民権をもたず、もっぱら先進国の社会学理論を紹介・摂取することが重視された時代である。新明らの努力により、日本社会学創成期の社会理論の精緻化が行われ、海外の社会学理論研究がいっそう正確になった[4]。

当時、本論冒頭で紹介した山室の最新の成果、五族協和がインチキであったことは、「満州国」の一つの農村地域、学校を訪問しただけでわかったはずである。旅行中立ち寄っただけでも、日本語が第一言語として義務化され、満州語や朝鮮

語とは対等ではなかった。現実をみさえすれば、学校儀式も、日本式であり、五族協和など微塵も感じられなかったからである。軍部は、「満州国」を経営すべき「理論」もなく、「無意味な『王道政治』という語によって誤魔化した」（同：429）のである。

## 7　公職追放をめぐって

　新明の戦後の公職追放に関し、門弟の一人佐々木徹郎は、追放の根拠として新明が戦時中言論報告会に関係し、本団体が公職追放なり教職追放の対象にされていたことを論じている。そこで主任教授を失った研究室を代表し、佐々木らは言論報告会への新明のかかわりが二義的なものであり、頼まれれば辞退できない性格から来たもので、新明自身の同団体への参画も直接的なものより間接的なものであることを強調し、再調査を申し出ている（佐々木 1999: 36）。運良く、間もなく起きた朝鮮動乱とも関係し、追放は解除された。

　しかし筆者のみるところでは、もともと新明追放の理由は、戦時中書いた内容も問題ではなかったか。追放の要件には、単なる国粋主義的な団体の成員のみならず、出版物や文筆活動を通して国粋主義を煽る論文や出版物も厳しく問われた。書かれた内容よりも超国家的団体への所属を重視するのは、新明門下生に共通した見方である。1985年8月に新明死後1年を記念して発行された「新明社会学とその周辺」（『社会学研究』新明正道先生追悼特別号）でも、3人の門下生が鼎談のかたちで『東亜協同体の理想』そのものの面白さを強調し、言論報告会への所属は東大政治学科の仲間からの誘いが原因としている。

　確かに追放の理由には新明自身も、言論報告会や東亜連盟等の団体役員になっていた点を強調している。これは、中央大学を定年退職する際大学側の求めに応じてなされた「社会学五十年の回顧─中央大学文学部社会学科最終講義」（新明⑧に収録）での一節である。ただ新明は、こうした団体に身を置いたことのみではなく、東亜協同体論のような出版物も対象になったことを自ら認めている（東北社会学研究会 1985: 356）。

　しかし、執筆内容に対する謝罪なり反省は、筆者のみるところではどこでもなされていない。それどころか、戦後一年もたたないうちに出された『デモクラシー概論』では、デモクラシーの敵としてイタリアのファシズム、ドイツのナチズムが批判されているが（同: 129）、戦中はこれらの国と連合し、ヨーロッパ新秩序に対してアジア新秩序構想の論陣を張ったのが新明その人であったことを思うと、複雑な思いを禁じ得ない。

戦後矢内原は、日本人の身の処し方の速さを、「昨日は全体主義の風になびき、今日は民主主義の風になびく」（矢内原 全19: 212）と揶揄したが、『デモクラシー概論』で、新明が民主主義を論じるにあたり、その先輩国としての英仏米の民主主義の歴史、制度に学ばなければならないというのは（新明⑤: 90）、戦中の思想を知る者としては思わず耳を疑う。自分の社会学は、「人間のための、人間による人間の社会学の樹立を目指」（新明⑧: 288）したとなれば、なおさらである。

## 8　おわりに

　みた通り新明の戦間期の著作は、壮大な体系をもって知られる新明社会学の一部をなすにしては、かなり危ういものである。しかし、自己批判めいたものを筆者は知らない。満州事変や上海事変、軍国主義化に言及し、自己の当時の立場を回顧した場面でも、往時の論文への批判的言及はなかった（新明⑧: 325; 新明⑤）。むしろ戦後は、民主化を真に根づかせるには単なる制度改革のみならず、「民主主義」に不可欠な「自覚的人格」にもとづく「自発性と自主性」による「国民性の改造」が必要と説く（新明⑥: 181）。悪いのは、「国民性」にあったといわんばかりである。
　本文で指摘した通り、戦間期の新明を問題にした書は、少ないとはいえ皆無ではない（河村 1975; 下 264; 山本・田野崎 1996: 35-49; 鈴木 1996: 101-126; 副田 2002: 3-15）。当時は、思想弾圧の時代であり、本音は語りえなかったと考えられている。しかし、新明の最初のこの種の書『東亜協同体の理想』執筆当時は、まだまだ斎藤隆夫の国会での「聖戦」批判にみられるように、その気があれば批判はできた。これは本論では詳論しなかったが、矢内原の言動を年代ごとに注意深くみれば、どの範囲までが許容範囲か、推測がつく。むしろ新明の戦間期の時代分析は、信念と異なる執筆を強制されたというより、この斎藤にも冷ややか（新明③: 281）なように、進んで時の政権を擁護する書き手、ブレーン的存在とみた方が的確ではないか [5]。
　従来はこの期の新明の特徴を述べるのに、明確な比較の対象軸（者）を欠いていた。それがために、新明の政権側の立場を反対の主張と明瞭な座標軸で対比してみることができなかった。この意味で本論では、分野は異なるが、ときの政権に真っ向から向き合った研究者として、植民学の矢内原を取り上げた。矢内原植民学の方法を、宗主国と植民地の政治的支配、従属関係よりも現実に移動する人間に焦点をあて、移住地での現地人と移住者との行為的対立・闘争・和解・協調とみて、新明社会学との対比を試みた。

通常、植民学とは、本国政府の政治的権力を背景に移住者が先住民をいかに懐柔するかに関する政策科学であり、その意味ではまさに国家権力側の科学のはずである。一方、社会学は、新明に影響を与えたマンハイムのイデオロギー論からも明らかなように、国家や権力の虚偽意識を暴露する点で、国家の直接的な函数ではないはずである。しかし双方のたどり着いた結論は、逆だった。総合社会学の方法としての新明行為論の性格も含めて、新明社会学の一面の特徴がみてとれたのではないか。

　しかし先述の通り新明は、矢内原植民論には一切言及しなかった。この、一切言及しなかったことに、当時の新明の心境のすべてがみてとれると思えてならない。新明は、若くしてキリスト教の洗礼を受けている。金沢の四校時代であり、内村、矢内原らの無教会ではないが、プロテスタントである。東大法学部政治学科時代は、吉野作造の門下に属し、大きな影響を受け、吉野の講演のときなど、前座を務めるほどであった（山本・田野崎 1996: 188）。吉野もまたクリスチャンであった。

　矢内原もまた、東大時代大きな影響を受けたのは、新渡戸稲造と並んで吉野作造であった。吉野の直接的な門下生ではなかったが、熱心な講義の聴講生であり、かれの民主主義論から大きな影響を受けている。新明と矢内原は、共に東大政治学科時代吉野作造に学んだが、吉野が命がけで取り組んだデモクラシーの精神を一貫して引き継いだのはどちらであったか。新明によると吉野は、「朝鮮併合に対して批判的であり、また満州における軍部の専断的な行動に対してたえず抑制的な警告を発していた」（新明⑧: 327）という。こうした師の言動からしても、戦間期の新明の時事論文には、わからない点が多い。

　新明も矢内原の存在は相当意識していたが、大学時代同じ師に仕え、同じ神に仕えながら時代認識において真逆の立場に立った先達にふれるのは、さまざまな意味で抵抗があったのだろう[6]。

　戦後も日本の社会学をリードし続けた新明社会学、その新明の輝かしい成果を一時狂わせた東亜論の反省と「止揚」を含む東アジの再出発は、第二次世界大戦後、半世紀をついやしながらも、同世紀内には達成されなかった。われわれ社会学徒に求められる東アジア社会の再生は、中国大陸や朝鮮半島への対応があの怜悧な新明の躓きの石にもなったことを思うと、先人たちの誤りを冷静に受け止め、二度と同じ轍は踏むまいとの覚悟からしか始まらないと思われる。それに応えることも、21世紀における主権者のための社会学の大きな課題の一つなのではないか。

【注】

[1] 以下の叙述は、山室（1993）、太平洋戦争研究会（2004）、および矢内原忠雄の『満州問題』「満州新国家論」（矢内原 全2）による。

[2] 鈴木栄太郎（1894-1966年）が、『日本農村社会学原理』を上梓したのは1940年であり、43年前後になると『東亜社会研究』や朝鮮総督府『調査月報』に、「朝鮮の村落」や「朝鮮の農村社会集団について」を公表している。有賀喜左衞門（1897-1979）の「農村社会の研究」は、1938年に出て、1943年に『日本家族制度と小作制度』として改訂版が出ている。1966年の「新版への序」で、当時の研究がさまざまな日本社会の研究に触発されたとして真っ先に挙げたのが、竹内利美の『中世末に於ける村落の形成とその展開』である（有賀 1966: 4）。竹内は、「村落の構造を形態的に追求しよう」（傍点原著者）とし、「村落を社会関係の一として」扱うと述べる（竹内 1944: 3）。その「社会関係」を説明し、それは「個人と集団との相互媒介形態」とする有賀喜左衞門の規定に従うとする（同: 6）。いずれにしてもかれらは、戦前、戦中のこの時期に、社会学の重要な概念に依拠し、そろって独自の実証研究に踏み出していたのである。

[3] 新明の「新渡戸稲造論」も読ませるところが多いが、人物欠陥の指摘も多く、矢内原には良い印象を与えなかったのではないか。同じ新渡戸の弱点の指摘でも、新明と矢内原には大きな差がある。

[4] 筆者は、新明門下生の多くに理論研究に秀でるばかりか、実証研究においても優れた仕事をする人が多いのは、偶然でないと考えている。かれらは、新明の精密な理論研究に学びつつ、自分の理論研究を実証に活かして「恩師」の「学恩」と「限界」に応えようとしたのではないか、そう思えてならない。

[5] 新明が本書でいう、「斎藤問題」とは何をさすのか、筆者に確定的なことを述べる自信はない。しかし、民政党の衆議院議員斎藤隆夫による1940年2月2日の帝国議会における陸軍の横暴批判とみてよいのではないか（半藤 2009: 274-275; 松本 2002: 291-310）。理由は、当時の「朝日新聞」が2月3日にさっそく取り上げ、「斎藤氏問題は取り消しで解決は困難視」とのべて、「聖戦批判」を問題視していること、斎藤自身も、「第75議会に於ける斎藤問題の真相」（斎藤 1951: 1）としてその内容を紹介しているからである。当時、斎藤の議会での「東亜新秩序建設」をめぐる質問は、政府が「聖戦」としていた大陸政策への批判でもあるだけに、「斎藤問題」とも「事件」ともいわれた。

　　新明の『政治の理論』のこの部分は、「昭和15年6月」とある（1940年）。この日付前を執筆時期とすれば、斎藤の聖戦批判が問題化され、除名、失職の時期と一致する。同年2月、3月の「東京朝日新聞」は、しばしば朝刊（当時の朝刊は一面すべてを従軍記者や戦況報告本の宣伝に使用されたので、その場合は二面トップとなる）、夕刊とも一面トップで斎藤の辞任、辞職を伝えている。新明は、まさに斎藤の発言を「昨年の近衛声明以来、我々は東亜新秩序の建設を以て事変処理の究極的な目標と決定し、これを不動の国是たらしめた」（同: 280）といい、この原則が揺らぐことを恐れた。

[6] 新明正道と矢内原忠雄の「東亜論」「満州論」に関し、より詳しくは本書と同じ時期に書かれた佐久間（2019）を参照のこと。

【文献・資料】

秋元律郎, 1979,『日本社会学史』早稲田大学出版部.
有賀喜左衞門, 1966,『有賀喜左衞門著作集』未来社.
朝日新聞社, 1940,『東京朝日新聞』2月3日〜4日, 3月1日〜8日.
半藤一利, 2009,『昭和史』平凡社.

細谷昂, 2012, 「『行為関連の立場』と農村調査」、新明社会学研究会編『新明社会学研究』第 15 号.

河村望, 1975, 『日本社会学史研究』上・下、人間の科学社.

松本健一, 2002, 『斎藤隆夫』東洋経済新報社.

南原繁他編, 1968, 『矢内原忠雄 —— 信仰・学問・生涯』岩波書店.

日本社会学史学会, 1985, 『社会学史研究』第 7 号、いなは書房.

斎藤隆夫, 1951, 『斎藤隆夫政治論集』斎藤隆夫先生顕彰会.

佐久間孝正, 2019, 『移民と国内植民の社会学 —— 矢内原忠雄の植民論とアイヌ民族』勁草書房.

佐々木徹郎, 1999, 「新明先生の公職追放と解除運動」『社会学研究 —— 新明正道先生生誕百年特別号』東北社会学研究会.

新明正道①, 1936, 「満州問題の再認識」『改造』10 月号、改造社.

――――②, 1939, 『東亜協同体の理想』日本青年外交協会出版部.

――――③, 1941, 『政治の理論』慶応書房.

――――④, 1942, 『民族社会学の構想』三笠書房.

――――⑤, 1946, 『デモクラシー概論』河出書房.

――――⑥, 1948, 『国民性の改造』有恒社.

――――⑦, 1976, 『新明正道著作集』第 2 巻、第 8 巻（1980 年）、誠信書房.

――――⑧, 1979, 『現代社会学の視角』恒星社厚生閣.

――――⑨, 1995, 「満州旅行記」「満州旅行談」新明社会学研究会編『新明社会学研究会』第 5 号並びに、同編 1996「仙台市長選挙戦に参加して」第 6 号.

思想の科学研究会編, 1962, 『共同研究転向』下、平凡社.

副田義也, 2002, 「日本社会学におけるジンメル体験・断章 —— 新明正道のばあい」『ジンメル研究会会報』第 7 号.

鈴木榮太郎, 1968, 『鈴木榮太郎著作集』未来社.

鈴木幸壽, 1996, 「現実政治をめぐる政治論考」（山本・田野崎編所収）.

太平洋戦争研究会, 2004, 『「満州帝国」がよくわかる本』PHP 文庫.

高田保馬, 1939, 『東亜民族論』岩波書店.

田原音和, 1985, 「新明社会学における理論と経験的研究」『社会学評論』142 号、有斐閣.

竹内利美, 1944, 「中世末に於ける村落の形成とその展開 —— 三信國境の村落郡について」伊藤書店.

東北社会学研究会, 1985, 『新明社会学とその周辺』（社会学研究新明正道先生追悼特別号）.

XYZ, 1927, 「新渡戸稲造」第 2 巻 4 号、1935「土方成美論」第 10 巻第 1 号、『経済往来』、日本評論社.

山室信一, 1993, 『キメラ—満州国の肖像』中公新書.

山本鎮雄・田野崎昭夫編, 1996, 『新明社会学の研究』時潮社.

山本鎮雄, 1998, 『時評家新明正道』時潮社.

矢内原忠雄, 1963-1964, 『矢内原忠雄全集』1, 2, 5, 18, 19, 23 巻。岩波書店.

――――, 1958, 『私の歩んできた道』東京大学出版会.

若林正丈, 2001, 『「帝国主義下の台湾」精読』岩波文庫.

＊矢内原に関しては、『矢内原忠雄全集』岩波書店から引用。（矢内原 全1: 100）などの形で巻数とページ数を示す。引用に際し、新明、矢内原とも旧仮名遣いを改めたところがある。またカッコ内の引用者注で直前の論文を引き継ぐときは、「同」と記した。

# 不調和からの創造性
## ―― 戦後日本の3人の社会学者をめぐって

奥村　隆

## 1　はじめに ――「創造性」と「不調和」

### 創造のふたつのプロセス

　鶴見和子の柳田国男論のなかに、柳田や南方熊楠、折口信夫の「創造性」を論じた箇所がある。そこで鶴見は、心理学者フィリップ・ヴァーノンによる「創造性」の定義を紹介している。ヴァーノンは欧米の学者の創造性についての研究を展望したうえで、その定義は次の二点に収斂するという。第一に、創造性は「考えの新奇な組合せ、ないしは異常な結合」である。そして第二に、「その組合せまたは結合は、社会的ないしは理論的な価値をもつか、または、他者に対して感情的な衝撃を与えるものでなければならない」（鶴見 1982→1998: 386）。いままで結びつけようがないと思われていたものを結びつけ、さらには他者に価値や衝撃を与えるまでにその結びつけに「成功」する。鶴見は、これが学問における創造と芸術における創造の両者をカバーする定義ではないかと評価する（鶴見 1988→1998: 27）。

　精神分析学者シルヴァノ・アリエティによれば、創造のプロセスにはふたつの異なる知的過程が結合している。一方には、明晰にして判明なる「概念」があり、同一律・矛盾律・排中律にもとづく「形式論理」がある。デカルトとアリストテレスがその代表者である明晰なる概念と形式論理学は、それなくしては西欧近代の合理主義的思考が成立しえない基本的な思考プロセスだが、これだけでは新奇な結びつきは生まれない。もう一方にあるのが、曖昧にして形の定まらない「内念」（アリエティのendoceptという造語を鶴見はこう訳す）であり、形式論理の原則を無視し、ものごとの異質性よりも同質性を重く見る「古代論理paleologic」である。通常の概念と形式論理では結びつかないものに同質性を見出して結びつけようとするとき、もやもやとした「内念」が湧き上がる。だがその「内念」や「古代論理」だけでは新奇な考えをはっきりした言葉で他者に伝達することはで

きない。内念と概念、古代論理と形式論理を結びつける新しいシステムを作り出すことに成功したときにはじめて創造が可能になる、とアリエティはいう（鶴見1982→1998: 386-7）[1]。

鶴見は、明晰判明な概念と形式論理が「人間にとって普遍的な思考型」であるのと同様に、異なるものに同質性を見出す曖昧な内念と古代論理も普遍的であり、創造にとって両者が不可欠で相互補完的であることを指摘した点で、アリエティを高く評価する（同: 388）。そして、異なるシステムの相違と矛盾を明示的に対決・葛藤させ、そのうえでその同一性を概念化して新しいシステムを創る「概念と形式論理優勢型」に対して、プロセス全体で概念より内念が優勢となる「内念と古代論理優勢型」（アリエティは「詩的創造」にこれを認める）、矛盾や対決をはっきりさせず並存させる「折衷型」という創造プロセスの三類型があるのではないかと論じ（同: 390-1）、柳田は折衷型、折口は古代論理優勢型、南方はこれらを総合する統合型ではないかとする仮説を展開する（同: 391-403）。しかしここでは、3人の民俗学者をめぐるこの興味深い議論の詳細を追うことはできない。

## シェイクスピアと「撞着語法」

これと似た議論を（「詩的創造」にかかわるものだが）ひとつ参照しよう。河合祥一郎『シェイクスピア』によれば、ウィリアム・シェイクスピアが頻用する修辞法に「撞着語法oxymoron」がある。「無知の知」「公然の秘密」など矛盾した語を結びつける撞着語法は、たとえば『マクベス』第1幕の魔女たちの「きれいは汚い、汚いはきれい」、『ロミオとジュリエット』第1幕のロミオ「憎しみながらの恋、恋ゆえの憎しみ」など枚挙にいとまがない。『お気に召すまま』第5幕で道化タッチストーンが「愚者はおのれを賢いと思い、賢者はおのれの愚かなるを知る」といい、『十二夜』第1幕で道化フェストが「知恵ある阿呆は阿呆な知恵者にまさる」と述べるのは、もともとはオクシ＝賢い、モロン＝愚か（「賢い阿呆」！）を意味するギリシャ語であるこの修辞の典型なのだろう（河合2016: 132-7）。

河合はこの修辞法を「人間は矛盾する」ということを表現するものだとし、それをすべて肯定するのが「喜劇」であると指摘する。「AであってAでないという、矛盾律を否定した世界こそシェイクスピアの喜劇世界だと言ってよい」（同: 141）。この矛盾のなかで悶々と悩んでいるかぎり「喜劇」を生きていくことができる。河合はシェイクスピアの喜劇において、主人公はいったんそれまでの自分を失い、自分がなんなのかわからなくなるアイデンティティの喪失と混乱を経験し、日常生活と異なる場所（たとえば「森」や「異国」）でそれまでの自分の殻を

破って新たな自分となったり、偶然出会った人が自分の重要な一部となったりして、新たなアイデンティティを獲得する、という（同: 144-5）

　これに対して、「強靭な精神が、あれかこれかの選択をし、自らの判断にそぐわないものを否定する」ところから「悲劇」が生まれる。ギリシャ悲劇では「神に成り代わって運命を定めようとする傲慢さ」を「ヒューブリス」と呼ぶが、すべてを支配できると絶対的自信をもってしまったマクベス、神に代わって正義を行なおうとしたオセローなど、悲劇の主人公たちはこのヒューブリスに支配される（同: 162）。神がなすべき復讐を遂げようとするハムレットは「to be, or not to be」と思い悩むが、「to be, and not to be」であれば喜劇的世界にい続けることができる（同: 130）。そして人間が矛盾した存在であることと、正しさはひとつであるとする思い上がりを指摘して「他の登場人物たちに自らの愚かさを認識させる」のが道化の役割であり、「賢い道化」は自らが愚かであることを知っている（同: 133）。

## 「不調和からのパースペクティブ」と社会学

　こうした撞着語法は、矛盾すると思われたものを結びつけ「新奇な組合せ」を可能にする触媒のひとつといえるだろう。そしてこれは社会学と無縁ではない、いや社会学にとっても重要な発想といえるものである。たとえば、アーヴィング・ゴフマンはシカゴ大学で評論家ケネス・バークに学んだが、ゴフマンの評伝を書いたイーヴ・ヴァンカンによれば、「演劇論的モデル」とともに「不調和からのパースペクティブ perspective by incongruity」が、彼がバークから得た重要なアイデアだった。バークが『永続性と変化 Permanence and Change』で提唱した後者は「相互に相容れない二つの事象を同一表現の中に収めること」を指すが（つまりは撞着語法！）(Winkin 1988=1999: 69) [2]、『日常生活における自己呈示』での「計算された何気なさ」や、『儀礼としての相互行為』での「この世俗的世界は……われわれが考えているほど非宗教的ではない」(Goffman 1967=1986: 92) といったゴフマンの矛盾に満ちた表現は、新たな発見をもたらす索出機能をもつといっていいだろう。

　あるいは、「抽象化された経験主義」（『社会学的想像力』）や「陽気なロボット」（『ホワイト・カラー』）などの表現を用いたC・W・ミルズも、バークの「不調和からのパースペクティブ」に強い影響を受けていた。彼は『社会学的想像力』の「知的職人論」の章で「いま直接に関心を持っていることの反対物をも想定すること」で「しばしば最高の洞察が得られる」と述べ、「絶望に関心があるとき、得意の絶頂についても」考え、「貧者を研究しているならば、浪費家をも研

究」することを勧める（Mills 1951=2017: 296）。以上を紹介する伊奈正人は、これを「単一の説明軸で説明しきるのではなく、対立軸を増やしてゆくことで、より微妙なニュアンスを明らかにしてゆく方法」と評価する（伊奈 2013: 181）[3]。

　だが、彼らにかぎらず優れた社会学者は「不調和」を作り出すことで創造的発見の視界を開いてきたといえるかもしれない。たとえばマックス・ウェーバーは『プロテスタンティズムの倫理と資本主義の精神』で、「資本主義の／精神」、「宗教的な／資本主義」というオクシロモンを用いたともいえるだろう。またエミール・デュルケームは『自殺——社会学研究』で個人的現象に見える自殺が社会的だと論じ、『社会学的方法の規準』では「正常な／犯罪」「有用な／犯罪」「公共的健康の要因たる／犯罪」という撞着的見方を呈示した。

　不調和なものを結びつけ、新しい認識を創造する。では、以上の議論を、戦後日本の社会学を対象として考えてみるとどうなるだろうか。日本の社会学者たちは、異質で矛盾するものの新奇な結びつきをどう発見し、そこで生まれる「内念」をいかにして伝達可能な概念と論理へと成形していったのか。この素朴な問題提起はさまざまに展開可能だろうが、本論では「宗教」と「社会学」という異質なものを結びつけようとした3人の社会学者を論じてみたい。それは、吉田民人、大村英昭、井上俊という戦後日本の社会学者である。

　生年も1931年、1942年、1938年と近く、京都大学出身という共通点をもつ彼らは、大村と井上が編者を務めた2013年刊の『別れの文化——生と死の宗教社会学』という本に、「死」を主題にし、宗教と社会学の関係を論じた論考を寄せている。同書は「現代における宗教の役割研究会」（通称「コルモス」）の「基調講義」などの成果を編んだものだが、彼らの論考は「死」という現象への異なるアプローチと、「宗教」と「社会学」の異なる結びつけ方を示しているようにも見える。彼らはそこにどのような「不調和」を発見し、それをどう結びつけようとしたのか。本論では、彼らの同書収録の論考を出発点とし、それ以外の作品も参照しながら、彼らがこれらのテーマをめぐってどのような「創造性」を発揮したのかを、（鶴見の議論にはずっと周到さに劣るけれども）略述してみようと思う[4]。

## 2　「絶対所与性」と「相対所与性」——吉田民人

### 父の死をめぐって

　『別れの文化』に掲載された吉田民人の論考「父の死をめぐって——宗教アレルギーの自己消滅」は、2002年12月のコルモス研究会議での基調講義をもとにしている。本講義冒頭で、吉田は大学の講義で年に1回ほど学生に投げかけると

84

いう次の質問を紹介する。君たちは、最愛の子どもを3歳ぐらいで交通事故で死なせ、その後1月ほどたって自身が末期癌で余命2カ月との宣告を受けた、とする。このとき君たちはどのような意味の世界を生きるだろうか？　当時71歳の吉田は自分が「典型的な宗教アレルギー」だと語りながら、父に癌の告知をしたのが決定的転機となって快復に向かっており、この質問はそれ以後のものだと述べ、講義前半をきわめて私的な家族の物語にあてている（吉田 2013: 47）。

　吉田の父・吉田留次郎は長く毎日新聞社に勤めたが、定年後『中外日報』という宗教新聞の社長兼編集者として活躍した「ずっと親鸞で、一生宗教的な感性で」生きた人だった。吉田自身は「徹底した科学主義者」として絶対に宗教を認めない立場で、研究者になって以降家庭内で「宗教と科学の激突」が繰り広げられていたという（同: 48）。約20年前、父が余命1カ月の末期癌だとわかり、家族会議の結果、僧職である妹の夫が父に告知をすることになった。だが、京都の父のもとに向かう新幹線のなかで吉田は心変わりをし、長男である自分が癌の宣告をすると覚悟を決めて、あらゆる想定問答を用意する（同: 52-3）。

　父の枕元で病状を説明し、慰めの言葉を伝えたが、父はただ黙っている。窮した吉田は「お父さんがいなくなったら本気になって宗教に取り組むよ」と口にする。すると父は「ほんとか」と身を起こして「もう何にも思い残すことはない」という。その瞬間「僕はガーッと涙が出ました」。吉田は強烈な父子一体感を味わい、「お父さん、癌になってよかったね」といった。約1週間後、父は逝去する。父の死後、吉田は禅仏教の松原泰道がリーダーの「南無の会」に参加するようになり、「東大を辞めたら出家する」と考えた時期もあったというが、結局研究者の姿勢は捨てきれず、「仏教に学問的に飛び付いた」（同: 54-7）。

　講義後半、吉田は「宗教的シンボリズム」を理論的に整理するため（「感覚的なもの」もあるが「細かいことは省きまして」、「言語という形に限定」するけれど、と断りながら）、これを「ニュートラルな学問言語」で共有可能にしようと、次のように述べる。人間はなんらかの所与性のもとに生きているが、「変えることのできない所与性」を「絶対所与性」、そうでない所与性を「相対所与性」と呼ぶことにしよう。たとえば癌を治るものと思い「相対所与性」として治療に励む人もいるし、受け入れるしかない「絶対所与性」ととらえる人もいる。そして、「負の絶対所与性から脱却するプログラム」が「救済」と呼ばれるものである（同: 65）。「宗教的シンボリズム」は、一方で形の与えることができない人間の苦しみに「まず形を与える」。このとき救済への強烈な願望が生まれるが、もう一方で宗教はそれからいかに脱出するかという「救済のプログラム」を発動させる（同: 66-8）。

吉田によれば、宗教の成否は「絶対的な所与性をいかにして脱却するか」にかかっている。これに対して科学は「相対的な所与性を現実を変えることによって克服する」もので、近代社会とヨーロッパ流の「人間解放」もこの方向をとる。つまり「人間解放」は「相対所与性の克服」に傾斜し、宗教あるいは「解脱」は「絶対所与性の受容」に傾斜する。そして、人間はこの双方にかかわって生きており、「必ず人間にとっては絶対所与性」が残るから、「その意味で宗教的な問題は永久に残ると思います」（同: 69）と、吉田は講義を結んでいる。

　2002年のこの講義で、吉田は「宗教と科学の激突」（！）という問題を、「言語という形」に限定しながら、「絶対所与性の受容」と「相対所与性の克服」という明晰判明な概念に置き換えているといえるだろう。人間は「絶対所与」と「相対所与」のふたつの所与性を生きており（ふたつはまさに「不調和」だが）、宗教が前者を、科学が後者を扱う。そして、人間にとって「絶対所与」がなくなることはないから、「宗教」が扱うべき領域は必ず残る。

　じつは、吉田は「絶対所与性」と「相対所与性」という概念を他の論考でも用いている。たとえば、1978年（父の死に出会う前）の「ある社会学徒の原認識」、1998年（基調講義の4年前）の「比較幸福学の一つの研究プログラム」で吉田はこの対概念を論じており、20年を挟んだこの二論文で彼の態度は大きな変化を見せている。次に、このふたつの論考から、吉田がこの「激突」ないし「不調和」にどう向き合ったか、その変化を見てみたい。

## 「人間解放」と相対所与性

　1978年の論考「ある社会学徒の原認識——〈背後仮説〉の明示的定式化」は、吉田によれば「私自身の社会学徒としてのアイデンティティを見定める自己省察の記録」である。ここで彼は、「人間存在をめぐる私自身の背後仮説」を定式化する作業を行なおうとして、まず次のように述べる。自分の人間存在の位置づけは、「アリストテレス哲学の「形相」概念を科学化」した「〈情報〉概念」を踏まえた「自然学的存在論」に立脚する（吉田 1978→1990: 111-2）。自然とは「物質－エネルギー」（「質料」）とそのパタンである「広義の情報」（「形相」）の組み合わせであるが、生命以後の自然では形相を表示・制御する「メタ形相」すなわち「狭義の情報」が分化するようになり、メタ形相＝情報によって自己媒介する存在、つまり「対自存在」ないし「自己組織系」を形作ることになる（同: 112-3）。

　「人間存在」は「対自存在」のひとつであり、シンボル情報による事前主体選択を特徴とする「自由存在」といえる（同: 113-4）。ここで吉田は、人間存在が物理＝化学的および生得情報的所与性という「変容不能な所与性」と、習得情報

ことに言語情報的所与性に起因する「変容可能性」と結びついているとし（同：118-9）、「個人主観的または共同主観的に変革不能・変更不能とされる限りでの所与性」を「絶対所与性」、「変革可能・変更可能とみなされるままでのそれ」を「相対所与性」と名づける。そして、習得的シンボル情報による自由発想の創発が「所与としての法則性」を「変革しうるものとしての法則性」に変える（つまり、「絶対所与性」を「相対所与性」に変える）、と考える（同：122-3）。

　ではこのふたつの所与性に、この段階での吉田はどのように向き合ったのか。最終節「人間存在の解放」で、吉田は「最高の進化段階にある対自存在、すなわち自由存在としての人間の個体と社会にとって、究極の価値とはいったい何であろうか」と問う。そしてその答えを、「〈自由で主体的な対自的存在様式の完遂〉、あるいは〈自由発想＝主体選択的な自己組織性の完遂〉」に、つまり「自由存在」でありうること自体に見出す（同：155-6）。「自由存在」の達成には、自らの存在を制御できていない「本源的抑圧（即自存在化的抑圧）」からの解放、相対所与的な貯蔵情報による「文化的抑圧」からの解放、社会的強制や権力や非所有など「社会的抑圧」からの解放、情報選択自由度を低下させる一切の「資源的抑圧」からの解放の4つが必要であり、吉田は資源的解放を志向する「制御知」と、「本源的・文化的・社会的解放」を志向する「狭義の解放知」の統合が必要だと主張する（同：157-8）。

　40代半ばのこの凝縮された論考で、吉田は「絶対所与性」と「相対所与性」を論じながら、絶対所与とされたものを相対所与とし、相対所与性を克服する「解放」を志向している、といえるだろう。資源的解放のみならず文化的・社会的解放を含めた「人間解放」、自由で主体的な「自由存在」の実現という（前節の2002年講義では「近代社会とヨーロッパ」が追求したとされる）方向である。そして、ここでは「絶対所与性」そのもの（たとえば、父が1カ月以内に死ぬという事実）は彼の射程に入っていないといえるだろう。また、彼自身「私の不幸な資質」に由来すると認める「感性知に対する理性知の優位」（同：111）、前節の用語でいえば「内念」に対する「概念」の優位もここに明瞭に読み取れることだろう。では、20年を経て1998年に発表された「比較幸福学の一つの研究プログラム」で、彼はどのような態度を示すのか。これを次に見よう。

### 「幸福」と絶対所与性

　この論考で吉田は、当時国際高等研究所での共同研究で取り組んでいた「比較幸福学」の研究プログラムとして、「幸福」を「基盤／領域／様式／満足域」という4つの側面から分析する一般枠組みを構築しようと試みる。吉田によれば

「幸福」とは「シンボル性プログラムの具体的実例」であって（吉田 1998→2013: 185）、「一定の当事者が受容する人間存在の望ましい在り方」と定義され、「一定の無自覚的＝前言語的ないし自覚的＝言語的な観念」である「一定の幸福観」に支えられる、とされる（同: 188）。また、幸福は「生物種としてのヒト」が有する通文化的・歴史貫通的な特性に由来すると仮定され、人間の行動類型としての「完結的行動」「手段的行動」「規範的行動」「自他関与的行動」と対応して、「楽しむ喜び（享受）」「成し遂げる喜び（達成）」「自らを律する喜び（規律）」「愛し愛される喜び（自他受容）」の4つの基盤をもち、「物的生物的」「社会的」「精神的」な生活領域という3つの領域をもつ。そこから吉田は、「享受／達成／規律」の幸福基盤と、「物的生物的／社会的／精神的」の幸福領域をクロスさせて、幸福の9類型を導き出す（同: 192-200）。

　だがここでは、以上に続く「幸福の様式」の議論をより丁寧に見よう。吉田はこれを「言語使用法にたけた人間存在に独自な創造能力を多彩に発揮」したもので「じつに多様」だとして（システマティックに導出された幸福基盤・幸福領域の議論とは対照的に）13もの項目（！）を列挙するが、次のような重なり合う項目群を抽出できるだろう。まず、「変革志向」の幸福観と「解釈志向」の幸福観。前者は人間存在の所与性を克服し幸福を追求する「企投的な幸福様式」であって、近代の科学技術、工業化・情報化が可能にした物的生産的な豊かさの実現と不可分だが、後者は人間存在の所与性を受容しその意味を解釈し直して幸福になる「被投的な幸福様式」であり、宗教的幸福観に特徴的な幸福観だとされる（同: 202）。次いで、幸福問題における「自己決定・自己選択」と「自己無化・自己放下」。前者が主体性を「自己決定（自律性）と相対所与性の克服（解放）」に求める近代主義的理念であるのに対し、後者は一切の計らいを捨て涅槃を見出す仏教的な幸福様式で、「共同決定（共律性）と絶対所与性の受容（解脱）」を求める非近代主義的理念である（同: 203）。さらに、吉田は「偶然的要因とりわけ不条理なそれ」を位置づける信念体系が幸福様式に大きな役割を果たすとし、仏教思想の根幹をなす「無常観・無常感」は幸福の不安定性・偶然性への対処として人類文化が生み出した代表的な幸福様式である、と評価する（同: 206）。

　このあと吉田は、仏教的とりわけ禅仏教的な自他関与を「人類の宗教思想が到達したきわめてユニークな幸福様式」として、他とは不釣り合いな詳細さで記述する。吉田によれば、日常の「迷い」の世界の中核には各文化固有の自他分節プログラムに制約・拘束された「執着の常自己」がある。禅仏教は第一ステップでこれを脱却して、自他分節のない「無自己」＝「空」の世界へ移行する。だが第二ステップでは「無自己」が再び自他分節して「自在の仮自己」へと移行し、い

かなる存在者も自在に自己とみなし、かつそれを仮設的・仮構的な自己だと意識している世界に入る。そして第三ステップでは、「自在の仮自己」は新たな「執着の常自己」に変質・転落しないようたえず「無自己」へと回帰し、「脱＝未＝無自己」と「自在の仮自己」を往還する。吉田は、いかなる存在者にも自己包絡せず（「無自己」）、いかなる存在者にも自在・仮設的・仮構的に自己包絡しうる（「自在の仮自己」）自己を「無相の自己」と呼ぶが、これは「いかなる幸福状態・不幸状態をもわがものとし、かつ、いかなる幸福状態・不幸状態にも執着しないという独特の幸福様式」を実現するものであり、「無常」と並んで宗教思想が生み出した独自の幸福様式だとされる（同：207-9）。

「幸福の様式」の叙述に続く「幸福の満足域」についてはひとことだけ触れよう。一般に「満足域」は実現可能性によって上方または下方に調整されるが、満足域の下方調整は不幸状態の幸福状態への主観的転化（「知足」）に利用される（「現実解釈型の幸福様式」の一例である）。対して、恒常的な上方調整は現状への自足・甘えを克服させて飛躍や現実変革に駆り立てる「達成型の幸福基盤」にポジティブな機能をもつ。「成功を鼓舞する上方調整」と「失敗を癒す下方調整」は、日本の学歴社会に見られる「事前の加熱warming up」と「事後の冷却cooling out」に対応する、と吉田は示唆する（同：211）。

このように「4つの幸福基盤／3つの幸福領域／多様な幸福様式／幸福の一定の満足域」を分析する枠組を展開し終えた吉田は、本論考の末尾に「幸福を阻害する抑圧からの解放、という視点」という項を立て、「「抑圧からの解放」という現実変革型の幸福様式」を前提とした課題として「資源的抑圧」、「社会的抑圧」、「文化的抑圧」を列挙する。20年前の「原認識」論文の最終節とほぼ対応するこれらの課題は、近代科学の発展によって強化された「変革志向の幸福様式」の地球規模での浸透を物語る、と吉田はいう（同：215）。

だが、彼はすぐ、「変革志向の幸福様式」の制度化は、「解釈志向的幸福様式」の再検討・再評価・復権を要請している、と付け加える。たとえば医療の現場では、「治療の可能性すなわち「相対所与性の克服」を前提にしたCure」と同時に、「治療の不能性すなわち「絶対所与性の受容」を前提にしたCare」も必要とされる。「「変容可能な相対所与性」と「受容するしかない絶対所与性」との相克にみちた人間的世界それ自体の構造が、被投的に投企する人間存在に、変革志向型にも解釈志向型にも過度に偏しないバランスのとれた幸福観を要請している」（同：216）。現代社会では、科学技術の発達という条件に促されて「享受」と「達成」からなる幸福基盤と「変革志向」の幸福様式が広がっている（「人類先進社会の寵児ともいうべき科学主義的幸福観の独走」！）。これに対して「宗教的生」を特

徴づける「解釈志向」の幸福様式、「自他受容」と「規律」型の幸福基盤への傾斜が一定の歯止めをかけるのではないか。吉田は「宗教的幸福観」への期待を記して稿を結ぶ（同: 216-7）。

　この論考で吉田は、「相対所与性の克服」から「絶対所与性の受容」へと軸足を大きく移動させているといって間違いないだろう。彼は「宗教」が「シンボリズム」として多様に創出してきた「幸福の様式」、たとえば「無常」や「知足」や禅仏教の「無相の自己」を「自他分節」という明晰判明な概念によって分析し、これら「解釈志向」の幸福様式への期待を明言する。1978年の「原認識」論文が、資源的抑圧からの解放をめざす「制御知」と本源的・社会的・文化的抑圧からの解放をめざす「解放知」を結びつけたものの、人間存在の「解放」≒「相対所与性の克服」の範囲を超えはしなかったのに対して、20年後の吉田は「人間解放」が届かない「絶対所与性」と直接かかわるような幸福にまで認識の射程を延ばす。2002年の基調講義後半の「宗教的シンボリズム」の議論は、この要約版ともいえるだろう。

　これは、「宗教と科学の激突」という矛盾・不調和に向き合い続けた吉田が、「科学」から「宗教」へと関心の焦点を移動させたともいえる。ただし、それはどこまでも「徹底した科学主義者」としてであり、「概念」と「形式論理」の優勢は決して揺るがなかった。吉田は明晰判明な概念を次々と創出し、「相対所与性／絶対所与性」、「変革志向／解釈志向」というふうに世界を整理・仕分けして、それぞれを位置づける作業を繰り返す（禅仏教までもが明晰判明に分析されてしまう！）。それは、2002年講義で「感覚的なもの」もあるがこれは省き、「言語という形に限定」する、と彼自身述べているように、「概念」と「形式論理」によって仕分けできないものを省き、強くいえば切り落とす態度でもあっただろう。

　2002年に『学術の動向』に寄稿した「学問的創造の条件——技法・主体・文化」で、吉田は自らの「学問的創造の技法」として、「異なる事象の間に気づかれた何らかの同型性を拠りどころにして、新命題や新概念を創造」する方法をあげている。彼はこれを「〈同定にもとづく編集〉」と表現し、「偶然と執念との合作」によって異質なものに同型性を発見する〈同定〉がなされ、それを自然言語や日常言語の使用法を逸脱しても共通の概念で表現する〈概念づくり〉が〈編集〉の要諦であるとする（吉田 2002→2013: 5-7）。ヴァーノンやアリエティと共通するこの「創造」の技法を、吉田は本節で見た二論考で忠実に実行したといえるだろう。そして、どちらの論考でも彼は〈概念づくり〉に明らかにより力を注いでおり、「学問的創造の条件」でも〈同定〉（≒内念・古代論理）よりも〈概念づくり・編集〉（≒概念・形式論理）にずっと多くの記述を割いている。「相対所

与性」と「絶対所与性」という不調和を前に、吉田がこの態度を貫いて他にはない認識を創造したのは間違いない。だが、この態度が届かずに切り落とした認識の層があることもまた、確かなことのように思う。

## 3 「煽り」と「鎮め」──大村英昭

### 宗教の「現場」と社会学の「理論」

　吉田民人が基調講義を行った2002年のコルモス研究会議では大村英昭がコメンテーターを務めたが、2006年の同会議で大村が基調講義「ポスト・ヒューマニズムの祈りと供養」を行ったさいには、まるで答礼のように吉田が司会とコメントを担当している。大村はこの講義の冒頭で、自らが社会学者であるとともに、30年余にわたって浄土真宗本願寺派の末寺の住職を務めてきたと自己紹介する。ここには、吉田が経験した「宗教と科学の激突」とは異なる形の「不調和」があるともいえるだろう。これをどう結びつければよいのか。大村は、「プロの僧侶」かつ「社会学者」としての経験から、「現場なき教義」と「教義なき現場」が共依存するような状態に対する問題意識をもつようになったと述べる。冷凍保存された教義を「現場」の人々の苦しみに対してどのように解凍し、口に合うように提供できるか。大村はこの問いを「臨床社会学」として探究してきたと振り返る（大村 2013: 82）。

　社会学者の「理論」と宗教家の「現場」との往還は、大村が強く意識し続けてきたことだったといえるだろう。1990年の『死ねない時代──いま、なぜ宗教か』の序章「社会科学と宗教を結ぶ」では、彼はこう述べる。社会学を学び始めた1960年代は「東大派モダニズム」（「真に近代的な主体の確立をめざした思想運動」と注記される）が支配的で、マルクス主義など「マクロな体制学」が社会学の魅力だった。大村は大学卒業とほぼ同時に住職だった父が癌で亡くなってその職を継ぎ、京大大学院にも籍を置いて社会学の研究も続ける。だが台頭してきた機能主義的システム論も含め、物質的な豊かさを求めてマクロに体制全体を問いかける当時の社会学に対して、住職の仕事は物質的豊かさを救いとは本質的に結びつかないとして断念するものであって、現場で聴く「じいちゃん・ばあちゃんの愚痴話」の「ミクロ・スコピックなレベルでの人びとの悲しさ」を社会学が受け止める用意がないと痛感し、大村は隠退してしまおうというほどの気持ちになる（大村 1990: 9-10）。

　ところが1973年のオイル・ショックを契機に「近代主義の理想」が揺らぎ、1970〜80年代には若者の宗教回帰、「イエスの方舟」事件や超常現象ブームが

起きる。1960年代までの「唯物論的改良主義」は「人間の死の問題」を扱えず、モダニズムは死から眼をそらすことで物質的豊かさと社会改良を追求できた。だが、アリエスの『死と歴史』やキューブラー–ロスの『死ぬ瞬間』に見られるように、社会科学が個々の人間の死に注目するようになり、唯物論的・体制論的社会科学がパラダイム・シフトを経験するなかで、大村は「現場」で僧侶として得たものを社会学に返せるようになった、と感じ始めたという（同: 10-9）。

　このふたつの結びつきを可能にしたものはなにか。続く「宗教依存症」の章で大村があげるのが、アーヴィング・ゴフマンが信用詐欺師を論じた1952年の論文 "Cooling the Mark Out: Some Aspects of Adaptation to Failure" である。詐欺師はカモmarkを「儲かるぞ」と「加熱warming up」し、そののち金を奪って逃げる。自尊心が傷つき、怒りに燃える被害者に対して、「クーラー」と呼ばれる役目の詐欺師が「このくらいですんでよかったじゃないか」となだめ、怒りを鎮め失敗を受容するよう「冷却cooling out」する。大村はこのゴフマンの議論を、現代の競争社会で煽られている人々にとってその気持ちを鎮める「クーラー」はどこにいるのか、という文脈に置きかえ、宗教は人間の欲望そのものを鎮める「鎮めの文化装置」としての役割を果たすのではないか、と考える（同: 49-52）。

## 「煽りの文化」と「鎮めの文化」

　宗教は「鎮めの文化装置」である。この着想を大村が全面的に展開したのが、1995年に「NHK人間大学」として12回TV放映され、加筆して1997年に刊行された『日本人の心の習慣——鎮めの文化論』だといえよう。大村は本書において、一方で「近代社会の基調が、人々の欲望を煽ることで成り立っている」ことをさまざまな社会学者の作品から抽出する（大村 1997: 22）。ウェーバーの『プロテスタンティズムの倫理と資本主義の精神』は、「煽る文化」が「欲望を禁圧すること」（禁欲のエートス）で成り立つという逆説的な主張を展開したととらえられるし（同: 22-30）、デュルケームの『自殺論』は人々が煽られ、諦めてはならぬと強制される社会を「アノミー」という言葉で描き、近代社会では「中庸の満足」を忘れて「永遠の不満の状態で罰せられている」心理が広がっていることを描いた作品だといえるだろう（同: 54-5）。また、ピエール・ブルデュー『ディスタンクシオン』がいう「中間層のハビトゥス」も、上層のエレガンスの文化、下層の「貧困の文化」がそれぞれ競争にあくせくする暮らしぶりを蔑視する矜持をもつのとは異なって、「中間」という暫定的な位置に由来する「禁欲的頑張る主義」だと解しうる。大村は、近代日本では「中間層文化」だけが異常に肥大化

して社会のすみずみまで埋め尽くし、両端の二文化がともに萎縮して固有のサブ・カルチャーにはならなかったと指摘する（同：64-6）。

　これはなぜなのか。たとえば民俗学者・高取正男によれば、日本のイエやムラには個の人格や私権（「ワタクシ」）を尊重する「民俗の心」が息づいていたが、明治以降「滅私奉公」がもてはやされ、オオヤケのために犠牲になるワタクシが美化される風潮が生じた。イエもムラもクニも「弱いワタクシを庇護する能力」をもたず、どれも競争意識に浸食された「冷たい世間」となる。イエを継ぐ長男たちの「長男文化」は家産を守るため耐え忍ぶ禁欲倫理を培い、イエを離れる二・三男の出世をめざす「次男文化」にも滅私奉公による「イエの論理」が貫徹する（同：82-98）。こうして、明治維新以来の近代日本は制度改革を繰り返しはしたが「文化的基調は執拗なまでに変化せずにきた」、それが「禁欲的頑張る主義」である、と大村は主張する。そして、「禁欲的頑張る主義」は現代において制度疲労・文化的ほころびを起こしているのではないだろうか、と彼は問いかける（同：99-100）。

　本書のもう一方のねらいは、この「煽る文化」のなかで忘れられてきた「鎮めの文化」を再発見することにある。大村は「日本文化の基調」としてなにかを「鎮める」という民俗の心がある、という。日本では人々を元気づけ煽る祭りではなく、地鎮祭、風鎮祭、花鎮め、菅原道真の怨霊鎮めなど癒したり鎮めたりする祭礼が多く、日常の平穏無事を「おかげさま」と感謝し、非日常的な災厄をなにかの「祟り」と感じて「自然の荒ぶる神」を鎮める心性が見られる（同：10-1）。「鎮めの文化」は「日本人が（しばらくは忘れていても）深いところでは、必ずや隠しもっている「心の習慣」ではないか。本書後半で大村は、これを「日本に土着してきた伝統仏教」に発見しようとする試みを展開する（同：100-1）。

　大村によれば、中国から日本に輸入された直後の仏教は「イエの論理」あるいは「オオヤケ」に与する「鎮護国家」型のもので、官寺・大寺の僧侶が高邁な教義を導入・紹介していた。だが、これと仏教以前の「祟りと鎮め」の感覚が習合して日本仏教のユニークな性格が形成される。大村はこの習合点に聖徳太子がいたというが、「マージナル・マン」として仏教を興隆した太子が悲劇的な死を遂げ、一族が皆殺しに近い形で滅ぼされたことへの「怨霊鎮め」を仏教が引き受けることで、仏教が「オオヤケに殺されたワタクシ」の霊威を鎮魂する習俗と交錯して「民俗の巷（ないしは野）に降る確かな道」を得ることになった。学問・タテマエとしての仏教が民俗の祈りや庶民のホンネを表現するものとなり、仏教は「イエ」から出るノウ・ハウ（「世に出る＝出世」ではなく「世を出る＝出世間」）、「オオヤケに対立するワタクシの側」に身を添わせるものとなる（同：104-16）。

浄土真宗（大村はその一寺の住職）の開祖・親鸞、中興の祖・蓮如とも、「オオヤケから疎外されたワタクシ」に身を添わせて、「弱いワタクシ」の側にいた人ではなかったか、と大村はいう。倉田百三や清沢満之ら近代知識人が描いた親鸞像は流罪となって苦難の道を歩んだ求道者のイメージだが、これは彼ら自身の「禁欲的頑張る主義」の範囲内に親鸞を閉じ込めたものだろう（同: 165-6）。最晩年の親鸞は弟子たちに遺言のような手紙を送り、自らの家族の弱き者を気遣って「たのむ、たのむ」と繰り返しており、彼は世捨ての「孤高の人」ではなく、家庭をもち世のしがらみのただなかに還ってきた存在だった（同: 186-7）。蓮如はさらに親鸞に残る「世捨てのロマン」を払拭し、「在家のままに救われることの意義をぎりぎりまで追求した人」（同: 248）であって、彼が唱導したのは「イエの論理」とは異なる「ウチのひと」を守る「家庭仏教」だった、と大村はいう（同: 252-3）。日本の家族が画一的な「煽る文化」に浸食されるとき、戦前の「イエ」や戦後の自閉的な「マイホーム」ができあがる。これに対して、「鎮めの文化」を内在させた「弱いワタクシ」に寄り添う「真のファミリズム（家族らしさ）」をどう実現するかを考えるべきではないか（同: 253-4）。

　以上の議論は、1998年（本書刊行の翌年）の論文で吉田民人が「幸福の満足域」に位置づけた「加熱／冷却」を検討対象にしたものともいえるだろう。そこで吉田が明晰に定義した概念を創出し、形式論理に従ってそれを整理するのと比べると、大村の議論は概念の明晰性と形式論理的一貫性に欠けるといわざるをえない。だが逆にいえば、大村は「加熱」と「冷却」という概念の内実を掬い上げ、ゆたかに膨らませる。「教義」が論理的に分類した個々の概念に、それを「現場」で生きる人々が抱えるもやもやした思いを（「教義」の水準ではなく「じいちゃん・ばあちゃんの愚痴話」の水準に降りて）充填させていくのだ。

　『別れの文化』に寄せた2002年の基調講義で、大村はこう述べる。デイヴィッド・リースマン『孤独な群衆』は人口増加率曲線に基づいて社会的性格を「伝統志向／内部志向／他者志向」と区別したが、これに対応する時代を「プレ・ヒューマニズム期／ヒューマニズム期／ポスト・ヒューマニズム期」と名づけると、人口増加期の「ヒューマニズム期」は未来の栄光が存在することを前提に「禁欲のエートス」をもつ「内部志向」が支配的だったが、人口自然減の時代である「ポスト・ヒューマニズム期」には「憧憬としての未来の喪失」が生じ、むしろ「憧憬としての過去」が浮上する。また、それまで優勢だった職業的宗教家が主唱者となり教団組織がヴィジブルな「特定specified宗教」（たとえばプロテスタンティズム）が力を失い、非宗教家による小説・映画・アニメなどに見られる宗教とは意識されない「拡散diffused宗教」が力をもつようになる。そして

大衆の集合意識としての「拡散宗教」は、どの社会でも似通ってきている（大村 2013: 87-94）。

　この認識は、『死ねない時代』でも論じられた1960年代から2000年代までの社会の変容を反映して、「煽りの文化」から「鎮めの文化」への趨勢を別の言葉で表現したものといえるだろう。それは、吉田がいう「相対所与性の克服」から「絶対所与性の受容」への移行ともほぼ重なる。だがやはり、「概念」で世界を仕分け、「概念」と「形式論理」では整序不能なものを省く吉田の方法とはまったく違う態度がここに見られるだろう。「概念」で位置づけられない「現場」の思いを感受し、それと「概念」を往復する。吉田が明晰判明に切り分けた世界の奥にある「ミクロ・スコピックな悲しさ」（や喜び）を、大村は探り続ける。

## 「一人称の死」と「遊」

　『日本人の心の習慣』刊行以降、大村は「鎮めの文化」論を精力的に展開する。2003年の『臨床仏教学のすすめ』で彼は、宗教を「「二人称の死」に伴う喪失感を癒すために人類が蓄積してきた知恵の結晶」といいかえる。たとえば作家・江藤淳が亡き妻を後追いして自死したように、ほんとうの意味で「撃たれる」のはかけがえのない人の死に出会ったときだろう。宗教とは、「二人称の死」への鎮めの文化装置である（大村 2003: 3, 21-3）。

　だが大村はその後、「一人称の死」と対峙することになる。2010年ごろステージIVの大腸癌が発見され、切除手術後、放置すれば8カ月、抗癌剤で2年の余命と宣告されたのだ。2016年7月刊行の『とまどう男たち　死に方編』に寄稿された「退き際のダンディズム」は、2015年9月に73歳で逝去した大村が、自身の「一人称の死」と向き合った（吉田の2002年基調講義での、学生に問いかけたという質問そのままに）仕事といえるだろう。

　ここでも大村は「宗教＝鎮めの文化装置」論を説き始めるが、これまでと違い「欧米一神教文化圏に出自をもつ〈聖－俗－遊〉三次元モデル」を援用する。宗教は通常「聖」の領域に位置づけられるが、現代人の「俗」からの解放は「聖」よりも「遊」の領域を志向するのではないか（大村 2016: 16-7）。大村は、日本仏教の先達が「俗」からの解放を「聖」よりも「遊」の方向で図ってきたことに注目する。わが国の出家者たちの伝記は一神教文化圏の聖者と違って社会事業・福祉事業から意識的に背を向け、悟達の境地を「遊戯三昧」と表現している。日本仏教が「聖」より「遊」に赴いたのは、「鎮護国家」に見られるように「聖」が「俗」から独立しておらず、「遊」のほうが「俗」権力などの束縛から解放される分離度が大きいと知悉していたことによるのではないか、と大村は推察する

（同：17-8）。

　大村はここで井上俊の著書『死にがいの喪失』を参照し、同じ「俗」からの離
脱でも、「聖」に向かう場合はファナティシズムになりやすく、「遊」に向かうと
きはダンディズムになりやすい、と述べる。井上は前者に「殉教死」、後者に「虚
栄死」を対応させたが、大村はファナティシズムを「ある信念を一途に追求する
態度」とより広くとらえ、「俗」から完全に分離した「聖」に向かう宗教運動は
そのゆとりのなさから文字通りのファナティシズム（狂信）を帰結し、「煽りの
文化装置」にならざるをえない、とする。これに対して、宗教は「遊」の領域に
向かう態度、とくに「かっこ良さへの憧憬」としてのダンディズムの形をとった
とき、もっとも明瞭に「鎮めの文化装置」として現れるだろう（同：20-3）。

　「遊」とともにダンディズムの重要な構成要件となるのが「演技の精神」であ
る、と大村はいい、ゴフマンの『フレーム・アナリシス』を引きながらこう述
べる。われわれはある行為をみて「けんか」（俗）、「じゃれあい」（遊）などの認
知枠組みによって意味の層に振り分ける。ゴフマンは「俗」を「プライマリ・フ
レームワークス」による常識的な生活世界、「聖」と「遊」を「フレームによっ
て構築された世界 framed reality」ととらえ、「俗」の世界での「けんか」が
「遊」領域で「ボクシング」というスポーツになる（「アップ・キーイング」）、子
どもが遊びとしてつつきあっていたのが本気のけんかになる（「ダウン・キーイ
ング」）といった、複数の現実を「転調 keying」するさまを描いた（同：32-6）。

　「演技」とは、異なったフレーム上に複数の「私」を同時に表現して見せるこ
とである。同時に二役を演じながら（「俗」では「おかたい教師」を演じながら、
「遊」では「話のわかるナイスガイ」を演じる、など）、どちらの役柄にも「成り
切らない」抑制力が演技の眼目だと大村はいう。「聖」に向かうファナティシ
ズムはひとつの役柄への成り切りを特徴とし、「俗」や「遊」に目もくれない禁欲
的態度はゆとりや抑制のなさを生む。これに対して演技には所詮は「遊び」だと
突き放した態度が潜んでおり、複数の「私」を演出しつつ舞台上の「私」を鑑賞
するもうひとりの私がいる（同：39-41）。この「観客としての私」は、大村によ
れば、聖の領域から見下ろす監視者（精神分析でいう「超自我」）ではない。「遊」
の領域で、通の観客のように「いまは下手でもいずれ良くなるというゆとりと
期待」をもって眺める「舞台上の「私」にやさしいもう一人の私」が必要であり、
自分の「成り切らない演技力」を見て中途半端だと悔愧の念に苛立つこともある
が、そのときも人生は所詮遊び、舞台上の役柄にすぎないと思い切る「演技の精
神」が大切だ、と大村はいう（同：44）。

　この軽妙で濃密な死の直前の論考は、「鎮めの文化」論を「遊」の方向へとさ

らに一歩進めているだろう。宗教は「遊」に向かい、「演技の精神」を組み込んだとき、より明瞭に「鎮めの文化装置」となる。大村は同書「まえがき」で、余命宣言を受けてから「さほどの動揺もせずに過ごしてきた」期間の思いをこの論考に「十分込めることができたと満足している」と記している（「見栄を張ってまんねん」と断りながら！）（大村・山中編 2016: 1-2）。これが、「一人称の死」という「絶対所与性」に対する、大村の「受容」の様式だった。

　吉田民人は「相対所与性」の世界と「絶対所与性」の世界を明晰判明に仕分け、前者の「克服」に科学（あるいは「変革志向」の幸福様式）を、後者の「受容」に宗教（あるいは「解釈志向」の幸福様式）を対応させて、前者から後者へと（徹底して「概念」と「形式論理」に依拠する「科学主義者」として）移行した。対して大村は、「煽りの文化」を分析する社会学者の「理論」と、「鎮めの文化」を実践する宗教家の「現場」を往復し続けた。前者の世界か後者の世界か、ではなく、前者と後者のふたつの世界を社会学者と宗教家というふたつの私（「おかたい教師」と「話のわかるナイスガイ」？）によって生き、宗教と社会学を「激突」させるのではなく、ふたつの世界を「転調」するように切り替える。

　大村には「ゴッフマンにおける〈ダブル・ライフ〉のテーマ」という優れたゴフマン論があるが、大村もまた「ダブル・ライフ」を生きたといえるのだろう。「ゴッフマンの関心は、二つ（以上）の「私」がほとんど同時に生きられているような「状況」そのものにあった」（大村 1985: 6）。そして「退き際のダンディズム」で彼は、ダブルではなくトリプル（ないしそれ以上）の「私」を生きているように思う。ダブル・ライフを生きる私を所詮は演技で遊びと突き放して眺める「私」（その成り切らなさを愧じる「私」）。「社会学者」であり、「宗教家」であり、「死にゆく者」でもある「私」。悲劇の主人公なら「生か死か」と悩むところを、その役柄を演じる私を「阿呆やっとるなあ」と笑い飛ばす「私」。「遊」による「鎮め」は、人間がその「不調和」を生きるために必須の様式といえるのかもしれない。

　では、『別れの文化』の共編者である井上俊はどうだったのか。これを最後に見ることにしよう。

## 4　「遊び」と「死にがい」──井上俊

### 「遊び」と「宗教」

　井上俊は、大村英昭との共編著『別れの文化』に、1994年の「遊びと宗教」、1996年の「「死にがい」をめぐって」、2009年の「死の社会学」というコルモス

研究会議での３つの基調講義をもとにした論考を寄稿している。このうちもっとも早い「遊びと宗教」において、井上は「宗教」と「社会学」の関係について、次のように述べている。

　アメリカの神学者ハーヴィー・コックスによれば、宗教と社会学の関係は３段階に分けられる。第一段階は、社会学が宗教教義の社会的条件や信者との関係による変化など「宗教にとって都合の悪いこと」を暴露し、社会学と宗教とが敵対的な関係だった段階である。だが宗教は社会学の暴露で潰れるようなやわなものではなく、第二段階では宗教が社会学者に教団や信者にかんする調査を自由にさせて、これを一種のマーケティングリサーチとして積極的に利用する。そして第三段階では宗教側も社会学側も成熟し、互いに有益な対話を交わせるようになる。これは1960年代後半頃からで、ロバート・ベラー、ピーター・バーガー、トマス・ルックマンらの仕事がその例とされる（井上 2013c: 115-6）。

　だが、社会学にとって宗教は研究対象のひとつにとどまるものではなく、「宗教という現象から示唆を得て社会学が発展してきた面」があると井上はいう。たとえばエミール・デュルケームは「社会」という目に見えないものを一種の宗教現象ととらえ、「社会」が人々にとって「信仰」として存在しているからこそ拘束力・制約力をもつ、と論じた。このデュルケームが発展させたのが「聖俗理論」であり、宗教的な世界観においては聖なるものは世俗の世界から区別され、威厳と力をもつものとされる。人間は聖に魅かれ、励ましや支えを得ると同時に、それを恐れ、畏怖し、ときに厳しい要求を課される（同: 116-7）。

　これに対して、オランダの歴史家ヨハン・ホイジンガが1938年の『ホモ・ルーデンス』などで展開した「遊び」の理論を、井上はより重視する。ホイジンガによれば、人間は本来「遊ぶ存在」であり、人間の文化はすべて「遊びのなかで、遊びとして発生し、展開してきた」（同: 117-8）。「聖なるもの」や宗教もそうであり、「われわれ人間は宇宙秩序に嵌めこまれた存在なのだという感情」が遊びのなかで表現を与えられ、宗教も祭祀も「遊びの上に接ぎ木された」ものである。どんな高貴な行為にも遊びという性格は備わることができ、人間は「神聖な真面目さ」のなかで「美と神聖の遊び」を遊ぶことができる（同: 119-20）。

　だが『ホモ・ルーデンス』は、近代化が進むにつれて「遊び」が衰退してきたことも指摘する。19世紀以降「真面目主義」が広がって、スポーツでも政治でも「真面目になりすぎ」、遊びの要素が後退していく。そして宗教においても「遊び」は衰退する。井上は先に参照した神学者コックスの『愚者の饗宴』から、次の記述を引く（同: 120-1）。「愚者の饗宴」とは中世から16世紀頃までヨーロッパ各地で行われた祭礼で、さまざまな乱痴気騒ぎがあり、高位の聖職者や王侯貴

族が嘲られからかわれた。だがフェスティビティが充溢したこの祭りは、宗教改革時代にアナーキーな楽しみが否定されると次第に消えていく。コックスはこれが体現していた「遊びの精神」を宗教に取り戻そう、と主張する（同: 121-2）。

　ここで井上は、自分は宗教者でも宗教の専門家でもないと断りながら、子どもの頃宗教的な雰囲気で育ったという自身の生活史に（吉田や大村と同様に）言及する。井上の母と祖母はクリスチャンで、彼は教会の日曜学校に通った経験があるが、その雰囲気に息苦しさや偽善性（「キリスト教の教えを割にまともに受け止めて、それを日本の現実のなかで実践しようとするとやはり無理が生じて、言うこととすることが一致しなくなる」）を感じることがあったという。宗教的雰囲気がもつこの息苦しさはどこから来るのか（同: 122-3）。

　井上は、それは遊びの欠如、笑いやユーモアの感覚に乏しいことに由来するのではないか、と述べ、コックスが愚者の祭りに登場する「道化」の役割を強調することに触れる。「道化は人びとを笑わせながら、自明とされていることに疑問を投げかけ、別の意味世界を開示してくれる」。宗教的祭礼に登場する「聖なる道化」は、「人間の弱さ、愚かしさ、不完全さ」をユーモラスな形で知らせ、笑いのなかでその認識を人々に受け入れさせる。コックスは「道化としてのキリスト」「喜劇としてのキリスト教」を論じるが、道化たちはつねに笑われ、嘲られ、いじめられ、侮辱され、「にもかかわらず決して最終的に敗北することはない、そこに希望がある」と説く。それはアイロニーや逆説を含んだ希望であって、笑いやユーモアはしばしば「希望の最後の武器」である、と井上は論じる（同: 123-4）。

　さらに彼は、宗教に遊びの要素を導入することは「宗教を道徳から切り離す」意義もあるかもしれない、と示唆する。ほんらい宗教にとって道徳は本質的要素とはいえないが、宗教が道徳と手を結んで人々に道徳的規準を守るよう要請するようになると、宗教は息苦しくなり偽善性を帯びてくる。これを切り離すことで、宗教は「世俗的実利主義」からも「道徳的規範主義」からも自由になる。「現実生活の要求からも、道徳の要請からも解放されて、自由にのびやかに信仰の喜びを生きるのが、宗教の理想であり究極の境地なのかもしれません」。「俗」を離れ、「聖」を媒介にして、最終的に「遊」にいたるのが宗教の望ましいあり方のひとつなのではないか、と井上は述べるのだ（同: 128）。

　ここで井上は、聖と俗を二分して、そのあいだに道徳的な境界を引く態度に「息苦しさ」や「偽善性」を感じ、それを「遊び」や「ユーモア」や「笑い」によって解きほぐそうとしているだろう。コックスがいうように「聖なる道化」は「人間の弱さ、愚かしさ、不完全さ」をユーモラスに知らせ、それとともに生きて

いくことを可能にする。宗教と道徳を切り離し、「遊び」を導入することによって、このような宗教の形が可能になるのではないか。ここには、「絶対所与性」と「相対所与性」の世界を明晰に仕分けする吉田とも、宗教と社会学の「ダブル・ライフ」を転調しながら生きる大村とも異なる態度があるように思う。

## 「ゲーム」と「偶然性」

　人間がもつ「弱さ」や「愚かさ」から生まれる「不調和」に、「遊び」はなにをもたらしうるのか。ここで、1977年（吉田の「原認識」論文の1年前）に井上が刊行した『遊びの社会学』冒頭の論考「ゲームの世界」から、「遊び」から開かれる別の論脈を見ておきたい。

　ゲームとは「一定のルールに従う競争の遊び」であり、競争にはつねに「勝ちと負け」がある。ゲームには主として肉体的技能に依存するもの（スポーツ）、精神的・知的技能に依存するもの（碁、将棋など）、運に依存するもの（ルーレットやサイコロなど）があるが、その勝敗の決定からは現実世界での地位や富や権力などが排除されており、プレーヤーは現実社会から離脱して「平等化」される。競争の内容でもゲームは「平等」の実現をめざすが、これにはふたつの方向がある。ひとつは運が介入することをできるだけ排除し能力主義を貫徹させる方向で、平等な条件のもとでの実力競争をめざす「競争の遊び」である。もうひとつは能力主義を否定して勝敗の決定を運だけに委ねる「チャンスの遊び」であり、ここでは運命の決定に対する無力さにおいてすべてのプレーヤーが平等化される（井上 1977: 3-6）。

　その例として井上は「麻雀」をとりあげる。彼によれば麻雀は「実力のゲーム」と「偶然のゲーム」の中間形態にあり、いま述べたゲームの対極的な特徴をともに含む。4人で卓を囲む麻雀では「チャンス」の要素が強く働くとともに、「戦略」によってそれに挑戦する楽しみがあり、和了が実ったとき「自己の技能や努力によって運命の絶対性をつきくずしえた（かのような）喜び」が、リーチのさいは「人間の力をこえた運命に服従し、その決定を受動的に待つ楽しみ」が感じられる。一方で複雑で高度な技術があり、他方でそれがしばしば運の前に挫折する。このときプレーヤーは「挫折感」というより「不条理」の感覚を覚え、「ここでは「不条理」は耐えられうるだけでなく、楽しまれうる」（同: 10-6）。

　この論考の最終節で、井上は「ゲームの精神」を論じる。「人事」（技能）と「天命」（偶然）への依存度はゲームにより異なり、その好みも人によって異なるが、インテリ層は「人事」依存のゲームを好む傾向があり、これは偶然を嫌いできるだけその作用を否定しようとする「文明の好み」の反映だ、と井上はいう。だが、

ゲームの世界から偶然の作用を完全に排除することは不可能であり、優れたプレーヤーは技能への依存度が高いゲームでも「偶然性への敬意」を忘れない。そしてこれはゲーム世界だけにかぎられない（同：31）。

　ここで井上は、哲学者・九鬼周造の『偶然性の問題』（1935年）を引照する。九鬼は偶然性を人間存在そのものの根底に横たわる問題ととらえ、その存在論的核心は「無いことの可能」にあるとした。「そうでしかありえない」必然に対して、「たまたまそうであるにすぎない（したがって、他でもありうる）」のが偶然であり、偶然性において「存在は無に直面して」いる。偶然性とは「有が無に根ざしている状態、無が有を侵している形象」、「有と無との境界線」に危うく立脚する「脆き存在」であって、「崩壊と破滅の運命を本来的に自己のうちに蔵している」。しかしだからこそ、必然的決定のうちには決して現れえない「個性と自由」が現れうる。偶然性への感覚を欠く者は「みずからの存在の根底にある「無」」を直観することがないため、「自由な存在としての自己の実存の自覚」に到達できない（同：31-2）。

　九鬼の議論を受けて井上はこう述べる。「こうして、偶然性への敬意とは、存在論的にみれば、「無」への敬意であり、存在（「有」）の脆さへの自覚である。したがって、それは、存在の思い上がりをいましめる意味をもつ」。この論点は、「文明」を省察する視点を導くだろう。文明は偶然を嫌い、それを制圧しえたかのようにふるまうが、偶然性の作用を完全に排除することはできない。そして、高度に発達し複雑化した文明ほど「偶然性の復讐」に遭うと大きな被害を受けやすい。井上は「文明を信頼することは悪いことではないけれど、あまりに信頼しすぎるのは考えものだ」と述べ、文明も「無に根ざす脆き存在」の性格をもつことを認めて「文明の思い上がり」（シェイクスピア的にいえば「ヒューブリス」？）を打ち消す姿勢が大切だ、として稿を結んでいる（同：32）。

　麻雀の考察から出発したこの議論は、技術や能力のベクトルと運や偶然性のベクトルが「ゲーム」にはともに内包され、それが重なって生じる「不条理」が「楽しまれうる」ことを抽出する。そして「偶然性」を制圧しようとする「文明の思い上がり」を戒め、「無」や「偶然」への敬意と「有の脆さ」の自覚を忘れたときそれが挫折することを指摘する。これは、吉田が「相対所与性」と「絶対所与性」を対とし、前者の克服をめざす近代科学文明の独走に後者の受容を可能にする宗教的幸福観を対置したことと重なるだろう。また、大村が「煽り一辺倒」の近代社会に「鎮めの文化」を導入したこととも直接に響き合う。

　ただし、井上はこのふたつの不調和なものを、吉田とも大村とも違うやり方で結びつけようとしているように思う。吉田は「相対所与性」と「絶対所与性」を

明晰判明な概念で区別して、前者から後者への移行を構想した。大村は「煽りの文化」と「鎮めの文化」の両者を描き、社会学と宗教のふたつの世界を「ダブル・ライフ」のように転調しながら往復した。だが井上は、「相対所与性」と「絶対所与性」、「煽り」と「鎮め」を分割せずに、ふたつが同時に存在する世界を見出し、そこにい続けようとするように見える。それが「遊び」や「ゲーム」であり、「有」と「無」の両方に浸される「偶然性」であった。この世界を開いておくとき、コックスの（あるいはシェイクスピアの）「聖なる道化」のように、人間の（自分の）弱さ、愚かさ、不完全さ、脆さを受け入れることができるだろう。「聖」か「俗」かをくっきりと仕切る態度が生む道徳性や息苦しさから解放され、人間の矛盾や不調和が混ざり合う世界をそのまま生きることができる。吉田が明晰に分割し、大村が転調によって往復したふたつの世界の「あいだ」の領域を発見し、保持し続けることが、井上のユニークな態度を支えている。

## 「死にがい」と「being としての死」

　この態度は『別れの文化』の第1章「「死にがい」をめぐって」、第4章「死の社会学」にも通底していると思う。最後にこのふたつの文章と、関係する論考を短く見てみよう。

　1996年の基調講義に基づく「「死にがい」をめぐって」は、1970年に井上が発表した「「死にがい」の喪失」の紹介を出発点とする。『思想の科学』に編集長・鶴見俊輔の依頼で寄稿したこのエッセイは、自分の死をどう意味づけ納得するかを「死にがい」という造語で論じようとする。死の前に立たされる経験をもった「戦中派」、井上自身を含む「戦後派」に対して、戦後生まれで戦争を知らない「戦無派」世代は死をどう意味づけるのか（井上 2013a: 7-8）。

　基調講義でも「「死にがい」の喪失」でも、井上は作田啓一がBC級戦犯受刑者の遺文『世紀の遺書』を分析した「戦犯受刑者の死生観——「世紀の遺書」の分析」（1960年）、「死との和解——戦犯刑殺者の遺文に現れた日本人の責任の論理」（1964年）を参照する。作田によれば、刑死という避けられない死を前にしたBC級戦犯たちには、4つの「死の意味づけ」のタイプがあった。自ら犯した罪に対する償いとして死を受け容れる「贖罪死」型、先に逝った人々へのとむらいに死の意味を見出す「とむらい死」型、所属集団やそのメンバーのために自己を犠牲にすることに「死にがい」を見出す「いけにえ死」型、刑死という特殊性を切り捨て自己の死を有機体に不可欠な「自然死」とみなし、運命・宿命として受け入れる「自然死」型、である（同: 9-10; 井上 1970→1973: 9-11）。これは、戦時社会で発達した「死にがい付与システム」の働きによるものだろう。だ

が、「戦無派」の若者にはレディメイドの「死にがい付与システム」は存在しない。彼らの死への態度はどんなものなのか（同：12）。

　井上はフランツ・ボルケナウによる「死の受容 death acceptance ／死の否定 death denial」の対概念を参照し、基本的に戦中派は「死の受容」、戦無派は「死の否定」の態度によって特徴づけられるだろう、とする。だが、受容も否定も多様であり、これを「消極的／積極的」とクロスさせてはどうかとして、次の4類型を導き出す。第一は、消極的・無自覚的な死の否定である「無関心」型である。死をほとんど意識することなく、「死を生から排除する」この生き方は、現実の死が訪れるときそれを一種の「事故死」として受け取る（同：14-5）。第二の、意識された死を積極的に否定する「拒絶」型は、「戦無派」にもっとも選ばれやすい類型であり、決して死と和解せず「なにかのために自分を犠牲にするのは愚かなことだ」と考える。井上はこれに「だいたい賛成」との評価を与える。ただ、「拒絶」型に訪れる死は死にたくないと逃げ回っているうちに空襲などで死ぬ「難死」であり、「拒絶＝難死」型はある種の「弱さ」をもつことを井上は強調する。戦後広がった生を肯定・尊重する態度は、それが肥大すると死に正当な位置を与えられなくなる。井上は「生の全体から死が完全に欠落してしまうと、生そのものが平板化し、貧困化する」、「死という限定要因を失った生、それを欠落させた生は、往々にしてその輝きを失いがちである」とし、生から死を排除することとひきかえに人は「生きがい」までも失うことがあるという（同：16-9）。

　これに対して死を積極的に受容する第三の類型がある。「死を導入することによって生がその輝きをとりもどす場合」である。黒澤明の映画『生きる』や、三島由紀夫の「死の美学」がアピールする社会心理学的基盤がこれだとされるが、導入された死が生に輝きを与えるためのフィクションであるから、この死はファナティシズムによる「殉教死」ではなく、ダンディズムによる「虚栄死」だろう（大村が参照したように）、と井上はいう（同：19）。

　だが、井上がもっとも詳細に検討するのは第四の類型、消極的受容に対応するタイプである。井上はこれを「少数派ながら無視できないもうひとつのタイプ」とし、過激セクトの活動家で死の可能性がある計画に参加予定だった（だが事前に逮捕された）若い友人の獄中からの手紙を事例に検討する。彼の自分の死に対するもともとの態度は「極めて無関心」だったが、「拒絶＝難死」型には向かわなかった。彼は、「むしろ「生の価値」を重んじるがゆえに、消極的に死を受容する方向」、「「自分の生」を精いっぱい生きたために結果として死がやってくるなら、それはやむをえない」という納得の仕方に移行する。「人間というのは、何か燃えるように生きる、その中にヒューマニズムがあるのではないか」と

する彼の態度を、井上はこう特徴づける。「決して積極的に死を求めるのではない。死によって生を価値づけようとするのでもない。彼らは、死を選んでいるのではなくて、あくまでも生を選んでいる。ただ、ある生を選んだために、結果として死をひきうけざるをえないこともある、と納得しているのだ」。こうして死は消極的に受容され、生全体に位置を与えられる。生を尊重しながら、それゆえに生の総体に死を包摂していく方向がここに見られる（同: 21-2）。

　井上がこの手紙のことを戦無派の友人に話したら、自分は弱い人間なのでそうした生き方はできないが、自分もどこかで死を受け容れることができると思うと答え、井上がどこで？と尋ねると、たぶんそれは「やさしさ」ではないかと答えたという。戦無派の生肯定の態度は基本的に健全だが、死を完全に排除することである種の「弱さ」を露呈することがある。だとすれば生のどこかに死を包摂することが必要であり、「やさしさ」がその拠点になりうるだろう、と井上はいう。「みずからの生の総体のどこかに、なんらかの形で死を位置づけておくことが望ましいとしたら、私自身をふくめて「弱い」人間にとって最も近づきやすい道のひとつは、やはり「やさしさ」を拠点として死を包摂する方向であろう」（同: 23）。

　1970年の井上は、生を肯定して死を生から完全に排除することが「弱さ」を生み、生を貧困化させ、生の輝きを失わせると考える。だが、「死」そのものを積極的に意味づけようとすることもまた危うい。生の一部に死を包摂すること、その拠点として「やさしい生」を生きること、これが「弱い人間」にできることではないか。ここでも井上は、生と死を二分するのではなく、その「あいだ」の領域を消去せず、開いたままにしておこうとしているように見える。そしてこれは、同じ主題を扱った1996年の基調講義でも同様である。

　この講義の後半で井上は、死の意味づけ方、「死にがい」の作り方には大きくふたつの型がある、という。ひとつは「doing としての死」であり、自分の死によってなにかをなしとげる、なにかの役に立つ、といった、死という行為そのものに意味を与えようとする方向である。戦犯受刑者の「死にがい」にも見られるこの意味づけは、イデオロギー的動員力が強い危険なものである。もうひとつは「being としての死」、生きる喜びを人生の中心に置き、死そのものではなくそれまでの人生や存在に意味を与える、というものである。井上は、生きる喜びを追求しほぼ限界というところで自分の意志で死を選んだ19世紀後半の社会主義者ポール・ラファルグを例にあげるが、この型では「行為」ではなく「存在」の水準で死を意味づけ納得することになり、「死に方」ではなく「生き方」が問われることになる（同: 14-6）。

講義の最後に、井上は宗教の役割に触れる。宗教の重要な役割は死の重荷の軽減にあり、「死にがい」と遺された人への慰めを与えるために多くの物語と儀礼を発展させてきた。だが現在、「別れの文化装置」として宗教が磨き上げてきた物語や儀礼が力を失いつつあるように見える。これはなぜか。井上は「宗教が別れのスペシャリストになりすぎたからではないか」と推測する。死と別れを納得させるより先に、宗教が生を意味のある楽しいものにすることによって、死や別れを意味づける宗教の力も回復するのではないか。「死だけを切り離して扱うのではなく、生の全体というコンテクストのなかで生の一部として死を扱うことが大事なのではないか」（同: 17）。こうして、生と死を結びつけ、死を生の一部に組み込む「あいだ」（有と無に浸された「偶然性」のような）を指さして、講義は結ばれる。

## 生と死の「あいだ」

　『別れの文化』に収録された井上の基調講義のうち、もっとも新しい2009年12月（吉田民人がこの年の10月に78歳で逝去してから2か月後）の「死の社会学」については、ごく一部に触れるだけにしたい。「死」が社会学の領域でどう扱われてきたかを広範に論じたこの講義は多くのエピソードを含んでいるが、もっとも印象的なのが哲学者・菅季治の自死の事例である。

　1917年生まれの菅は京都大学大学院で哲学を専攻していたが、第二次世界大戦で召集されて奉天で敗戦を迎え、ソ連軍の捕虜となってカザフスタンの収容所に送られる。彼は独学でロシア語を勉強し収容所で通訳として活躍したが、1949年の秋、日本人捕虜に「われわれはいつ日本に帰れるのか」という質問を受けたソ連の政治将校が、「諸君が民主主義者になれば帰国できる。日本共産党の徳田球一書記長が反動的な人間は帰してほしくないとソ連政府に要請している」と答えたのを通訳することになる。翌年帰国した捕虜たちがこの徳田の要請があったかどうか究明してほしいと国会に要請し、通訳の菅も証人喚問される。彼はただ通訳しただけで要請があったかどうかわからないと答弁するが、徐々に追いつめられ、「天皇制に反対か」と問われて「反対です」と答えると「では共産主義者に違いない、徳田を守っている」などと責められ、ついに1950年4月に鉄道自殺する（井上 2013b: 34-5）。

　その2年後、鶴見俊輔は論文「二人の哲学者――デューイの場合と菅季治の場合」でこう述べる。「菅季治は、事実を事実として人びとにつたえるこの状態に、自分はたっし得ると考えて闘った。完全なるコミュニケーションにかんするこの夢は、哲学者としての十数年を通じて彼を支えてきたものであり、軍隊でさえも

この信念をかえることがなかった。このこと、自分のちかったことができなかったことが、彼の自尊心をきずつけた」（同: 35）。井上の表現では「哲学者として、論理的に話せばわかるはずだ」と信じていた菅は、信念を達成できなかったことに傷ついて自殺した。菅の遺書には、「ただ一つの事実さえ守り通し得ぬ自分の弱さ、愚かさに絶望して死ぬ」と書かれていたという（同: 35）。

　ここには「概念」と「形式論理」に依拠する理性の「弱さ」や「脆さ」が現れているといえるだろう。完全なコミュニケーションができているかいなか、信念に従えているかいなか、これを截然と仕分けする菅は自ら死を選ぶ。これは、「ヒューブリス」による悲劇、といえるのかもしれない。もしここで、菅が「よう哲学者やっとるなあ」と自分を突き放して眺められればどうだっただろう。「遊び」や「偶然性」によって生と死の「あいだ」を開き、道化のように自らの弱さと愚かさを笑い飛ばすことができたらどうだっただろう。

　この挿話を、井上は同じ2009年に刊行された『コミュニケーションの社会学』に寄稿した論考「対話というコミュニケーション」でも紹介している。そこで井上は、理性的な「対話」がときに暴力的な性質を帯び、人を傷つけることがあることを、菅の例から照らし出そうとする（井上 2009: 91-5）。すべてを理性的に言葉に（あるいは概念に）し、論理的に対話しようとすることには限界がある。そして、「どこからみても理性的でも論理的でもない対話によって、深いコミュニケーションが成り立つようなこともある」（同: 99）。井上はその事例として、絵本作家・佐野洋子の自伝的エッセイ『シズコさん』を引用する。

　1938年に生まれた佐野は母親と折り合いが悪く、偏愛していた兄が亡くなると母から「虐待」といっていいような扱いを受ける。反抗期に入った佐野は家でいっさい口をきかなくなり、18歳で上京して家を離れるが、母との関係は冷たいままだった。後年、80歳に近づき呆け始めた母を佐野は引き取り、2年後に老人ホームに入居させる（同: 99-100）。

　母の呆けは進み、佐野ととんちんかんな会話をするようになる。それを重ねるうちに、佐野は「初めて二人で優しい会話が出来るようになった」と感じる。ある日、佐野は母と同じ布団に入り、「ねんねんよう、おころりよ、母さんはいい子だ、ねんねしな」と布団をたたいていると、母は楽しそうに笑い、母も布団をたたきながら「坊やはいい子だ、ねんねしなー」と歌う。そうしていると、「私はどっと涙が湧き出した」。佐野は号泣しながら「母さん、ごめんね、私悪い子だったね」というと、母は「私の方こそごめんなさい、あんたが悪いんじゃないのよ」という。佐野は自分のなかでなにかが爆発したように感じ、「母さん、呆けてくれて、ありがとう。神様、母さんを呆けさせてくれてありがとう」という。

そして「何か人知を超えた大きな力によってゆるされた」、「世界が違う様相におだやかになった」と感じ、それから母ととんちんかんな会話をするのが楽しみとなる（同：100-1）。

　ここには、理性的な「概念」や「形式論理」とは対極的なものがある。呆けていき死に近づく母と娘のあいだにもやもやした思いが生まれ、そうでなければできなかった和解と赦しが広がる。理性的に仕分けられた世界の逆側に、曖昧でゆたかな「あいだ」の世界の存在を認める井上のまなざしは、ここにだけ可能になる結びつきを発見する独自の「創造性」を潜ませているだろう。それは、あらゆる想定問答を用意して死にゆく父と対峙し、号泣して父子一体感を味わった吉田民人が、徹底した「科学主義者」としてこの経験を論理的に整理・分析した「創造性」とは大きく異なるものである。鶴見和子とアリエティの言葉でいえば「内念」と「古代論理」が生まれつつある場所に（それは「弱さ」と「愚かさ」や、「喜び」と「悲しみ」に満ちた場所でもあるが）とどまり続け、「概念」からはみ出す形の定まらないものを社会学に取り戻すような「創造性」、と呼べるものなのかもしれない。

　本論は、鶴見和子の柳田国男論での「創造性」をめぐる問題提起を受けて、矛盾や不調和から新奇な結合を生む「創造性」の形を、「宗教」と「社会学」を結びつけようとした戦後日本の3人の社会学者の対比から論じる試みだった。じつに不十分な試論だが、一方に吉田民人が父の枕元でした経験を、他方に井上俊が引用した母娘の経験を置いてみると、そのあいだに「概念」と「内念」の多様な結ばれ方を見ることができたのではないかとは思う。ここからさらに、社会学が開きうる固有の「創造性」について考察していきたい。この「創造性」につながるさまざまなルートを見出し、互いに示し合うことこそが、主権者のための社会学に通じていくことになるのではないだろうか。

【注】
　[1] アリエティは、経験・生産した個人から他の人々に表現されうる認識の「熟した一形式」である「概念（concept）」と区別して、「表象を伴わずに生ずる認識の一種である形のない認識（amorphous cognition）」を、内界を意味するギリシャ語 endo を用いて endocept と名づける（邦訳書では「内概念」と訳されている）（Arieti 1976=1980: 43）。内概念は「内界の個人的な発生」にとどまるため共有できないが、「創造的瞬間」には言葉による表現や絵画や音楽に変容する。また、知的で論理的・演繹的思考に優れているが「二元的」で深みに欠けるように見える人がいるが、彼らは幼少期から概念だけを経験して内概念は全面的に抑圧するよう訓練されている、とアリエティはいう（同：44-9）。
　[2] ヴァンカンはこの箇所への注で、これは古典的な修辞技法である「撞着語法」として知られていたもので、バークが命名し直したと述べている（Winkin 1988=1999: 166）。

[3] 伊奈によれば、ミルズが参照を促すのが、バークが『永続性と変化』でニーチェのパースペクティブ論を論じた箇所であり、ニーチェは「宗教的なもの」「道徳的なもの」と「利害関心」という価値づけ（通常は対立する）に通底するものを洞察しており、バークはこのような洞察の論理を方法化したという（伊奈 2013: 176）。バーク自身は該当箇所で、ニーチェは「つねに不調和な単語を並置し、通常は結びつかない形容詞を名詞に結びつけること」で自身のパースペクティブを確立し、「シェイクスピアのメタファーに見られるカテゴリー再定位と同じ方法」に依拠したと述べている（Burke 1935: 90）。

[4] 以下は拙稿「別れの文化 —— 吉田民人、大村英昭、井上俊における「死の社会学」」（奥村 2018: 215-321）を大幅に圧縮して改稿したものであり、内容的に重複部分があるが、各節に同稿では検討しなかった論考についての考察が書き加えられている。

## 【文献】

Arieti, S., 1976, *Creativity: The Magic Synthesis*, Basic Books. =1980,（加藤正明・清水博之訳）『創造力 —— 原初からの統合』新曜社.

Burke, K,. 1935, *Permanence and Change: An Anatomy of Purpose*, University of California Press.

Goffman, E., 1 9 6 7, *Interaction Ritual: Essays on Face-to-Face Behaviour*, Doubleday & Company. =1986,（広瀬英彦・安江孝司訳）『儀礼としての相互行為 —— 対面行動の社会学』法政大学出版局.

伊奈正人, 2013,『C・W・ミルズとアメリカ公共社会 —— 動機の語彙論と平和思想』彩流社.

井上俊, 1973,『死にがいの喪失』筑摩書房.

———, 1977,『遊びの社会学』世界思想社.

———, 2009「対話というコミュニケーション」長谷正人・奥村隆編『コミュニケーションの社会学』有斐閣, 89-107.

———, 2013a,「「死にがい」をめぐって」大村・井上編, 7-18.

———, 2013b,「死の社会学」大村・井上編, 19-42.

———, 2013c,「遊びと宗教」大村・井上編, 115-28.

河合祥一郎, 2016,『シェイクスピア —— 人生劇場の達人』中央公論新社.

Mills, C. W., 1959, *The Sociological Imagination*, Oxford University Press. =2017,（伊奈正人・中村好孝訳）『社会学的想像力』筑摩書房.

奥村隆, 2018,『反転と残余 ——〈社会の他者〉としての社会学者』弘文堂.

大村英昭, 1985,「ゴッフマンにおける〈ダブル・ライフ〉のテーマ —— 演技＝儀礼論の意義」『現代社会学』19, 5-29.

———, 1990,『死ねない時代 —— いま，なぜ宗教か』有斐閣.

———, 1997,『日本人の心の習慣 —— 鎮めの文化論』日本放送出版協会.

———, 2003,『臨床仏教学のすすめ』世界思想社.

———, 2013,「ポスト・ヒューマニズム期の祈りと供養」大村・井上編, 79-114.

———, 2016,「退き際のダンディズム」大村・山中編, 8-52.

大村英昭・井上俊編, 2013,『別れの文化 —— 生と死の宗教社会学』書肆クラルテ.

大村英昭・山中浩司編, 2016,『とまどう男たち　死に方編』大阪大学出版会.

鶴見和子, 1982 → 1998,「日本人の創造性 —— 折口信夫・柳田国男・南方熊楠」鶴見 1998, 385-405.

———, 1988 → 1998,「創造性をどうやって育てるか」鶴見 1998, 20-39.

———, 1998,『コレクション鶴見和子曼荼羅Ⅳ　土の巻 —— 柳田国男論』藤原書店.

Winkin, Y., 1988, *Les Moments et Leurs Hommes*, Seuil Minuit. = 1999,（石黒毅訳『アーヴィング・ゴッフマン』せりか書房.）

吉田民人, 1978 → 1990,「ある社会学徒の原認識 ──〈背後仮説〉の明示的定式化」吉田 1990, 111-64.

───, 1990,『主体性と所有構造の理論』東京大学出版会.

───, 1998 → 2013,「比較幸福学の一つの研究プログラム」吉田民人論集編集委員会編, 185-217.

───, 2002 → 2013,「学問的創造の条件 ── 技法・主体・文化」吉田民人論集編集委員会編, 185-217.

───, 2013,「父の死をめぐって ── 宗教アレルギーの自己消滅」大村・井上編, 43-78.

吉田民人論集編集委員会編, 2013,『社会情報学とその展開』勁草書房.

# 歴史認識をふまえた社会理論の形成
## —— 共同性・階層性・体系（システム）性から地球社会の理論へ

庄司興吉

# 1 共同性と階層性の相克

## 社会の共同性と階層化の必然性

　社会はまず共同性、すなわち共同的な関係の集積である。同じ社会に属する人間が、たがいに関係を持ちながら共に生きていく。この関係は、家族や親族などの血縁集団、村や町などの地縁集団などの小さな範囲ではたがいに認知されているが、範囲が大きくなるにつれて認知されにくくなる。それでも多くの成員に意識されているし、コミュニケーションの手段が発達するにつれてますます意識されるようになっていく。現代では、マスメディアやインターネットの発達によって、一国の範囲のみでなく地球的な範囲で共同的な関係が形成され、認知されたり、意識されたりしている。この意味で、社会はすでに、日本やアメリカや中国などという国民社会としてばかりでなく、世界社会や地球社会としても形成されていると言えよう。世界社会と地球社会については、世界中に住むすべての人びとによって構成されるのが世界社会、すべての人びとが地球環境を基盤に多くの動植物など、すなわち生態系と関係を持ちながら維持していくのが地球社会、と考えておきたい（以下は、庄司 2016a: II-2 の展開である）。

　共同性としての社会は、動き出すとかならず、成員間の上下関係すなわち階層性を持つようになる。すなわち階層化する。大人と子どものあいだには大人が子どもを育てていくという関係があるし、大人同士のあいだには、役割の違いがあったり、能力の違いがあったりするので、たがいに作業を分担しながら協力し合っていくという関係が生ずる。歴史的には「原始女性は太陽であった」と主張された時期があったり、男性が家父長として家族を支配する時期が続いたりしたが、今日では女性と男性を初め家族の成員のあいだに、先天的な能力や力の差があるとは考えられていない。性のあり方すなわちセクシュアリティについても、女性と男性の二分法を超える差異があると認められている。また家族は、さ

まざまな事情によって成員が一人でも家族であり、とりわけ高齢化が進む現代の社会では、単身家族が増えている。そのうえで、人間が家族をなし、さらに事業体や地域社会などをなして生活していけば、そのあいだになんらかの分業が生まれ、上下関係すなわち階層差が生ずる。

　この意味での上下関係すなわち階層性は、それがいつのまにか自然に生まれ、皆に自然なものとして受け入れられているあいだは、共同性と矛盾しない。さまざまな意味での親子関係、夫婦関係、きょうだい関係の多くはそうであるし、地域社会における隣人関係の多くもそうである。大人が複数で事業をするときも、役割分担があってもそれが上下関係とは意識されないこともあるし、事実上は上下関係であってもそのように意識されないこともある。総じて人間は、皆がいっしょに生きている、つまり共同性をなしている、と思う傾向にあると言えよう。

　社会がかぎられた家族から形成され、それ自体事業体として活動するのは、すでに採集、狩猟、漁労が生業である時代からであった。人類学や社会学の研究では、それほど多くない家族が協業と単純な分業によって生活し、同じような他の社会と接触し、争ったり接合したりしながら生き延びていく時代が長く続いた。旧石器時代の社会、いわゆる環節的社会の時代である（Durkheim 1895=1968）。新石器時代に入り、社会が農耕を覚えてある地域に定着し始めるのは、早いところでも一万年ほど前からで、農耕による協業の大規模化と分業の複雑化とそれらによる生産力の向上とが、社会のあり方をより有機的な形に変えていく。採集、狩猟、漁労の段階でも、それらが集団的におこなわれるかぎりでは、ある程度の分業と指揮・追従関係は自然にあったが、農耕が主流となりそれに牧畜や漁労が結びついたりするようになると、社会内分業は個々の成員が異なった仕事をしながら全体としてより大きな事業をおこなっていくという、有機的な性格を強めるようになり、環節的社会が有機的社会になっていく。この場合でも、社会が一体として事業をおこなっていくという性格が強いあいだは、成員の多くは階層性を意識しないでいることが多かった。この意味で、当然の階層性を含む共同性が社会の原初の形態なのである。

### 階級闘争史観の妥当性と不十分

　原始共同体はともかく、その状態を超えたすべての社会の歴史は階級闘争の歴史である、とかつて言われた（Marx & Engels 1848=1951）。

　原始共同体については、原初の社会として理想郷のように描かれることがあったし、今でもある。しかし、現実にはそれは、いくつかの家族がつながる環節的社会であり、生存線のぎりぎりを生き続ける限界社会であったと考えるべきであ

る。

　旧石器時代から新石器時代に入り、農耕を覚えると、社会には多少のゆとり、すなわち富の余剰が出てきて、それを貯めておくこともできるようになってくる。が、それも最初はいざという時のためで、そのために余剰を管理する役割の人あるいは家族が出てくるが、その人や家族がそのことをもとに力を持つようになったり、さらには管理しているものを自分のもの、自分の所有物だと言い始めるとはかぎらない。人間やその社会についてはそのもともと、つまり性を善とみる性善説と、悪とみる性悪説とが分かれることが多いが、どちらか一方の見方だけをするのは正しくないであろう。生じた余剰を社会全体のものとみて、それを共同性のために生かそうと努めた人や家族も多かったはずである。にもかかわらず階級闘争史観では、余剰が出始めればほぼ自然に、それをもっぱら独り占めにし、その占有あるいは所有をもとに社会に支配の力をふるう人や家族が出ると考えることが多かった。産業革命後の社会で、資本家たちが大きな力をふるい、多くの労働者たちが苦しめられていた時代の反映である。

　歴史学、人類学、社会学などの研究によれば、現実には、社会に余剰が出始めても、多くの人や家族は社会を共同的なものと考えることが多かった。こういう社会が自らのうちにできている、気づきにくい階層性、すなわち潜在的な階層性に気づき、それを認めて明らかな、すなわち顕在的な階層社会になっていったのは、同じような社会がいくつもあり、たがいに接触し、共存することもあるが、争い合って一方が他方を併合したりするようになっていったからだと考えられる。社会に生ずる階層のうち比較的長く続くものを階級と呼び、階級ができた社会を階級社会と呼ぶことにしよう。この階級に、一般に人種と呼ばれる、肌の色や顔や髪の毛などの身体的特徴や、さらには比較的決まった仕事などが絡んでくるとカーストと呼ばれ、さらに長く続くものになることがある。カーストからなる社会はカースト社会と呼ばれる。

　原始共同体、すなわち階層化の可能性をもちながらも共同性としてできている社会から、あらためて考えてみよう。こうした社会が一つのまとまりをなしているとき、それを部族社会と呼ぶことができる。こうした部族社会がたがいに接触して合わさったり、離れたり、また合わさったりしながら大きくなっていく。大きくなっていく過程で階層性が強くなり、しだいに階級社会になっていく。次ページの図：社会の拡大と立体化、を見てみよう。A, B, Cという3つの社会があり、これらが接触して争って、結果として力の強さがA, B, Cの順だったとすると、Aの支配層あるいは支配階級A´がいちばん上に載り、その下にAの被支配層あるいは被支配階級、その下にBの被支配階級、さらにその下にCの被支配

階級がくるような階級社会ができていくであろう。Bの支配階級B´やCの支配階級C´は、歴史を見ると、除かれてしまうことが多かった。日本の歴史では戦国時代がその良い例であるが、世界中のどの社会でも古代から近代にかけてはそうであったと言っていい。

　この時、A, B, Cのあいだに人種やそれに伴う生業の差などがなければ、A, B, Cのあいだの差は比較的曖昧になって被支配階級間の身分の差などになってしまうことが多いが、人種や生業の差などが強ければ、支配階級と被支配階級とのあいだばかりでなく被支配階級間の差もはっきり残って、カースト社会になってしまう。古代のインドではそういうことが起こり、カースト制が今日にいたるまで大きな問題として残ることになった。しかし、こういうことが起こったのは古代のインドだけではない。南北アメリカ大陸では、先住民がヨーロッパからやってきた人びとに征服され、その後さらにアフリカから黒人が奴隷として導入されるなどのことがあって、近代以降の事実上のカースト社会が形成された。とくにアメリカ合州国では、初期のヨーロッパからの植民者、先住民、奴隷として導入された黒人、その後さらに受け入れられたヨーロッパからの移民やアジア系の移民のあいだに人種差別が根を張り、20世紀の後半以降公民権運動などでその撤廃が図られても、今なおくり返し人種差別やそれに起因する問題が起こり続けている。

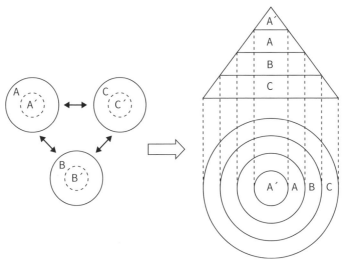

図：社会の拡大と立体化

## 階級と民族・国民 ── 階級社会理論の欠陥を超える

　図に戻って、社会の拡大と立体化、すなわち膨張についてさらに考えよう。部族社会の抗争をつうじて社会が拡大していくことは、社会の共同性が拡大していくことを意味し、社会が立体化していくことは、社会の階層性あるいは階級性が高度化していくことを意味している。こんなふうにして社会は、原理的にはどこまででも膨張していくことができる。

　これについて、以上に加えてさらに重要なことは、社会の基礎はあらためて共同性であり、階層化、さらには階級の発生は共同性があればこそ、それをふまえて起こるのだということである。社会の内部で階級対立がいかに厳しくても、そもそも基礎に共同性がなければ階級は発生せず、階級対立も起こらない。逆に言えば、階級対立を克服できるのはもともと社会の基礎に共同性があるからである。部族抗争が激しく、ある部族が他の部族を併合した直後などには、併合された部族からすると今までの共同性が奪われ、新しい（拡大した）共同性は自分たちのものではないように思われる期間もありうるが、これも長かれ短かれ一定の期間内に解決されていく。こんなふうにして部族はしだいに複合的になり、ある一定の規模で、言語や生活習慣などの文化を共有する民族となっていくのである。

　社会の膨張が進み、むしろ民族が単位になるようになると、今度は、それぞれに階級性を抱えた民族同士の争いがおこなわれるようになっていく。民族の併合などに伴う階級性の再編成も基本的には上に述べたことと同じで、階級に人種や固有な生業 ── これ自体過去の支配で押しつけられたものであるが ── などが絡んでカースト的なものになっていると、そういう面も取り込まれ、さらに強められたりすることが多い。民族は、社会が文明を築くようになると、その担い手になる。が、一つの文明が一民族によって築かれるとはかぎらず、複数の民族が絡んできたり、他の民族によって受け継がれたりする。近代になると、一つあるいは複数の民族が国民としてまとまり、主権を持つようになる。主権を持つ国民が世界の覇を争うようになるのが、16 〜 17世紀以降の世界の歴史である。アメリカ合州国は、主としてイギリスから渡った植民者たちによって基礎がつくられ、イギリスの植民地であったが、18世紀末に一つの国民として独立した。イギリス出身者が圧倒的に多かったとはいえ多民族であったが、先住民や奴隷として導入された黒人たちはこの国民のなかに含まれていなかった。1860 〜 64年の南北戦争の結果奴隷解放がおこなわれたが、南部を初めとして多くの黒人たちは事実上国民から排除されていた。先住民を含むこれらの少数集団（マイノリティ）が法制度的にも実質的にもアメリカ国民と見なされるようになるのは、ようやく20世紀の後半になってからである。そのあとも21世紀の今日にいたるまで、経

済的、政治的、社会的な差別は続けられてきている。

　民族と階級の問題は、19世紀から今日にいたるまでの世界を動かしてきた大問題である。19世紀半ばにマルクスとエンゲルスの階級闘争史観に基づく社会理論が登場して以後、資本主義が世界に普及するとともに資本家階級と労働者階級の対立が社会を動かしていく主たる要因になるとみられ、労働者階級はどの社会でも資本家階級に支配されるのだから、労働者階級の境遇に国境はないと言われた。1864年に創立された国際労働者協会──インター［ナショナル］の元祖──は内部対立によって76年に一度解散されたが、89年に第二インターとして再組織され、20世紀に入って高まってきた世界戦争を防ぐ運動として期待された。しかし、現実に大戦直前になると、ドイツ、フランスを初めとして各国の支部が自国の戦争を「祖国防衛」の戦争として支持し、解体してしまった。この動きに最後まで反対したフランスのジャン・ジョレースのような社会主義者もいたが、右翼の青年によって暗殺された。フランスの作家ロジェ・マルタン・デュ・ガールは、大作『チボー家の人びと』の第9巻「1914年夏」で、第二インターの理念を最後まで貫こうとした青年ジャックを描いている（Du Gard 1920-40=1949-50）。第一次世界大戦の末期にロシア革命が起こり、史上初めて誕生したと言われた社会主義国の指導で「第三インター」がつくられたが、ソヴェート連邦（ソ連）と呼ばれたこの社会主義国の第二次世界大戦の前後をつうじた動きは、ロシアあるいはソ連を中心とするきわめて民族主義的なものであった。

　1991年にソ連が崩壊して以後、その20年以上前から「改革開放」で現実主義的経済成長を続けてきていた中国は、政治的には共産党一党支配のままの「市場社会主義」でその後も経済成長を続け、21世紀に入って世界第二位の経済規模を誇るようになっている。その中国を初めとして途上国から新興国に発展しつつある諸国の勢いで、経済成長が思わしくないばかりでなく移民や難民、さらにはテロリズムに悩まされ続けている米欧「先進」国では、自国第一主義すなわち国民主義(ナショナリズム)から右派の運動、見方によっては新しいファシズムの動きが高まっている。労働運動は全般的に衰退し、今や階級はもとよりインターナショナルどころではない。米欧「先進」国の国民主義と新興国や途上国の国民主義、それぞれの内部対立を含みながら大きくみて国民［主義］の対立が、今や世界社会はもとより地球社会の存亡の危機に展開しつつあるのである。

116

## 2 宗教・国家および市場

### 宗教による社会の統合 ── 宗教が経済発展を左右する

　社会の動きは、共同性と階層性の相克、階級の発生、民族の発生、階級闘争と国民抗争などによってひととおり説明できるが、明らかにそれだけでは不十分である。図に示した社会の共同性の拡大と階層性の重層による立体化は、原理上どこまででも続く可能性があると言ったが、現実には、ある程度進むと、社会に形を与え、安定させて維持させようとする装置が発生してくる。その装置は、先取りして言えば、宗教、国家、市場、および都市である。分かりやすくするためにさらに言えば、これらが社会を構成する文化（狭い意味での）、政治、経済、および社会（狭い意味での）になっていく。文化と社会について「狭い意味での」というのは、これら二つの言葉はそれぞれ文化人類学と社会学では、人間的諸活動とその形成物の総体を指しても使われるからである（以下は、庄司 2016a: II -3.1-4 の展開である）。

　まず宗教から入ろう。人間がいつごろから言語を持つようになったのかは不明であるが、農耕を始めて文明を築きはじめたころ、すでに持っていたことは明らかである。人間は、おそらくは農耕を始めるまえから、自らを含む世界についてたがいに話し合いながら生活することを始めていた。言語の起源については、人間がともに働くさいに声を掛け合ったのが発端とか、日の出や猛獣の出現などを見て発せられた感嘆や恐怖の感情表現が発端とか言われてきているが、そういうことも含めて、人間は自己を含む世界について語り合いながら生きてきた。身振り手振りすなわちジェスチャーを含む言語のやり取りすなわちコミュニケーションが、社会生活のすべてに浸透する状態が今日まで続いてきたことは明らかで、社会とはコミュニケーションの継続そのものであるとも言える（Luhmann 1984=1993-95）。

　人間は自然のなかで、自分の周りのものに名を付け、それらの、またそれらと自分あるいは自分たちとの関係を広い意味での文の形で確認しながら、自分たちの生きる世界を意味づけてきた。自分たちを含む客観的な世界がまずあり、そのなかで人間がコミュニケーション活動をすることで意味世界が形成されていく、と考えるのが唯物論であるが、人間のコミュニケーション活動そのものによって世界が形成されるのであり、それよりも前に、あるいはその外側に「客観的」な世界などないのだ、という考え方も有力である。欧米の文明化された社会出身の人びとが原始とか未開とか呼んだ社会の人びとは、自分たちの周りの動物や植物

に名を付け、それらを序列化したり、ある構造に組み立てたりしながら、自分た
ちの世界を認識し、生活していた。トーテムポールはこうした世界認識の象徴で
あり、その崇拝を中心として社会生活に規律やリズムを付けていくやり方をトー
テミズムという。これは、あらゆるものに魂が宿るとするアニミズムとつながっ
たり、ものを崇拝する拝物教すなわちフェティシズムの一種と見なされたりして
きた（Lévi-Strauss 1962=1970）。

　重要なことは、人びとがコミュニケートし合いながら自分たちを含む世界に
ついて共通の意識を持つということであり、これを集合意識といい、トーテム
ポールのような、それを事物や言語で表すものを集合表象という（Durkheim
1912=1975）。この意味では、社会は集合意識そのものだという言い方もできる。
こうしたやり方から、人間はやがて、自分たちのさまざまな能力を自覚するにつ
れて、それぞれの能力に優れ、その面から人間を助けたり管理したりする神を考
えるようになり、太陽神、海の神、山の神、森の神、農耕の神などいろいろな神
のあいだの物語を語るようになった。いわゆる神話であり、神話では、それを持
つ人びとの社会がどのようにしてできたのかや、どのような仕組みになっている
のかが語られる。そして、こうした物語をもとに、神がみの住む聖なる場所が指
定され、そこに神殿が建てられ、定期的に神がみを祀る儀式がおこなわれるよう
になっていく。これがいわゆる多神教であり、古代ギリシャや古代日本などほ
とんどの社会はある時期それ固有の多神教を持ったし、インドのような社会では
ヒンドゥー教のような多神教が今でも大きな力を持っている。

　いわゆる一神教が中東からユダヤ教として現れ、それから出たキリスト教が
ヨーロッパに定着し、そこから世界に広まったことや、その後7世紀にユダヤ教
のそれと同じ神話からイスラームが発生し、その後今日にいたるまで大きな影響
を及ぼし続けていることは、よく知られている。ユダヤ教が現れた紀元前6-5世
紀に、インドでは仏教が現れ、中国では儒教や、道教のもととなる老荘思想な
どが展開されたが、これらは、のちに多神教と結びついたものの、ほんらいは
人格的な一神よりも空や天などとして世界の由来や構成原理を想定する宗教で
あった。こうした普遍宗教が出た時期を古代文明が開化した事実と結びつけ、枢
軸（軸の）時代と呼ぶ考え方もある（Jaspers 1949=1964）。要するに宗教は、社
会をある形にまとめ維持していく社会統合の装置であり、当然のことながら人間
の経済活動に大きな影響を及ぼした。16世紀に本格化したキリスト教の宗教改
革から生まれたプロテスタンティズムが、イギリスの農村部で活動していた企業
家たちに、人間には知ることのできない神の意志にかなうために懸命に働くとい
う、生活態度（エートス）を生じさせ、初期資本主義の形成に大きな影響を及ぼ

118

したことは有名である（Weber 1904-05=1955-62）。

## 国家は単なる手段でも機関でもなく、むしろ宗教の物質化したものである

　原始共同体を脱け出し、言語でコミュニケートし合いながら高度化しようとする社会では、宗教が社会統合の装置であった。しかし、共同性が拡大し、階層性が重なり合いながら、階級社会となっていく社会では、社会の大きさや高さが一定程度を越えていくにつれ、宗教だけでは統合されがたくなっていく。上に述べたように宗教は集合意識であり、集合意識はその範囲を広げていくにつれて、集中力を弱め、ますます多くのはみ出し、すなわち逸脱を出していかざるをえないからである。この傾向を止めるために社会は、実力、具体的には武力を用いざるをえなくなる。併行して社会は、他の社会からの攻撃をも防がねばならないから、武力は組織化され、軍隊としてしだいに常備されざるをえなくなる（軍隊と警察が分離され、区別されてくるのは、のちになってからである）。

　常備軍を維持するために、社会は成員から税を徴収せざるをえなくなり、徴税制度ができてくる。同時に社会は、自然災害に対処したり、さまざまな内部の混乱を収めたりしていかざるをえないから、軍人よりもいろいろな能力を持つ非軍人すなわち文人を組織せざるをえなくなる。この時までに社会は多かれ少なかれ階級社会化しているから、この組織化は支配的な立場に立つ階級の人間とその家族によっておこなわれ、組織は、どこまでがその家族のもので、どこからが社会のものであるのかがはっきり分からないようなものになる。軍隊すなわち軍人の組織と、文人としての役人の組織も、区別がはっきりしていない。役人を官僚と言い換えれば、軍人官僚も文人官僚もはっきり区別がつかず、同一人間が両者を兼ねている場合も多い。いわゆる家産官僚制である。日本人にとっては江戸時代の各藩の武家組織を想定すると分かりやすいが、これのはるかに原始的なものが各社会にできていったのである（Weber 1921-22=1960-70）。

　階級闘争史観では、階級社会になると、支配階級が支配の手段として国家を造るとされ、国家手段説が唱えられた（Engels 1884=1965）。これはいっけん合理的で分かりやすい説明であるが、国家の持つ複雑な性格を説明できていない。ここでもまず社会の基礎が共同性にあることを認めなければならず、そうであるからこそ支配階級は、社会の共同性を代表する機関として、国家を支配のために使うことができるのである。いや機関という用語も、近代以降は中立的な組織の意味で使われることが多いから、適切ではない。国家はいわばトーテムポールの延長上にあり、各種宗教で建てられる神社や寺院や教会 ── これらをまとめて教社と呼びたいと思うが ── の性格を引きずっている。その意味では国家は宗教

を物質化して発展させたようなもので、社会の成員が時にそのために命を捧げたりする。社会統合の様式はその後民主化されていくが、国家をめぐる民主主義のあり方も、国家のこの性格を理解していないとなかなか徹底できないことが、のちに分かるであろう。

　宗教と国家は、日本人に理解されやすい邪馬台国などの例にみられるように、その生成期には不可分のものであった。宗教の指導者と政治の指導者が分離してくるのは、社会が大きくなり、それに応じて国家も大きくならざるをえなくなって、文武両面を兼ねた家産官僚制の管理が、宗教的なコミュニケーションの方式すなわちシンボリズムを超え始めるからである。寄進を超えて必要額を徴税し、内外の諸問題を解決するために武力を発動し、自己組織の管理を含めてさまざまな用務や業務をこなしていくことは、もはや宗教指導者にできることではない。他方、政治指導者は、聖よりも俗の領域が多かれ少なかれ急速に拡大していくことを意識しながらも、それらの意味を社会の成員に理解させるために人びとを教化せねばならず、そのために宗教指導者を表に立てたり、その権威を利用して人びとの同意を得ようとする。教政未分化から政教未分化へと移行していくなかで、国家をめぐる政治は教政一体や政教一致の実態をなかなか脱却できないまま近代にいたるのである。

### 市場は人間的自然に発するが、「大転換」以後世界を左右し続けている

　宗教と国家と同じ意味で市場を装置と呼ぶかどうか、微妙なところである。市場は社会が造り出すものではない。しかし、社会の基礎にある人間的自然のなかにその源流はすでにある。女と男が結びついて愛し合う。子が生まれて親が子を可愛がる。兄弟同士も喧嘩したり、慈しみあったりする。これらの基礎にあるのは人間的感情のやり取り、感情の交換すなわち交感である。家族と家族とのあいだでも同様なことは起こり、交感の輪は共同体全体に広がっていく。愛情のやり取りは物質のやり取りを含む。女と男は体を与え合う。母親は子に乳を与える。父親は、共同体の一員として、集団あるいは単独で、食べ物その他を確保してきて家族に与える。家族と家族のあいだでも、余ったとき他に与えたり、足りないとき他から借りたりして食べ物その他を与え合う。これがいわゆる互酬の基礎である。共同体が拡大して国家らしいものが生ずると、国家は家族を見渡して、足りないところに自分が保管している食べ物などを与えたりする。これがいわゆる再分配の基礎である（Polanyi 1977=1980）。

　これにたいして、共同体同士が接触するとき、一共同体が持っているものを他の共同体が持っておらず、他のものについてその逆だったりすることがありうる。

こういうとき共同体は、いきなり争い合う場合もあるが、たがいに自分の持っているものを与え合い、共存していくことがありうる。日本の民話にいう海彦山彦の話のような場合である。これが交換であり、交換が常態化していけば、そこに市場が発生する。市場はこの意味で共同体間に芽生えるものであると言えよう。共同体が拡大していけば、市場はいわば内化されていく。こうして社会内に市場は取り込まれることになるが、交換の行為は他の行為と並んで社会に埋め込まれていて、それ自体がとくに独立の行為として取り上げられたりすることはない。市場および交換はあくまでも社会に内化されているのである（Polanyi 1966=1975）。

　共同体が階級社会化し、社会の拡大と立体化が進んでも、市場と交換は社会に埋め込まれているという性格を変えなかった。文明が発生し、支配者あるいは支配階級が、経済活動を活性化し社会を豊かにするため、市場を統制して税を取り立てたり、逆にあえて税を取らずに取引を活性化して豊かさを高めようとしたときにも、なお市場と交換の、基本的に社会に埋め込まれた性格は変わらなかった。

　これに大変動が生ずるのは、15-16世紀以降、ヨーロッパ諸国が南北アメリカ大陸を発見し、そこにあった帝国を破壊して無制限に富をヨーロッパに持ち込むため、アフリカ大陸を巻き込んでいわゆる三角貿易を始めてからである。アメリカ大陸から略奪してきた素材で生活用品をつくり、それらをアフリカ大陸に持ち込んで奴隷と交換し、奴隷たちをアメリカ大陸に運んで巨大な利益を上げるいわゆる三角貿易は、四大陸を巻き込んで世界を市場化し、桁外れの交換を広めることで、社会に埋め込まれていた市場と交換を社会から抜き出し、自立させて、なりふりかまわぬ交換を広めてしまった。この大転換こそが近代の基礎をつくり、世界を、ヨーロッパを中核として体系（システム）化してきた動きであり、その動きから脱け出すいくつかの手が試みられてきたものの、われわれはいまだに、自立した市場交換を基礎とした世界社会あるいは地球社会から脱け出しえていない（Polanyi 1957=1975）。

## 3　一次普遍社会としての帝国

### 都市を拠点とする社会の体系（システム）化

　宗教を背景に家産官僚制を形成した支配者は、それをつうじて国土内の農村の掌握に努めるとともに、拠点を定め、そこに市場を引き寄せようとする。支配者とその家族、および家臣たちとその家族が集住するとともに、彼らに生活必需品その他を提供する者たちが周りに集まってくる。農業から引き離された、あるい

は自ら引き離した人びとが集まり、工業と商業の基礎をつくっていく。農民たちはすでに、自分たちで家を造り、家具を作り、農作業の道具と生活のための道具をつくってきていて、自然分業に近い形でそれらの製作に特化する者も現れていたから、その者たちが支配者の足下に集まり、農耕から分離した工業や商業の元をつくっていくのである。彼らのあいだからやがて、通常の家屋や家具や道具ばかりでなく、それらよりもはるかに大きな建物やそれらにあった家具、道具、とりわけ武具の製作をおこなう者も出てくる。さらには、大きな建物とりわけ支配者の住居であり支配の場であるような、つまり城や宮殿と呼ばれるような建物——これらを城宮と呼んでおきたい——を造り、それを中心に道路を造って、その周りに家臣たちや自分たちの住居を配置する者たちが出てくる。こうして都市ができていくのである（Weber 1921-22=1975。以下は、庄司2016a: Ⅱ-3.5, 3.6の展開である）。

　都市を中心に、社会は、さまざまな要素をたがいに関連づけてまとめた総体、すなわち体系性 system になっていく。そこから築き上げられていくのが文明 civilization である。市民 city と市民的 civil はつながっており、都市的になること、あるいは市民的になることが文明であり、文明とは絶えざる文明化の過程なのである。この流れで、都市を造る事業が土木技術 civil engineering と呼ばれるようにもなる。こうして都市は、社会の体系（システム）化の拠点であるとともに、文明化の拠点となっていくのである。宗教、その物質化としての国家という流れでいえば、日本語では、神社や寺院の門前につくられる都市を門前町と呼び、神社や寺院、すなわち前に述べた教社の近くにその権威を利用して支配をおこなうために、権力の保持者すなわち支配者が建てる城のもとにつくられる都市を城下町というから、都市の源流は門前町や城下町であったと言えるであろう。今日では教社とも城宮とも関係のない都市が多くあるが、市場のない都市はなく、この傾向は上に述べた市場の自立と普遍化をもたらした大転換以降世界中に広まったと言える。

　都市を中心におこなわれていった社会の体系（システム）化は、社会の共同性を拡大し、階層性を重層化して階級社会になっていった社会に多面性を与え、安定性をもたらしていった。古代都市の象徴、あえて言えば古代都市のトーテムポールとしてはピラミッドがよく知られている。それはまず、文明化とともに人間の死の必然性を認識し、強大化していく権力でそれを克服しようとした支配者の努力の所産であった。が、エジプトだけでなく中米にもみられる階段状のものにせよ、最盛期エジプトの幾何学的に整形されたものにせよ、農耕などとの関連でその社会の天文学的知識の高さを示していることが多いが、都市の多次元的で

多方面にわたるその後の展開を予想させるには限界がある。宗教、国家、市場の展開をふまえて、特定地点に碇を降ろすことで社会の形態学的基礎をつくり、ピラミッドのような教社だけでなく城や道路や城壁を含めて社会の体系化の原形と設計図をつくり出していったのは、都市という物質的にだけでなく言語的コミュニケーション的にも無限展開の可能性を持つ装置であった。

　都市を拠点として、支配者は、宗教から権威を借り、国家の実質をなす家産官僚制をつうじて権力を行使し、足下に有力市場を集めて全土の市場を統制しようとする。あらためて言えば、言語的、非物質的なコミュニケーションをつうじて人を動かすのが権威であり、それではダメなとき、武力に代表される実力をもって人を従わせるのが権力である。宗教は、精神的なものだけとはかぎらないが、狭い意味での文化の源泉となり、国家は政治の中心となり、市場は生産と分配を二大焦点とする諸活動を結びつけて経済を活性化させるが、都市は宗教と政治と経済を結びつける拠点としての社会となり、社会を体系化して総体社会をもたらす。この過程を統べる支配者が王であり、この総体社会が王国である。

## 王国から帝国へ

　王国はこうして、一定範囲の土地すなわち国土のうえに形成される、宗教、国家、市場、および都市という装置で整えられた社会である。部族と民族の範囲は流動的であるが、部族はまだ装置による整形が不十分で、文明化が十分でない状態の社会、それにたいして民族は、装置によっていちおう整形された、その意味でそれなりの文明を持った社会、として区別することができるであろう。部族の長は昔から酋長などと呼ばれてきたが、現在では首長あるいは部族長と呼ばれることが多い。民族はその後いろいろな内容のものを指すようになったが、これまでの文脈をふまえて言えば、王国の形をとった民族の長が国王であると言えるであろう。したがって今日では、国王というか、王制を持たない民族も数多く存在する（以下は、庄司 2016a: II-4 の展開である）。

　宗教も、一つの民族が一つの宗教しか持たないとはかぎらないし、普遍宗教やそれに近い宗教は多くの国に普及したり、多くの民族に信奉されたりしている。ただ、一つの社会が王国をなし、国王が存在するばあい、その国はその国なりの宗教を含む集合意識で統合され、王はそれに基づく権威で君臨しているといえる。が、国が大きくなるにしたがって逸脱は避けがたくなるから、王は、国家の実態をなす家産官僚制をつうじて権力を行使し、すなわち支配し、多くのばあい軍隊をつうじて秩序を維持する。国王は軍隊で、国の治安を維持するとともに外敵を含む周囲から国を守り、農業や商工業を盛んにし、あるいは盛んにするために市

場を統制して、国を豊かにしようとする。いわゆる富国強兵は、近代以降王国にかぎらず多くの国によって目的とされたが、もともとすべての国の目標であったと言って良いであろう。王が君臨し支配する都市は首都すなわちミヤコと呼ばれ、国の権威と権力の拠点となる。

　こうした王国が接触したり相争ったりして、王国の併合がおこなわれ、社会の共同性が拡大し、階層性や階級性が複雑化し、高くなっていくのは、図で示した部族抗争のばあいと基本的に同じであり、その拡大版である。日本の戦国時代の場合には、争い合った国ぐにがそれぞれちがった民族のものであったとは言いにくいから、ここではヨーロッパ中世の王国形成と諸王国の争いのほうが例としてふさわしいかもしれない。しかしいずれにしても、このような王国の形成と争いはもっとプリミティヴな形でいたるところでくり返され、その結果、王国の規模をはるかに凌駕するような帝国、すなわち皇帝に支配される大社会ができていったのである。

　帝国は、西の例でいえば、ギリシャ・ローマ神話に基づく宗教の権威を借りた皇帝が、至上命令すなわちイムペリウムImperium を発して権力を行使しつつそれが届いた範囲を意味し、東の例でいえば、中国で、天帝の命すなわち天命を受けた皇帝がその権威と権力を行使した範囲を意味した。ローマ帝国はやがて、紀元前後に中東で生まれて普遍化していったキリスト教を国教とするようになり、中華帝国は、最初に全土を統一した秦では焚書坑儒をおこなって皇帝の意志を直接に集合意識化しようとしたが、長続きせず、前漢以後の帝国はさまざまな形で儒教を中心とする経典の編纂をくり返して、普遍宗教に近づけようとする。インドでは、前3世紀に仏教を普遍化しようとする帝国マウリア朝ができたが、長続きしなかった。7世紀になると中東からイスラームが起こり、世界中に帝国をつくり、中華帝国とともに20世紀まで残るオスマン帝国にまで、異なる宗教の自治を認めるミレット制を許容しながら、普遍化した。

## 人類史は帝国の抗争史

　帝国はこのように、キリスト教やイスラームなどの一神教的普遍宗教、仏教のように無神教的であるためにいろいろな土着信仰を包容する普遍宗教、儒教のように基本的に現世倫理でありながら超越事項にかんしては天信仰に依存する準普遍宗教、などを集合意識すなわち精神の装置として立ち上がり、さまざまな程度に複雑な家産官僚制をふまえてできるかぎり強大な軍隊をかかえ、帝国のミヤコとしての帝都を中心に広大化する版図内の農業と、未熟な工業と商業を市場の統制によって掌握しつつ、それぞれの地域世界を形成していった。帝国が膨張

しようとしたのは、人間世界のすべてを突き動かす「理念と利害」(Weber 1921-22=1972) の、理念からすれば、普遍宗教がすべての人間 ── 仏教でいう一切衆生 ── を救おうとしたからであり、利害からすれば、できるかぎり多くの社会を包摂し経済を活性化して繁栄しようとしたからである。しかし、すべての帝国は「地域」世界にとどまり、文字どおり世界を制覇することはできなかった。その理由はいうまでもなく、帝国の時代の生産力基盤が基本的には農業であり、限られていたからである。

　13世紀から14世紀にかけて中央アジアからユーラシア大陸に広がり、最盛期には地球上の陸地の25%を版図とし、人口1億を超えていたといわれるモンゴル帝国は、ある意味で帝国の極限を示している。遊牧民の社会から出たこの帝国は、単純な天信仰を精神の装置とし、百人隊、千人隊などといわれる、人と家畜を一体化した流動的生産力をそのまま武力に転化しつつ、ユーラシア大陸を縦横無尽に駆け巡り、ついには中華帝国を乗っ取って元を建国した。日本は元の襲来を気象条件に助けられてかろうじて回避したが、理念も不明確なままただ征服と膨張を目的とした帝国の襲来に、当時の武家政権は条件反射的に対応したものの、今日から想像できる本当の怖さは分かっていなかったのではないか。

　こうした極限例も含めて、帝国は、人類の歴史上地球上のいたるところにできた、いわば第一次の普遍社会である。ヨーロッパから始められた近代世界史[学] は、エジプトの諸王朝に文明の発端を見いだし、ローマ帝国にいたるまでそれを併合できなかったものの、中東と呼ばれた地域でさまざまな王国をふまえた帝国が興亡するのを追い、インダス文明からマウリア朝をへてムガール朝にいたるインドの諸王国・帝国を跡づけ、中国で夏殷周から春秋戦国をへて秦に始まり清にいたる中華帝国の交代を記述してきた。中東のことをオリエントと呼んだことからしても、ヨーロッパにはその東側を初め非ヨーロッパ世界にたいする見下した見方、いわゆるオリエンタリズムがあり続けたのは事実であるが、アメリカ大陸には、自ら滅ぼしたアステカやインカ以外にも、場合によっては紀元前にさかのぼって文明があったかもしれないことを認めるようになり、アフリカについてもエジプト以外にすでに紀元前から王国が存在したことを認めるようになっている。地域世界の存在と交流については、なお今後の研究を待たなければならない。

　帝国については他方で、大航海時代以降のヨーロッパ諸国についても語られてきた。大航海の先頭を切ったポルトガルとスペインはもともと王国であり、南北アメリカやアジアやアフリカに版図を広げて帝国化していった面がたしかにある。これに続いたオランダ、イギリス、フランスなどもそういう意味では、王国

が世界中に版図を広げて帝国化していった面がないとは言えない。しかし、もともと大航海には、地中海沿岸で発達した都市の市民たちが主役としてかかわっていたし、オランダ、イギリス、フランスではその後市民革命が起こり、新興の工業と商業を基盤とする市民たちが主役となって市民社会と国民国家をつくっていったのだから、これらの帝国は古代いらい地域世界をつくってきた帝国とはもはや異質なものというべきであろう。市民社会と国民国家の経済基盤は資本主義と産業革命であり、それは古代いらいの諸帝国の基盤となっていた農業をはるかに超えて、基本的には発展の限界を持たないものとなっていったからである。近代ヨーロッパ諸国の帝国づくりは19世紀の末から帝国主義となり、20世紀前半の二度の世界大戦をつうじて人類社会を絶滅の縁に立たせることになる。

# 4　都市から市民社会へ

### 帝都、都市国家、自治都市、市民革命

　帝国の拠点となった都市すなわち帝都では、皇帝とその家産官僚制、とりわけ軍隊の監視の眼が厳しく、市民たちは威圧されていた。

　紀元前12世紀以降、エーゲ海の周辺では帝国の支配がなく、この間に準備されたと思われる都市国家が前6世紀ころからギリシャで開花した。スパルタのような軍事都市もあったが、アテナイでは、彼らが自ら「民衆の支配」と呼んだ民主主義で自己統治がおこなわれ、哲学を初めとする諸学や、詩や演劇を初めとする芸術が花開いた。しかし、民主主義と諸学芸の元となったこの都市社会そのものは、市民たちがその基礎となる市場および経済に生産的にかかわろうとしなかったため、アリストテレスに学んだアレクサンドロス大王の短期の大帝国建設などにもかかわらず、その後、連続的な後継を持たずに途切れてしまった。

　つぎに帝国の支配が長期にわたって緩んだのは、ローマ帝国が東西に分裂し、西ローマ帝国が滅んだあとのヨーロッパである。フランク王国は、8世紀後半から9世紀前半にかけてカール（シャルルマーニュ）大帝の時代に帝国とも呼ばれうる勢いを示したが、長続きせず、その後の神聖ローマ帝国は名ばかりの帝国の代名詞のようになって、ヨーロッパは中世に入った。そのなかで11〜12世紀にいわゆる商業ルネサンスが起こり、経済的に力をつけた諸都市が自治都市へと発展し始めた。北イタリアや北ドイツなどヨーロッパ要所に集中して発展した自治都市で市民たちが成長し、ポルトガルとスペインの王室が先頭を切った大航海に乗って、彼ら自身も予想していなかった世界一体化への大冒険に乗り出していくことになる。

諸国乱立で非帝国化の進んでいた中世ヨーロッパを、宗教の面からかろうじて帝国として維持しようとしていたローマ・カトリックへの反乱、すなわち宗教改革運動が、市民たちのこの動きを後押しする。すでに14世紀から西ヨーロッパやイギリスで起こっていた農民一揆は、教皇のバビロン捕囚や教会大分裂などとあいまってカトリックの権威を弱め、15世紀末の大航海開始のほとんど直後に始まったルターの宗教改革を、ヨーロッパ中に広めていくことになった。ルターのいわゆるベルーフ（召命すなわち職業）の概念が、市民たちの多くを奮い立たせたことはまちがいない。ローマ・カトリックに抗議する運動すなわちプロテスタンティズムは、とくにスイスのカルヴァンの流れをつうじてイギリス農村部に入り込み、そこで初期資本主義の事業に着手していた人たちに生活倫理すなわちエートスを植え付けるが、ピューリタニズムそのものは、イギリス王国の王都であった大都市ロンドンで、下層の民衆にまで浸透し、一体化し始めていた世界を根底から造り直す大革命、すなわち市民革命に道を開いていく。

　帝国の構成が、それ自体を突き崩していった大変革の過程を確認しておこう。帝国を立てる精神装置であった宗教のうち、普遍宗教のキリスト教が、自らの教えに反する実利追求をつうじて、その反動としての改革を呼び起こし、ローマに集中させようとしていた宗教心を改革者に奪われ、この宗教の個人化・内面化はやがて宗教そのものをも否定する無神論までを生み出すことになる。カトリックは、それに対応する国家すなわち家産官僚制を一元化することができず、宗教改革とも絡んで乱立した国家間の争いが、やがて民主主義というまったく逆の精神に基づく国家への道を開く。この間に、市民たちが大航海と絡めて市場をいっきょに普遍化し、いわゆる大転換を引き起こして、一体化した世界の諸社会がそれに振り回されることになる。都市はもはや一元化されえず、市民社会をもとに立てられた国民国家の首都を中心とする諸都市が、世界の文化、政治、経済、および社会のヘゲモニーをめぐって壮絶な争いを繰り広げることになる。

### 市民革命による市民社会の形成

　市民革命はイギリスで、1215年のマグナ・カルタ以降、貴族たちが王の横暴を抑えようとしてきた流れに、少しずつ力をつけてきた市民たちが乗る形で始まる。17世紀に入って、王権神授説で専政を続けていた王を抑えようと、1628年に「権利の請願」が採択されたが、効き目がなかったため、40年に開かれた議会が長期化し、国王派と議会派の対立が激しくなるなかクロムウェルが軍隊を改革し、議会派が長老派と独立派に分かれるなか後者に乗りつつ、ロンドン市民のなかの急進派レヴェラーズを利用して、49年にかれらの眼前で国王を処刑する。これ

がいわゆるピューリタン革命の頂点で、クロムウェルはこのあと独裁化し病死したが、そのあとを狙って王政復古がおこなわれ、王権が強化されようとしたため、88年から89年にかけて貴族と市民たちは王を追放し、その長女メアリーと夫のウィレムをオランダから呼んで「王は君臨すれども統治せず The Sovereign reigns, but does not rule.」の原則を認めさせた。このいわゆる名誉革命で、権利の請願は「権利の章典」となり、その後の市民革命の典拠となっていくのだが、この過程で保守派トーリーと進歩派ホウィッグは、レヴェラーズの流れをくむ市民のなかの急進派を抑えるために妥協している。

　しかし、議会制民主主義と権利の章典を確定したこの革命は、その後植民地アメリカの植民者たちに伝わり、1世紀かけて、近代史上画期的な植民地の独立と新しい共和国の形成につながった。イギリスの一方的な扱いに不満を募らせていた植民者たちは、1765年の印紙税要求に「代表なくして課税なし」と反発し、73年には茶の輸入にたいする課税に反対してボストン茶会事件を起こし、74年にはフィラデルフィアで大陸会議を結成して、75年にはこれを事実上の政府として独立戦争を起こす。こうした動きは常識であるとしたトーマス・ペインの『コモン・センス』が刊行され（Paine 1776=1976）、独立宣言が出されたのはこの翌年の1776年である。独立戦争は83年に講和に持ち込まれ、88年に連邦憲法が出され、89年にワシントンを初代大統領とするアメリカ合州国が誕生した。憲法では当然のこととされていたものの、確認のためあとから付け加えられた「修正10ヶ条」では、権利の章典の流れをくむ人権宣言が簡略かつ明確に示されている（高木・末次・宮沢 1957）。くり返すが、市民革命が植民地の独立を認めさせ、王国ならぬ共和国を建てたのは画期的である。しかし、ずっと後になって気づかれることだが、この時は、この独立革命に関与した植民者たちのなかに、先住民のことはもとよりアフリカから連れてこられた黒人奴隷たちのことは眼中になかった（Zinn 1995=2005）。

　が、この画期的な独立革命は、ヨーロッパ大陸に跳ね返り、諸国の市民と民衆を刺激する。フランスでは絶対王制のあと旧体制の矛盾が深まっていたため、いったん革命が起こると徹底したものになった。1789年7月14日の民衆によるバスティーユ襲撃のあと、8月6日には封建的特権が廃止され、26日には「人および市民の権利の宣言」が出される（高木・末次・宮沢 1957）。この宣言は、アメリカのものよりさらに明快で普遍的なもので、自由・平等・友愛に基づく社会の基礎を17条にわたって明記しており、今日にいたるまで人権宣言のモデルとなってきた。フランスはこれをもとに92年に共和制に移行し、93年初頭に国王その他を処刑して、急進派ジャコバンの独裁に入る。ここまでの過程で実質上の

主役となったのは、イギリス革命のさいのレヴェラーズに対応するような、サンキュロットと呼ばれたパリの民衆であった。急進派の独裁は94年のクーデターで覆されるが、その後も政権は安定せず、99年には軍人ナポレオンの独裁に移行する。天才軍人ナポレオンの度重なる遠征でヨーロッパ中が戦争に巻き込まれたが、そのおかげで市民革命の理念は普及し、ナポレオン没落後の反動をも超えて、ヨーロッパ諸国の市民社会化は進んでいくことになる。

　領邦に分かれていたドイツは、1848年の三月革命のあと時間がかかったが、ようやく71年に統一国家となり、宰相ビスマルクのもと、ドイツ帝国憲法と帝国議会および連邦参議院を制定して、急激な近代化に入る。ほぼ同じ頃の極東で、日本が68年に明治維新をおこない、天皇制と藩閥政治をふまえながらも統一国家となり、89年には大日本帝国憲法を発布し、90年には貴族院と衆議院とからなる二院制の議会を開設して、近代化に邁進する。これら両国は、近代化の遅れていたロシアとも並んで帝国を名乗ったが、その基礎は不完全ながらも資本主義であり、市民革命の世界的普及が生み出した不完全な市民社会であった。不完全な市民社会のうちドイツと日本は、1870年にようやく統一国家となったイタリアが、1920年代に「ファシズム（全体主義）」の名称と体制を生み出すと、ナチズムや軍国主義の体制でそれと同盟を組み、第二次世界大戦では英仏米と戦うことになる。他方、20世紀に入って「社会主義」革命を起こしたロシアは、ソヴィエト連邦となって英仏米と連合し、日独伊と戦うことになる。そもそも帝国とは何であったのか。それにたいして、市民社会とは何なのか。市民社会が不完全であるとはどういうことなのか。

## 市民社会の構成 ── 科学技術の威力と無力

　帝国が、宗教を精神の装置とし、社会統合というその機能からすれば宗教の物質化ともいえる国家、すなわち軍隊と徴税やその他社会調整をおこなう家産官僚制を物質装置として、市場と農業その他産業を統制しつつ、帝都その他の都市を中心に可能なかぎり版図を広げようとした、人類史上の一次普遍社会であることを、これまで述べてきた。それでは、帝国の支配力の弱まった都市から成長し、それ自身帝国を名乗ったりしながらも、市民革命をつうじて繁殖し、たがいに争い合いながら、それまでの帝国を次つぎに滅亡させつつ、近現代をつうじて世界を支配するようになった市民社会とは、どんな社会なのか。

　市民社会が、都市から、市場を世界に広げ、やがて産業革命を起こしてさらに広げ、その過程で社会の範囲で革命を起こして国家を改革するか、新たに起こし、民主主義でそれを運営しながら、科学技術を中心とする新たな文化を創出してき

たことは、今日よく知られている。このように、その創出は都市 → 市場 → 国家 → 文化というふうに進んだので、帝国の形成とは逆の道がたどられたようにみえる。いわば市民社会の形成は、のちに市民たち自身が気づいたように、物質的なものから精神的なものへと唯物論的に進んだのであり、それ自体が帝国の形成を根底から覆すようなものであったのである。このことが、市民社会が養成してきた知識人たちに気づかれたのは、18世紀後半から19世紀前半にかけてのことであり、それはとりわけ、市民社会が創り出してきた経済 —— 世界市場を前提にした商品生産としての近代資本主義 —— の矛盾の集約とみえた労働者、すなわち近代プロレタリアートの立場に立った知識人によって、唯物論的な歴史観つまり唯物史観として表明された（Marx 1959=1956; Marx 1867-94=1967）。この文脈で、「宗教は民衆の（眼を真の社会構造や支配構造からくらます）アヘンである」と言われたこともよく知られている。

　しかし、19世紀の後半から20世紀をへて21世紀の今日にいたる経過を見ると、ことはそれほど単純ではない。宗教は有害であり、不要であるとみた「科学的社会主義」の思想と運動 —— イデオロギー —— は、1871年のパリ・コミューンなどから教訓を引き出し、20世紀に入ってロシアで革命を起こし、その影響を広げてソヴェート連邦を形成し、第二次世界大戦後には東ヨーロッパやアジアやキューバにまでその影響を広げたが、アメリカを先頭とする資本主義陣営と半世紀ほど一部熱戦を含む「冷戦」で厳しく対立したあげく、1991年に崩壊してしまった。中国やヴェトナムは「社会主義」の旗を降ろさないまま、現実主義的な経済成長を続けている。他方で、キリスト教やイスラームなどの一神教および仏教や儒教などは、世界中になお多くの信者をかかえている。唯物論的に構成されたかにみえる市民社会との関連で、これらの諸問題はどう理解されるべきなのであろうか。

　市民社会の構成との関連で、もっとも注目されるべきなのは、その集合意識あるいは精神的な社会統合の装置である。帝国にいたるまで基本的に宗教の果たしてきた役割を、市民社会では、なにが果たしてきているのであろうか。唯物史観は宗教にたいして科学を対置したが、科学はたしかに、人間社会が生きる世界の実態を実験的かつ実証的方法で明らかにし、多くの宗教がかかえてきた世界認識の不完全さを徹底して克服する方向に道を開いた。それによって人間は、世界を、広い意味での技術によって、自分たちが生きていくのにより良い方向に改善し、地球の表面に現れている自然の姿を大幅に変えてきた。地質学は21世紀に入って、地質時代すなわち地球の年齢46億年のうち、最新の顕生代5.41億年、さらにそのなかの最新の新生代0.66億年のうちの第四期258万8千年を、更新世257

万6300年と完新世1万1700年とに分けてきたのに追加して、あらたに人新世が始まったと主張するようになった。その開始を産業革命から現代にいたる200～300年のあいだのどこに置くか、諸説あるようであるが、とにかく市民社会は地球の表層をそれほどまでに変えてきてしまっているのである（篠原2018）。

　しかし、科学は、人が皆、いずれかのセクシュアリティ、肌の色を初めとする身体的諸特徴、得手不得手などなどの属性を持って生まれて育ち、数年から数十年、長くても百年あまり生き、やがて皆死んでいくという、実存哲学のいう限界状況にかんしては、さまざまな事実などを解明することはあっても、それらをふまえて、いかに生きるべきか、については本質的なことはなにも教えるわけではない。人の世で遭遇するさまざまな不条理や死後の世界などなどのことについては、多くの人びとは依然として宗教などに頼らざるをえないのである。それにもかかわらず市民社会は、なぜこれほどまでに世界に広まってきたのか。

## 5　市民社会の世界制覇

### 市民社会と植民地主義

　市民社会が世界に広まったのは、それが都市から出て、世界に市場を広げつつ、国家を改造して国民国家とし、それに国民主義すなわちナショナリズムという精神装置を結びつけ、市民を国民として動員して、対抗者と戦争をくり返しながら、対抗者となりえない旧帝国を破壊し、それらやその人民を植民地や従属国にしていったからである。この意味で、市民社会の世界制覇は、たがいに強め合う二つの過程として進行した（以下は、庄司2016a:II-5の展開である）。

　第一は、市民社会の植民地づくりである。15世紀末から大航海に乗り出し、南北アメリカ大陸やアジアを植民地化していく先頭を切ったのはポルトガルとスペインであるが、これら両国は、ヨーロッパ諸都市で育った市民たちの力を借りたものの、自らの内部に市民たちを育て市民革命を起こしていったわけではない。16世紀から17世紀にかけてスペインに反抗し、1648年のウェストファーレン条約で独立したオランダは、その意味で市民の動きの先駆けである。しかし、すでに見たように、この時すでにイギリスではピューリタン革命が起こっていて、その後の王政復古をへて、イギリス市民はオランダに嫁いでいた王の長女とその夫を呼び戻し、立憲君主制につながる名誉革命を完成させた。その後のイギリスは、北アメリカの植民地化でフランスと争ってアメリカ合州国のもととなる13植民地やカナダを獲得し、アジアでは、インドネシアの獲得でオランダに敗れたのちインドシナ半島の西半分からインド亜大陸を獲得し、オーストラリアや

ニュージーランドの植民地化にも乗り出していく。

　フランスは、絶対王制の威光にすがりついて国内改革を怠っていたため、北米やアジアでの植民地獲得競争でイギリスに敗れたばかりでなく、18世紀末にイギリスのものよりもさらに徹底した市民革命に見舞われざるをえなかった。革命後のナポレオンはヨーロッパ中に戦争を広げたのみならずエジプトにも手を伸ばし、レセップスによるスエズ運河建設の元をつくったが、ナポレオン凋落後のフランスは、他のヨーロッパ諸国からの牽制を受け、世界進出もままならなかった。18世紀の北アメリカでの敗退に続いて、19世紀にはインドの植民地化でもイギリスに敗れ、かろうじてインドシナ半島の東半分を傘下に入れたのち、19世紀後半から20世紀にかけては、イギリスと他のヨーロッパ列強をも交えたアフリカの植民地分割や、20世紀に入り世界制覇の争点となった中東をめぐってイギリスと争ったり、密約を交わしたりする。

　すでに見たように18世紀末に独立したアメリカ合州国は、短期間に成長を遂げ、1823年には第5代大統領ジェームズ・モンローのモンロー教書により、ヨーロッパとアメリカ両大陸とのあいだの相互不干渉を提案し、ナポレオン後ウィーン体制下のヨーロッパから中南米に延びてくる干渉の手を払いのけようとした。このため、中南米における植民者たちの、アメリカの独立をモデルにした独立運動が強まることになる。スペインやポルトガルが中南米の植民地に干渉しようとした動きは、イギリスも自らの利益に沿わないとして妨害したので、中南米諸国の独立の動きは進み、メキシコのように先住民の血を引く大統領が生まれるケースも出てくる。こうした動きをふまえてアメリカ合州国は、19世紀末から20世紀にかけてキューバを自らの植民地とし、さらにはスペインに戦争を仕掛けて、遠くアジアのフィリピンを植民地とするまでになっていく。こうしてヨーロッパから発した市民社会は、イギリス、フランス、および旧イギリスの植民地であったアメリカ合州国とで、19世紀の末までにヨーロッパ以外のほとんどの地を植民地化してしまった。

　近代化と近代国家の建設におくれをとったドイツとイタリアが、ようやく19世紀の末になって植民地獲得競争に割り込んできて、獲得した成果は少ない。ドイツは、ニューギニアなどの太平洋諸島、南西アフリカや東アフリカや西アフリカの一部、中国の一部などに植民地をつくったが、第一次世界大戦での敗北ですべてを失った。イタリアは、19世紀後半の国家統一後、東アフリカの一部を植民地化し、エチオピアをも植民地にしようとしたが、第二次世界大戦ですべてを失った。

　東アジアで重要なのは日本である。すでに見たように日本は、非西洋世界で

はほとんど唯一植民地化を免れ、19世紀末までに憲法と議会を制定して欧米諸国に対抗しようとした。1894〜95年には当時の大帝国清と戦争して台湾を植民地にし、1904〜05年には当時の大国ロシアと戦争して朝鮮半島の事実上の支配権を獲得し、1910年にはこれを全面的に植民地にした。そのあと日本は中国東北部に侵出し、32年には傀儡政権として満州国を建て、当時の国際連盟がこれを批判して撤退を勧告すると、連盟を脱退して侵略を進めようとする（満州国と日本の社会学のかかわりについては本書の佐久間孝正論文を参照）。中国にたいする日本の侵略行為は、このあと南下して上海事変や南京大虐殺や重慶無差別爆撃などに拡大し、東南アジアへの拡大をにらみながら、局面打開のためアメリカとの戦争に踏み切った。その結果が1945年の敗戦であり、すべての植民地属領の喪失に加えて沖縄と北方領土の被占領である。

　沖縄はのちに返還されるが、在日米軍基地の4分の3をかかえさせられたままの状態になっている。他方、北方領土を占領したのはソ連であったが、すでに述べたようにソ連は第一次世界大戦後に「社会主義」に転換しており、第二次世界大戦では英仏米と連合していた。社会主義はほんらい市民社会の資本主義を乗り越えた経済のはずであったが、不完全な資本主義の状態から政治的に強引に生み出されたソ連の「社会主義」は、とうていその本来の名に値するようなものではなく、一部で「国家資本主義」ともいわれたように、いわば後進的な市民社会の変形であった（Cliff 1974）。また、すでに述べたように、ドイツとイタリアと日本は後進形の市民社会であった。市民社会は、イギリス、フランス、アメリカの先進形が独伊日の後進形と抗争しながら、ソ連の変形と同盟したり対立したりしつつ、欧米日いがいの世界のほとんどの国や地域を植民地や従属国にして成り立ったのである。

## 国民国家とナショナリズム

　市民社会は、植民地主義によるこのような世界制覇を、どのようにして成し遂げたのか。たがいに強め合う過程の第二は、国民国家の創出とナショナリズムの醸成によるその効果的な運転である（Anderson 2006=2007）。ナショナリズムについては大澤真幸の大作があるが（大澤 2007）、ここでは市民社会とナショナリズムの関係を問題にしよう。

　イギリスは、ピューリタン革命で王を処刑し、一度は王制を廃したのだが、復古した王制を名誉革命では残し、「王は君臨すれども統治せず」の立憲君主制にした。これは、レヴェラーズのようなラディカルな都市下層民を抑えるための妥協であったが、同時に国民集中の人格的対象を残し、できるだけ多くの国民をま

とめて国家の力を発揮させるためでもあった。国家の力とは、直接には軍事力であり、間接にはそれを支え続けていく経済力である。そして、経済力を生み出していくのは、人びとのコミュニケーションである。大航海時代に入った16世紀以降、ロンドンを初めとする諸都市にはアメリカやアジアからの富が流れ込み、それを狙って諸地方から人びとが集まってきていた。さまざまな方言を話す人びととのやり取りから近代英語の基礎ができてくるとともに、同一言語を話す人びとの「想像の共同体」ができていく。シェークスピアの時代である。17世紀の市民革命は、こうしたコミュニケーションの蓄積のうえでこそ、可能になったのである。イギリスで選挙権が拡大していくのは19世紀の後半以降のことなので、都市下層のみならず多くの国民にまだ選挙権はなかったのだが、多くの人びとが都市を中心に拡大していく分業体制に組み込まれ、労働と消費のネットワークをつうじて国民主義すなわちイギリスのナショナリズムの渦に巻き込まれていった。

　イギリスの植民地であったアメリカでは、すでに見た独立と近代最初の共和国創成の過程で、ペインのようなイギリスからやってきた論客の援護を受けながら（Payne 1776）、「ヴァージニア権利章典」（1776）、「独立宣言」（1776）、「アメリカ合州国憲法」（1788）、「合衆国憲法修正10ヶ条」（1791）などを発し、人権宣言と共和制国家像そのものを統合のシンボルとするナショナリズムが形成されていく（高橋編 2007; 高木・末延・宮沢編 1957）。アメリカのナショナリズムが、旧宗主国イギリスを含むヨーロッパを意識しつつ中南米をカヴァーする形で出されたのが、ヨーロッパの中南米への介入を拒否するという1823年のモンロー教書であったと言えるであろう。もちろんこのナショナリズムには先住民はもとより黒人奴隷たちのことも、さらには女性たちのことも考慮されていなかったので、のちにアメリカは内戦を賭けてまで奴隷解放をおこない（1863年）、20世紀に入って連邦レベルで女性に参政権を与えることになる（1920年、Zinn 1995=2005）。

　フランスは、イギリスに較べて絶対王政の最盛期が遅れ、太陽王と呼ばれたルイ14世（在位1643-1715）まで待たねばならなかったため、フランソワ・ラブレーによって基礎がつくられ、コルネイユ、モリエール、ラシーヌの三大劇作家らによって近代フランス語が形成されていたにもかかわらず、下からのナショナリズムの形成が遅れた。それだけに1789年以降の市民革命は激しいものとなったわけだが、ジャコバン派のラディカリズムが抑えられ、その後の政情が安定しなかったために登場したナポレオンの軍事独裁をつうじて、フランスのナショナリズムは国内的に固められたばかりでなく、国外にたいしても各国にたいし旧体制を打破し、近代国家を創設してそれをナショナリズムで支えるよう要求する効果を持ったと言えよう。ナポレオン戦争はフランス・ナショナリズムの爆発であ

り、膨張であったとともに、周辺のヨーロッパ諸国に国民国家とナショナリズムの形成を促したのである。

　ドイツは、時間がかかったが、1848年の三月革命でようやくきっかけをつかみ、プロイセンを中心とする統一国家の形成に向かっていく。すでに1841年、フリードリッヒ・リストは『経済学の国民的大系』を著し、産業革命を迎えてイギリス・ナショナリズムの宣言となったアダム・スミスの『諸国民の富』(1776) にたいして、万民経済には「国民経済」を、自由貿易には「保護貿易」を、それらの実現のために自国の実情を重視する「歴史学派」的経済学を、訴えていた (List 1841=1970)。ドイツが、フランスとの戦争で勝利したプロイセンを中心に統一国家を形成し、カリスマ的指導者ビスマルクのもとに「社会政策」で社会主義の浸透する労働者をも包摂しながら、リヒャルト・ワーグナーの楽劇に象徴される強烈なナショナリズムを展開していくのは、1870年代以降である。カリスマ・ビスマルクをも超えて強靱化していったドイツのナショナリズムは、オーストリア・ハンガリー帝国を巻き込んで第一次世界大戦を惹き起こしていく。

　マッツィーニやガリバルディの活躍で有名なイタリア統一運動（リソルジメント）は、1871年にローマ教皇の最後の拠点ヴァチカンまでを併合して王国として成立したが、その後の教皇庁との関係や国内の整理統合はうまく行かず、イタリア・ナショナリズムの一本化と強靱化は難航した。それにもかかわらずドイツと張り合って、英仏の帝国主義抗争に参入しようとしたことが、第一次世界大戦では敗戦国とならなかったにもかかわらず、戦後の社会情勢を不安定化し、イタリアを第二次世界大戦への導線の一本にした理由であったと言えよう。不完全な市民社会としてのイタリア・ナショナリズムの寄与は、1920年代にベニート・ムッソリーニをして「ファッショ（結束）」という用語を魔術化させ、ファシズムという政治体制の呼称を世界に広めたことである。

　東アジアの日本における国民国家とナショナリズムの形成は、ひときわ熱狂的なものであった。かろうじて欧米諸国による植民地化を免れ、1890年までに憲法と議会を制定した日本は、94〜95年には清と戦争して台湾を植民地化し、1904〜05年にはロシアとの戦争に勝利して韓国支配を強化し、10年には韓国を併合して植民地化するにいたる。この過程をつうじて日本では中国と韓国にたいする蔑視の感情が強まり、1885年いらいの福沢諭吉の脱亜論も、興亜論から大東亜共栄圏構想に展開していく流れに呑み込まれて、日本を盟主とする東アジアという拡大ナショナリズムに異常肥大化していく。そしてこの日本のナショナリズムが、ドイツのナチズムおよびイタリアのファシズムと結びついて、日独伊防共協定から三国同盟になり、第二次世界大戦を惹き起こしていくのである。

## インターナショナリズムの困難とナショナリズムの強靱さ

　すでに1で見たように、19世紀後半から20世紀にかけて盛り上がった国際労働運動は、労働者階級には国境などないとして国際主義（インターナショナリズム）を高らかに主張したが、第二インターは第一次世界大戦をまえに各国労働運動のナショナリズムで事実上瓦解した。ロシア革命後にはソ連を中心に共産主義インターナショナル（コミンテルン1919-1943）が組織され、各国の共産主義運動を支援しようとしたが、ソ連がまずソ連だけの社会主義を目指す一国社会主義の立場に立つようになってからは、その方針で各国の運動を振り回すようになり、本来の意義を失った。第二次世界大戦後、後継組織として共産党・労働者党情報局（コミンフォルム1947-1956）がつくられたが、これもソ連中心のものとなり、スターリン批判とともに廃止された。これに対抗して西側の社会主義政党の連帯組織として社会主義インターナショナル（1951- ）が組織され、これは今でも存続しているが、労働者階級の国境を越えた連帯を強く訴えるような組織ではなくなっている。「市場社会主義」で経済成長を続ける中国は、今でも共産党大会のさいに「インターナショナル」を演奏しているが、そのアピールや政策などで労働者階級の国際的連帯を強く呼びかけるようなことはない。

　労働者階級のインターナショナリズムはなぜこれほどまでに困難なのであろうか。それは、これまでに見てきたように、市民社会が国民国家としてまとまり、早くまとまったもの同士で争いながら市民社会になりえないでいる帝国やその属領を植民地にし、世界を制覇してきたからである。国民国家をより強大なものにするために、市民社会は、ナショナリズムという精神装置を発達させ、それによって資本家や経営者ばかりでなく、いや誰よりも労働者を動員した。産業革命をつうじて、資本家・経営者と労働者の階級対立が鮮明になる。それをふまえて、マルクスなど自ら「科学的」と考える社会主義者が、労働者が搾取されているという国境を越えた現実を指摘し、労働者たちの国境を越えた団結を訴えた。しかし、国民国家はすでに資本家・経営者ばかりでなく労働者もナショナリズムという精神装置のなかに巻き込んでいた。

　ナショナリズムとはなによりもまず言語である。イギリスでは、労働者も、「上品」ではないかもしれないにしても英語を話し、そのことをつうじて歴史と文化を共有している。たしかに、科学的に見れば、資本主義のもとでは労働者は資本家・経営者によって働かせられ、搾取されている。その現実が国境を越えて広がりつつあることに労働者が気づき、国境を越えて発展しつつある資本主義という大きな経済活動体の意味に気づけば、国境を越えた団結もできるかもしれない。じじつ、労働組合活動などをつうじて、そういう労働者たちも増えつつあっ

た。しかし、大多数の労働者は日々の労働と生活に追われ、自分が置かれている現実の広がりや意味などにまでは思い及ばない。そこに、祖国の危機だ、戦争だ、などという宣伝で国家から煽り立てられれば、ついそれに乗ってしまうのである。

これまでに見てきたように、市民社会は都市に発し、世界に市場を広げながら、国家を宗教から解放し、世界を科学でとらえようとする方向に動いていた。しかし、宗教から解放した国家を科学で運営していくとはどういうことなのか。資本家・経営者のみならず労働者を含む市民たちのあいだに教育が普及し、労働者たちまでが科学のなんたるかを知るようになり、それを含む知識で国家を動かす議会の議員までを選んだりするようになっていくのは、イギリスでも産業革命のあと数十年もたってからのことである。20世紀から21世紀にかけて科学技術は、宇宙の成り立ちや構造から生命と生物の遺伝子的仕組みにいたるまでを解明するようになってきたが、社会や国家の複雑さやそれらを支える人間の死の必然性など、いわゆる実存的あり方については思うような進歩はなしえていない。どの国でも人間は、どうにもならなくなると、個人としては多くのばあい宗教に頼ることが多く、国の単位ではナショナリズムに動かされてしまうことが多いのである。宗教やナショナリズムという精神装置から解放されるために、人間はさらに、市民社会そのものを乗り越えなければならない。

# 6　市民社会と民主社会

## 植民者の独立から植民地民衆の独立へ

市民社会は国民国家を立ち上げ、争い合いながら帝国やその属領を植民地化していったが、その動きにたいして最初に反乱を起こして独立したのは、市民社会として先頭を切ったイギリスの植民地アメリカであった。主としてイギリスからやってきた植民者とその子孫たちが宗主国に反抗し、イギリス市民革命の遺産を継ぎ、さらにその先に行こうとする構えで自分たちの共和国を立ち上げたのである。そのため彼らには当初、先住民やアフリカから導入した黒人奴隷たちへの配慮はまったくなく、奴隷解放や先住民征服の是非などが問題にされるようになるのは、そのあと半世紀、さらには1世紀以上もたってからであった。アメリカが19世紀後半から20世紀にかけて世界をリードする強国となったこともあって、21世紀の今日ですら、アメリカ独立革命が近代における植民地解放革命の発端であったという認識は、必ずしも一般的でない（以下については、庄司2016:I-5）。

しかし、このアメリカの独立革命は、フランス革命とナポレオン戦争後のヨーロッパの影響も重なって、スペインとポルトガルの植民地であった中南米地域に

影響を及ぼし、まずフランスの植民地となっていたハイチが史上初の黒人共和国として独立し、その影響もあってシモン・ボリバルやホセ・デ・サン＝マルティンらの指導のもと、南米からメキシコにかけての植民地が次つぎに独立する。これらは、最初は植民者たちの子孫クリオーリョたちの先導によるものであったが、中南米では、クリオーリョと先住民インディオおよびアフリカから奴隷として連れてこられた黒人たち、さらには彼らのあいだの混血であるメスティーソ、ムラート、およびサンボたちとのあいだに、アメリカにあったような厳格な人種差別がなかったため、植民者とその子孫たちの独立運動は、植民地化された人びとと奴隷として連れてこられた人びと、すなわち植民地民衆のあいだに連続的に浸透し、メキシコでは19世紀半ば過ぎに先住民出身の大統領ベニート・フアレスが誕生した。

19世紀の末から20世紀にかけて独立運動がアジアに広がると、植民地解放運動は最初から植民地民衆の自己解放運動となる。まずフィリピンは、スペインの植民地であったのをアメリカが自らの植民地にしようとすると、これを機会に共和国化しようとする民衆の大反乱が起こり、米比戦争で60万人もが虐殺されたとされている。この動きは、東南アジアを挟んで一方では中国に、そして他方ではインドに広がって行き、孫文を指導者とする中華民国の建国から毛沢東を指導者とする中華人民共和国の建国へ、さらにはガンディーを指導者とするインド亜大陸の独立へとつながっていった。日本が植民地化していた台湾と中国本土、および朝鮮半島は、独立後分断されたままの状態で現在に及んでいるが、東南アジア諸国は第二次世界大戦後次つぎに独立し、南北に分断されたヴェトナムは、フランスに代わって乗り出してきたアメリカとも徹底的に闘い、1975年についに全土統一の形で独立を達成した。

第二次世界大戦後、植民地解放運動は中東からアフリカにもおよび、中東には古代ペルシアいらいの王朝交代史を持つイランをのぞいてアラブ連盟が結成され、米英の後押しでイスラエルが建国されることによって生じたパレスティナ問題をかかえながら、それぞれの独立国家をめざしていく。産油国とそうでない諸国とのあいだの巨大な差をかかえ、共通の自己表現方法であるイスラームにもシーア派とスンナ派の対立をかかえながら、なんとか中東イスラームとしてのまとまりを維持していこうとするが、親米近代化路線を取ろうとしたイランではイスラーム原理主義による革命が起こり、原油による巨万の富と聖地メッカの所在などで王族支配を維持しようとしてきたサウジアラビアからは、不明瞭な形でテロリズムが世界に広まる。ブラック・アフリカではアフリカの年1960年の前後に続ぞくと独立国が生まれ、アフリカ統一機構が結成され、長くそこから排除さ

れていた南アフリカでも、ネルソン・マンデラらの粘り強い闘争の結果、90年代には人種隔離政策（アパルトヘイト）も核兵器も廃棄され、経済発展の基礎が築かれるようになる。

　このように植民地の独立すなわち植民地解放運動は、アメリカから中南米に波及していくうちに植民者の独立から、奴隷として導入された人びとをも含む植民地民衆の独立運動になり、アジアから中東・アフリカにまで広がって、20世紀の終わりまでに世界の意味を変えたのである。植民者の独立運動として先頭を切ったアメリカが、その後ヨーロッパ市民社会に加わって自ら植民地をつくっていったのも深刻であり、アジアで唯一植民地化を免れた日本が近隣諸国を植民地化し侵略したことも深刻であるが、イギリス、フランスなどヨーロッパの「先進」市民社会がインドやヴェトナム、アルジェリアなどの植民地解放運動を抑えようとしたことも深刻である。市民社会は自ら、植民地をふまえていたという意味で徹底した民主社会ではなかったことを暴露し、アメリカにいたっては膨大な量の兵員と兵器をつぎ込んでヴェトナムの統一と独立を最後まで妨害し、しかも完全に敗北することによって、市民社会の醜態を世界にさらした。21世紀はこうして、限界を暴露した市民社会と、従属国や植民地から独立した新興諸国・途上諸国との対立を大きな軸に世界史の巨大な転換に向かっていくことになる。

### 社会主義の限界と地球環境問題

　市民社会の意義と限界を問うたもう一つの動きは、ロシア革命後ソヴェート連邦として大国化し、東ヨーロッパからアジア、さらには中南米の一部にすら広がる社会主義世界を築いた社会主義の運動であった（以下は、庄司 2016a: I-4 の展開である）。社会主義はもともと、市民社会が掲げた自由・平等・友愛のうち、自由が豊かな市民たちの際限のない営利事業を許す結果となり、富裕市民と一般市民との巨大な格差を生み出したことから、それに反対して平等を追求しようとした運動である。ソ連では、このために労働者・農民・知識層を代表するとされた共産党が権力を集中して一党独裁の体制をしき、自由な市場を廃止して、国家が国家計画で経済全体を統制する仕組みをつくって、それをつうじて富の平等化を初めとする広範囲な平等化を図ろうとした。しかし、この体制は、権力を集中した共産党を特権階級化する結果となり、経済的および社会的な平等化につながらなかっただけでなく、政治的自由を押さえ込んだことから体制全体を硬直化することとなり、一般民衆だけでなく党員そのものの活気ややる気を失わせることになって、行き詰まってしまった。1985年に登場したミハイル・ゴルバチョフは、この体制によくぞ残っていたと思わせるほど本気の民主主義者であったが、レー

ニンいらいの政治主義を引き継ぎ、上からの政治の力で改革を進めようとするばかりで、経済構造を基底とする社会体制全体を変えることはできず、けっきょくソヴェート体制そのものが崩壊してしまった。

　そればかりではない。ゴルバチョフは、「ペレストロイカ（改革）」と併行して「グラスノスチ(情報公開)」を掲げ、それまでなにかと不明なことの多かったソヴェート体制の内部を世界に公開して、世界の意見を聞きながら改革を進めようとしたのだが、あらためて公開されてみると、その実情は予想以上に遅れており、社会主義に期待していた多くの人びとを裏切るものであった。そのもっとも重要なものが環境問題である。環境問題は資本主義世界ではすでに1960年代から大問題になっており、利潤追求先行の企業活動のやり方が批判され続けていたのだが、そうではないはずの社会主義の事業活動が、その技術的遅れや政府の官僚的統制のためなどで、多くのばあい資本主義世界におけるよりもさらにひどいことが明らかになってきた。それを劇的に示した大事故が、1986年のチェルノブイリ原子力発電所事故である。この事故は、1979年にアメリカで起こったスリーマイル島原子力発電所事故（レベル5）よりもさらに深刻なもの（最悪レベル7）で、4000人の死者を出したと判定され、ウクライナ北部で起こったためにヨーロッパ一円に甚大な放射能被害をもたらした。ソ連は、その体制を改革しながらこの大問題を解決していくべきものとみられたが、ペレストロイカはソ連に依存していた東欧諸国に自立を促し、この働きかけを理解できなかった東欧諸国は1989年にあいついで崩壊し、その影響がソ連自身にも及んで、けっきょくは91年にソ連も崩壊し、ソ連東欧社会主義の崩壊となってしまった。

　環境問題は、市民社会が最高理念として掲げてきた自由・平等・友愛からすれば、この三理念が人間間のことしか問題にしていないのにたいして、人間と他の動植物とその生きる環境すなわち生態系との関係の問題である。生物学biologyが19世紀に生態学 ecology を生み出したことにおのずから示されているように、人間は他の動植物がいなければ生きてゆけず、人間を含めて動植物は生きるための環境がなければ生きてゆけない。人間は、動植物とともに生きるための環境を含んで生態系 ecological system, ecosystem をなしているのであり、本来的に生態系内在的なのである。マルティン・ハイデッガー流に言えば、人間は、生態系－内－存在 In-the-ecosystem-being である。人間の社会に即して、私はこのことを、共同性、階層性、体系（システム）性と並ぶ基本的な性格、すなわち生態系内在性と呼んできた。人間が本来的に生態系内在的であることは、人間が宇宙空間に出るときに、宇宙ロケットや宇宙服などの形で、地球生態系をミニアチュア化して持ち出さざるをえないことに示されている。こうしたことはほんらい、

平等の理念から市民社会を超え出ようとした社会主義が、市民社会よりも早く気づき、その理念的な意味とその具体的な実現方法を示すべきであった。たとえば、自由・平等・友愛は人間中心的 human-centric であるから、それらを実現するためにも、人間社会は地球生態系あるいは自然環境と調和的でなければならず、環境を破壊するような経済活動のあり方を根源的に改めなければならない。すなわち、市民社会の基本三理念は、それに自然との調和を加えて、自由 liberty・平等 equality・友愛 fraternity・調和 harmony の四理念とされるべきである、というふうに。

　20世紀の社会主義、とくにソ連型社会主義がそのようなものでありえなかったこともあって、ソ連の崩壊とほぼ同時に地球環境問題は世界の最大問題であらざるをえなくなり、1972年のストックホルム国連人間環境会議から20年ということで1992年に開かれた、環境と開発にかんする国際連合会議すなわちリオデジャネイロ地球サミットでは、「先進」諸国（市民社会）から社会主義諸国に広がり、途上諸国全般に広がりつつあった開発の地球環境にたいする深刻な影響が議論され、「環境と開発に関するリオデジャネイロ宣言」などが出されるとともに、「気候変動枠組条約」などが提起されて署名活動が開始された。これによって1994年に気候変動枠組条約が成立し、それをもとにその締約国による会議 Congress of Partners すなわち締約国会議 COP を毎年重ねて、端的に地球の気候変動として現れるようになった環境破壊を止め、地球環境を改善する具体的な方法を追求することになったのである。95年から開始されたコップは、97年の第3回で京都議定書をまとめ、これまでの環境破壊に主たる責任を負う「先進」国を中心に改善策をとることになったが、アメリカなどの消極姿勢でなかなか進まず、2015年の21回パリ会議で全締約国196カ国が参加する枠組条約すなわちパリ条約として2020年以降の温暖化対策を定めるまでにいたったが、その後もアメリカを初めとする消極国の妨害活動は止まっていない。ソ連型社会主義が崩壊したあとの市民社会では、平等理念に反する居直りが強まるばかりで、自由・平等・友愛に（自然との）調和を加えるどころではないのである。

## 市民社会を超え出る民主社会

　社会主義は、市民社会の自由が不平等を拡大したことを是正しつつ、強められていく平等のうえに人間同士の友愛を打ち立てていく運動でもあるはずであった（以下は、庄司 2016a: II-5 の展開である）。友愛 fraternity は、しばしば博愛とも言われてきたが、もともと兄弟愛のことであり、あらゆる人間同士の水平的な愛を意味する理念である。フランス革命でこの理念が打ち上げられたとき、当時

の人びとにはまだ見えていなかったかもしれないが、われわれが見てきたように
19世紀から20世紀にかけて市民社会の世界制覇、つまり自由・平等・友愛を掲
げるはずの欧米日市民社会による、それ以外の世界の植民地化すなわち不自由化
があり、これに反対して世界中の植民地・従属国が陸続と立ち上がり、20世紀
の終わりまでにほとんどあらゆる植民地・従属国が独立した。ロシア革命は当初、
立ち上がりつつあった植民地・従属諸国との連帯を掲げたが、ソ連として一国社
会主義を掲げてからは、コミンテルンなどをつうじて各国の運動を自らに都合良
く統制しようとし、第二次世界大戦後は東ヨーロッパに従属社会主義圏をつくっ
たばかりでなく、中国やヴェトナムやキューバなどの社会主義をも自らの方向に
従わせようとし、国際関係はもとより国内でも、どう見ても友愛に満ちあふれた
ような社会を造り上げていくことはできなかった。

　植民地解放革命の先頭を切ったアメリカは、すでに見たように当初まったく先
住民や黒人奴隷のことは念頭になかったが、1860年代に南北分裂につながる内
乱を克服すると同時に奴隷解放をおこなった。しかし、この奴隷解放は、とくに
南部においてはほとんど意味を持たず、アフリカ系アメリカ人たちの多くは、社
会的に多くの場面で差別されていたばかりでなく、投票のために登録の必要なア
メリカでは、教育程度が低いために選挙のさいにもほとんど投票はできないまま、
第二次世界大戦後まで効果的な対策が取られなかった。1950年代以降、バスや
レストランなど公共の場における差別があらためて問題にされ、アフリカ系の人
びと自身の抵抗運動が強まるとともに、白人を含む全米的な公民権運動が盛り上
がり、64年にはついに公民権法が成立し、職場、公共施設、連邦助成金受託機
関、選挙人登録における差別、および分離教育が禁じられた。そしてそれをふま
えて、差別解消を具体的に進めるため、積極的な行為を促すアファーマティヴ・
アクションが運動として展開された。人種・民族による差別は、人類の歴史に古
くからつきまとってきたものであり、近代の植民地づくりにも、市民社会が白人
によって形成され始めたことから最初からつきまとっていたものである。市民社
会による世界制覇に途中から日本も加わろうとしたため、日本による近隣アジア
諸国の民族差別も歴史的に消すことのできない事実として残っている。これらを
含む人種・民族差別は、今日でも世界各地に深刻なものとして残っており、その
克服は、人類が市民社会をも克服して真の民主社会へ向かっていくさいの大き
な課題になってきている。

　さらに、1960年代アメリカの公民権運動は、ヴェトナム反戦運動ともからんで、
その他のあらゆる差別にたいする反対運動をも活発化させ、全世界に広めること
になった。人種・民族差別（レイシズム）と並んで、人間および人類に不可避的

に内在する差別の契機は、人間身体の可視的および不可視的な諸特徴と結びついている。人種・民族差が肌の色を始めとする身体の外見的諸特徴によるものだとしたら、男女差から社会に広がる社会的性差（ジェンダー）は人間身体に生まれつきのものからの展開である。さらに人間身体は生まれて成長し、老いて、やがて死するものであるから、老いた人びとやあるいは逆にまだ未成熟である人びとへの年齢（エイジ）による差別（エイジズム）の源泉となる。また、人は誰でも、未成熟であったり、老いて衰えたりすれば、普通の人（平均人）ができることができなかったり、できなくなるが、それ以前に、生まれつきの、あるいは病気や事故での身体および精神の障がい（ハンディキャップ、ディサビリティ）をもつ人びとは、もともとできるはずのことができない人間として障がい者差別の対象となる。性差にかんしては、とくにその後のさまざまな経過から、LGBTQ（レズビアン・ゲイ・バイセクシュアル・トランスジェンダー・ジェンダークィア）と、人間の性的嗜好や行為に本人の意志とは無関係の差異（セクシュアリティ）があることが分かり、これらにたいする差別（広義の性差別すなわちセクシズム）を廃し、あらゆる人びとを対等に扱うべきことが明らかになってきた。

　人間身体は、さきに述べた環境問題との関連で言えば、人間が地球生態系のなかで生き続け、進化してきたことをつうじてつくられてきたものであるから、文字どおり生態系の一部であり、人間の生態系内在性のもう一つの面である。この意味で私は、人間社会が外的環境とのあいだで特徴とする生態系内在性を「生態系内在性（環境）」と呼び、人間の身体性そのものを「生態系内在性（身体）」と呼んできた。これらの用語を用いて言えば、人間は、その生態系内在性をふまえて外部環境と調和を保ちつつ開発し発展していき、そのうえに、内部環境としての身体のあらゆる差別を許容しない、対等な関係を築いていくべきなのである。自由・平等・友愛の「友愛」の意味は当初から曖昧であり、不確かであった。しかしこのように考えれば、われわれは、今日までの大きな歴史をふまえて友愛の意味を具体化することができるとともに、これまで続けてきた市民社会の不完全性にたいする批判的総括をひとまず完結し、民主社会であろうとしながら、さまざまな歴史的制約のためにいまだそうなりえていない市民社会を超克して、真の民主社会すなわち第二次普遍社会としての民主社会への道を切り拓いていくことができる。

　歴史認識をふまえた社会理論は、こうすることによって、本当の意味で主権者のための社会学の理論となることができるのである。

**【文献】**

文献は巻末の「庄司論文文献」に一括掲載。

# 21世紀社会の現段階と課題
## —— 歴史の現段階と新しい社会理論の必要性

庄司興吉

## 1　台頭する人民社会のための社会学
### —— 東アジアからのアプローチ

### 20世紀型社会学史から21世紀型社会学史へ

　1978年から2003年まで四半世紀にわたって、社会学の必修講義「社会理論の探求」を続けた。その概要は、21世紀初頭までの世界の動きを視野に入れながら、Ⅰ　総合の精神（19世紀のドイツ、フランス、イギリスが舞台）、Ⅱ　科学と意志（19-20世紀のフランス、イギリス、ドイツが舞台）、Ⅲ　主意主義の功罪（20世紀前半のロシアーソ連、アメリカ、ヨーロッパ、アジアが舞台）、Ⅳ　構造と主体（20世紀後半のアメリカ、先進資本主義諸国、第三世界、世界が舞台）という展開で、19世紀前半のヨーロッパに発した近代社会認識の動きが、市民社会の批判と産業社会の擁護を対立軸にしながら、ソ連やアメリカ、さらには第三世界にまで広がっていく動きを追うものであった。今日では大澤真幸の作品（大澤 2019）などがあるが、私がとくに主題化したかったのは、近代社会をめぐる社会学的認識と社会主義的認識の対立・抗争である。

### 近代市民社会の批判と産業主義の擁護

　社会学は19世紀前半までに発達していた諸科学の整理統合をつうじて生み出されるが、その先頭を切ったのはドイツのG・W・F・ヘーゲルであり（Hegel 1821=1978; 1837=1971）、彼の総合哲学に内在していた市民社会批判から、カール・マルクスの近代資本主義批判が生み出され、フリードリッヒ・エンゲルスによって弁証法的史的唯物論にまで一般化される（Marx 1945-46=1966; Marx & Engels 1848=1960; Marx 1859=1961; 1867-94=1967）。

　他方、フランスのオーギュスト・コントはそれまでの諸学の、数学、天文学、物理学、化学、生物学という階層的整理から社会学を導きだし、社会の均衡を研

究する社会静学と発展を研究する社会動学を展開する（Comte 1822=1970; 1830-42=1830-42=1970; 1844=1970）。やや遅れてイギリスで、ハーバート・スペンサーが、社会静学を展開したうえで、進化論をふまえて諸学を体系化し、超有機体の進化の学としての社会学を展開し、結合自由労働と結合資本との競争および協力を主張する（Spencer 1850=1892; 1876-96=1882, 1884）。産業主義あるいは産業社会をふまえた労使競合の理論である。

## 科学としての社会学と人間意志の問題

19世紀から20世紀にかけて、フランスではエミール・デュルケームによって、社会現象を「ものとして」見るという視点からの科学としての社会学が展開され、社会を集合意識と見て、産業化とともにそれが弛緩してアノミーが生ずる過程が示される（Durkheim 1893=1971; 1895=1978; 1897=1985; 1912=1975）。

他方この時期にドイツでは、フェルディナンド・テンニースやゲオルグ・ジンメルによって社会を、それを成り立たせる人間意志の面からとらえる社会学が展開され、これはマックス・ウェーバーによって、社会的行為を伝統的、感情的、価値合理的、目的合理的に分類して、近代化とともに目的合理的な行為が増えてくることから社会は全体として合理化していく、と見る理解社会学に発展させられる（Tönnies 1887=1954; Simmel 1890=1969; 1908=1969; 1917=1979; Weber 1921=1982; 1921-22=1972 etc.; 1922=1955-56）。

宗教についても、デュルケームはそれを社会統合の装置と見、ウェーバーは経済活動への動機づけを与えるものとみる（Durkheim 1912=1975; Weber 1904-05=1955-62; 1920-21=1972 etc.）。

## 都市的社会主義と社会民主主義のナショナリズムへの敗北

社会主義の側では、19世紀から20世紀にかけて、イギリスで、マルクス主義（史的唯物論）に依存せず、都市の利点を用いて利益を上げる企業から税を取り、貧民救済を初めとする社会政策を展開すべきとするフェビアン主義が発展する（Shaw 1889; Webb 1897=1969; 1932=1982）。

他方ドイツでは、マルクス主義の解釈をめぐって、労働者の自発性を重視すべきというローザ・ルクセンブルグや、唯物論だけにとらわれず労働者の倫理性を重視すべきというエドゥアルト・ベルンシュタインなどが登場するが、標準的な解釈は、唯物論的発展と労働者の意志の成長を調和的にとらえるカール・カウツキーの社会民主主義に落ち着く（Luxemburg 1906=1962; 1913=1952; Bernstein 1899-1920=1984; Kautsky 1889=1954; 1899=1946; 1913-14=1953）。

フランスでは労働組合主義が盛んであったが、いずれの国の社会主義も第一次世界大戦をまえにしてナショナリズムの勃興に打ち勝つことはできなかった。

## マルクス主義社会学の頓挫とアメリカ社会学隆盛の基盤形成

社会主義はロシアで、「政治の優位」を主張するヴラジーミル・レーニンを指導者として革命を起こし、資本主義を越える新しい社会のきっかけをつかむ（Ленин, 1917a=1962; 1917b=1964）。ニコライ・ブハーリンはこれをふまえて、史的唯物論こそマルクス主義社会学であるという理論活動を展開するが、スターリンによって敵視され、これ以後社会主義のなかでは社会学はしばらく不可能となってしまう（Бухарин, 1921=1974）。

他方アメリカでは、レスター・F・ウォードやウィリアム・G・サムナーやチャールズ・H・クーリーによってアメリカ型社会学の基礎がつくられ、20世紀になるとこれらをふまえて、都市研究を中心とするロバート・E・パークらのシカゴ学派社会学や、プラグマティズムをふまえて社会行動主義を取り、社会を象徴的相互行為から解き明かしていくジョージ・ハーバート・ミードの社会心理学的社会学が生み出されていく（Ward 1881; Sumner 1907=1975; Cooley 1909=1970; Park, Burgess & McKenzie 1925=1972; Wirth 1928=1981; 1938=1978; Mead 1934=1973）。

## 精神分析の批判的応用と有機的知識人論から知識社会学へ

マルクス主義はヨーロッパで、ジークムント・フロイトの生み出した精神分析をふまえて、社会の経済的基盤に加えて無意識を含む精神的基盤を問うようになり、性の解放と社会の解放を結びつけるヴィルヘルム・ライヒの理論や、ファシズムの精神的基盤を批判する権威主義研究、さらには産業社会の技術一元性を批判する一次元的人間論など、フランクフルト学派の諸研究を生み出していく（Reich 1930=1969; 1933=1973-75; Horkheimer 1936=1970; Horkheimer & Adorno 1947=1990; Marcuse 1941=1966; 1955=1958; 1964=1974; Adorno et al. 1950=1980; Fromm 1941=1951; 1955=1958; 1968=1969）。

他方、1920年代から30年代にかけて、ジョン・M・ケインズによって国家介入で資本主義の危機を乗り越えようとする新しい経済学が生み出されたのに対応して、イタリアのアントニオ・グラムシによって労働者を有機的知識人とみる民主的社会主義への展望が拓かれ、これらの狭間でカール・マンハイムが、社会における知識人層の増大に注目して、インテリジェンチャの媒介でいろいろな見方を総合しながら新しい社会への展望を拓いていく、知識社会学を展開する

（Gramsci 1966=1961-65; Mannheim 1929=1968; 1935-1962; 1944=1954; 1951=1971）。

## 中国革命、インド独立、アジア・アフリカ・ラテンアメリカのほぼ全面的な解放

この間にアジアでは、民族、民権、民生の三民主義を唱えていた孫文が、ソ連や共産党に近づき労農支援を主張するようになったことをふまえて、毛沢東が新三民主義を主張し、弁証法や史的唯物論の独自な解釈で農民を主体とする革命を進め、1949年に中華人民共和国を樹立する（毛沢東 1937=1957; 1939=1962-66; 1940=1962-66; 1945=1962-66）。

インドでもサチアーグラハ（真実、不殺生、自己浄化、無所有）をふまえたスワデシ・スワラジ（自産・自治）を唱えて非暴力抵抗運動を続けたマハトマ・ガンディーの指導が実現し、1947年にパキスタンとは分離ながらインドの独立が実現する（Gandhi 1960=1970-71）。

これらをきっかけとしてアジアから中東、アフリカに独立運動が広がり、ほとんどの植民地・従属国が独立する。ラテンアメリカを起点として19世紀から続いていた解放運動は、1975年のヴェトナム解放戦争のアメリカにたいする勝利でほぼ完了する。

## アメリカ的「行為と社会体系の一般理論」とラディカルな社会学批判運動の広がり

アメリカでは、第二次世界大戦をつうじて超大国になったことをふまえて、タルコット・パーソンズが、ヨーロッパ主要社会理論の再解釈から行為と社会体系の一般理論を引き出す。経済的行為を広くとらえるアルフレッド・マーシャルの経済学をふまえて、社会の諸要素が相互に関連づけられてシステム化するというヴィルフレード・パレートの社会システム論、社会が集合表象（価値体系）によって統合されるというデュルケーム理論、および人間行為が社会を形成するというウェーバーの主意主義とにより、人間行為から大社会の変動にいたる諸現象を把握するパラダイムが形成された、という主張である（Parsons 1937=1974-89; 1951=1974; 1966=1971; 1969=1977）。

これにたいし、アメリカが、公民権運動の成果も不確かなまま、ヴェトナム戦争の泥沼にはまり、大学教育まで無効化しているとみた学生青年たちが、パーソンズら主流理論の無効化を訴えてラディカル社会学運動を起こし、社会学批判の運動がヨーロッパ、アジア、さらには世界全体に広がる。

### 現象学的視点からの新しいシステム論、および批判的構造主義からの資本主義全面批判

ラディカルな社会学批判運動から、一つには現象学が見直され、社会現象を型にはまった理論で理解するのではなく、あらたな意味生成やくり返されるシステム形成に注目する研究が興った。アルフレード・シュッツやニクラス・ルーマンをふまえて行為や社会システムのあらたな意味を問う研究である（Schutz 1932=1982; 1977=1980; Luhmann 1968=1990; 1984=1993-95）。

ラディカルな社会学批判運動から、もう一つには、構造主義を批判的にふまえてマルクス主義を組み直したり、近代の構造を問い直したり、資本主義の展開を全面的に見直す動きなどが出てきた。ルイ・アルチュセールの国家のイデオロギー装置論や、ミシェル・フーコーの生政治生産論からの近代のセクシュアリテ構造批判や、ジル・ドゥルーズとフェリックス・ガタリのエディプスコンプレクス視点からの資本主義批判とあらたな人間解放（千のプラトー）論などである（Althusser 1965=1968: Foucault 1966=1974; 1972=1975; 1976-1986=1986-1987; Deleuze & Guattari 1972=1986; 1980=1994）。

### 現代思想の脱構築とポストコロニアリズムの批判

これらの研究はいずれも近代ヨーロッパ市民社会視点からのものである。この視点はジャック・デリダによって、古代ギリシャにまでさかのぼってとらえ直され、近代ヨーロッパのものまで含めた既存視点の破壊をくり返しながら新しい視点をくり返し再構築していくという、脱構築の哲学、そして社会学を生み出した（Derrida 1967=1977-83; 1967=1971; 1994=2003）。

これにたいして、この脱構築法を用いてポストコロニアルな現代世界の状況を見直したガヤトリ・C・スピヴァクのような研究者から、ヨーロッパ現代思想は高みに登り詰めたようにみえるが、逆に旧植民地従属社会の底層の底層は見ていないのではないか、という批判が出てくる。ヨーロッパの植民者とインドの現地支配者は、争い合いながら、社会の最底層で犠牲になり続けてきたサティー（寡婦）のような人たちの生き様と心情はとらえていないのではないか、という批判である（Spivak 1988=1998; 1999=2003）。

### ソ連東欧社会主義の崩壊にたいして中国「市場社会主義」の経済成長の継続

カルチュラル・スタディーズやポストコロニアリズムによって、欧米日で形成されたジャンルにとらわれず、現代世界の社会認識を表現する研究が現れるよう

になる（吉見 2000; 本橋 2005）。他方、1990年前後で米ソ冷戦が終結し、ソ連東欧社会主義が崩壊して、20世紀社会主義の巨大実験に一つの解答が出る。

　他方この間に、改革開放から「市場社会主義」へと進んだ中国は、天安門事件のあと経済成長の軌道に乗り、2010年にはGDPが日本を追い越して世界第2位となって、その後も経済成長を続けてきている。ソ連が市場問題を解決できず、経済構造が停滞してついに崩壊してしまったのとの対比で、社会主義の体制を維持したまま市場経済を導入し、世界市場に自らをひらいた形で経済成長を続けてきている中国の例は、直視されなければならない。

　社会学は、21世紀になってはっきりしてきたこの現実の意味を解かなければならない。

## 米欧日市民社会の社会学から経済成長する人民社会と移民難民送り出し社会の社会学へ

　20世紀までの社会学は、15世紀末いらい世界市場を形成し、ラテンアメリカ、日本をのぞくアジア、および中東アフリカを植民地・従属国としつつ世界を制覇してきた欧米日市民社会の社会学である。この社会学をもってしては、20世紀の後半までにほぼ完全に自らを解放し、その主要部分が21世紀にかけて新興国として発展し始めた時代の地球社会は分析できない。

　先頭に立って新興国の発展を引っ張り、これまでの市民社会中心の世界システムを変えようとしているのは中国であり、中国の社会は人民社会として分析されるべきである。中国のあとを追って経済成長を追求しようとしている社会も、市民社会というよりはむしろ人民社会の視点から捉えられるべきである。自力で経済成長のきっかけをつかめない途上国は、移民や難民を送り出し、米欧日市民社会にこれまでの責任を取らせようとしている。

## 米欧日市民社会の右傾化を克服し、人民社会の経済成長と社会システムづくりに貢献する

　米欧日市民社会は、世界経済で新興国の圧迫を受け、移民、難民、外国人労働者を受け入れざるをえなくなって、保身の傾向が強くなり、保守主義・排外主義の傾向を強めている。しかし、これまでのことをきちんと反省しない無責任右派の態度からは新しい社会への展望は拓かれない。

　社会学は、これまでの遺産を整理し、市民社会が責任を取って新興国途上国の要求に誠実に対応するべきこと、新興国と途上国にたいしては、人民社会にはそれにふさわしい経済成長のやり方と社会保障システムのあり方がありうること、

を示すべきである。

　日本の社会学者として、私は、朝鮮半島と中国および東南アジアにたいする歴史的責任を明確にしつつ、新しい経済成長と社会システムづくり、およびそれらにたいする日本の責任ある貢献の仕方を示していきたいと思っている。それが東アジアで社会学史を研究する者の責任である（庄司 2016a; 庄司編著 2016）。

## 2　衰退する市民社会と台頭する人民社会
### ──21世紀世界社会の構造

### 帝国の時代から市民社会の時代へ

　20世紀までの世界は、米欧日市民社会が支配する世界であった。

　人間が農耕を覚え、文明を築くようになって一般化した社会システムは王国、あるいはそれが強大化した帝国である（前論文2-3）。古代エジプトいらい王国や帝国は世界各地に生まれ、地域世界を形成し、抗争しあいながら栄枯盛衰をくり返して、20世紀初頭の中華帝国とオスマン帝国まで存続した。

　これにたいして市民社会は、中世ヨーロッパの都市で基礎を育み、大航海時代に入って世界に市場を広げつつ成長し、17世紀のイギリス革命、18世紀のアメリカ独立革命とフランス大革命、19世紀のヨーロッパ諸国の革命、日本の明治維新などをつうじて成長し、世界各地の帝国やその属領を植民地化しながら、19世紀末までに帝国主義の時代を築きあげる（前論文4-5）。

### 帝国主義の争い、戦後の「ゆたかな社会」ブーム、およびソ連「社会主義」の失敗

　帝国主義の争いは、帝国同士の争いではなく、抗争しあいながら世界に植民地を広げた英仏米と、あとからそれに割り込もうとした独伊日など、帝国のようにふるまおうとする市民社会あるいは資本主義同士の争いであった。

　20世紀前半の二度の世界大戦をつうじて独日伊は米英仏に敗れたが、独日伊は米英仏の援助を受けて戦後いち早く復興し、経済成長を続けて、20世紀後半の米欧日市民社会は史上空前の「ゆたかな社会」ブームを実現した（Galbraith 1958=1985）。

　第一次世界大戦まで後発市民社会であったロシアは、ロシア革命を発端としてソ連を形成し、米欧日市民社会に対抗して社会主義の良さを示そうとしたが、政治形態を民主化して民衆の自発性を引き出すことができず、経済構造が硬直して持続できなくなってしまった。

### ラテンアメリカから始まった植民地独立・民族解放運動は、アジア、中東、アフリカに及び、中国も人民共和国となる

他方、米欧日市民社会に植民地や従属国にされた諸国は、19世紀のラテンアメリカから独立を目指す民族解放運動を始めた。これらは、最初はアメリカ合州国に見習って植民者たちの独立運動であったが、しだいに植民地化された人びとの解放運動に展開し、先住民出身の大統領も出るようになっていった（本書前論文5）。

このように植民地解放運動は、植民者たちの独立運動から植民地化された人びとの自己解放運動に展開しながら、アジア、中東、さらにはアフリカにまで広がっていった。中国は欧米日の帝国主義に侵略され、植民地化されるまでにはいたらなかったが、それに近いところまで従属国にされていたので、そこから辛亥革命を起こし、その延長上で中国革命を展開して、1949年にはついに中華人民共和国を造り上げた。

### 植民地や従属状態から自己を解放した諸国の経済成長、とくに新興国中国の経済成長

植民地や従属国から独立した諸国は、自立した経済や政治を造り上げるのに苦労したが、20世紀の最後の四半世紀くらいから混乱を脱け出して経済成長する国が現れるようになり、新興産業化経済NIEsと呼ばれた一部諸国・地域の発展から、やがて中国の経済成長、インドの経済成長、東南アジア諸国やヴェトナムの経済成長、さらにはブラジルやメキシコ、南アフリカの経済成長までが見られるようになってきた。

21世紀になってとくに目立つようになってきたのは、1978年に始めた改革開放が持続的経済成長につながって、経済成長を続けるようになった中国である。中国のGDPは2010年に日本を抜いて世界第2位となり、その後も経済成長を続けるようになり、新興国としてその他の新興国や途上国の成長を引っ張るようになってきた。

### 世界経済の取得分の相対的絶対的縮小と移民難民の流入などによる米欧日市民社会の萎縮と右傾化

新興国を先頭とする旧従属国植民地の経済成長で、世界経済のパイは大きくなるものの、米欧日市民社会の取り分は相対的、場合によっては絶対的にも小さくなる。思うように経済成長のできない途上国は移民労働者を送り出し、米欧日市民社会から少しでも多く富を得ようとする。それらに加えて内乱などで悩む途上

国は、米欧日市民社会に時として大量の難民を送り込む。

　それらの結果、米欧日市民社会は閉鎖的防衛的になり続けてきている。とくに一般市民が、自分たちの職が奪われるとか、身の回りの治安が悪くなるとか、思うようになり、移民や難民の排斥を先導する右派に動かされやすくなってきている。米欧日市民社会は萎縮し、「ゆたかな社会」時代に取りえていた寛大な対外政策を取りにくくなってきているのである。

## 米欧日市民社会の世界支配の終焉と新たな世界システム形成の開始

　これが21世紀になって明確になってきた世界社会の構造である。つまり、新興国の経済成長と政治力の増大、途上国の移民や難民の送り出し、それらを受けての米欧日市民社会の萎縮と右傾化である。

　これは一つには、この5世紀のあいだにヨーロッパからアメリカ、日本へと広がりつつ発展してきた市民社会が、それ以外の地域を植民地や従属国としつつ発展してきたのだ、ということを意味する。

　そして二つには、20世紀後半までにほぼすべての従属国植民地が自らを解放し、そのうちの主要部分が、混乱しながらも自分なりの政治体制を形成し、経済成長を始めたことによって、米欧日市民社会の世界支配のシステムが衰弱し始めた、ということである。

　その意味で、21世紀になって社会の世界史的な大転換が始まったのである。

## 市民社会の理念から現代社会を分析する
### ── 自由な企業活動と緩められたままの再分配制度

　これを前提に社会学は、米欧日市民社会を、それらがこれまで掲げてきた理念に照らして分析するべきである。市民社会はイギリス革命、アメリカ独立革命、フランス大革命と発展してくる過程で、社会形成の理念として自由・平等・友愛を掲げるようになった。

　このうち自由の理念は、資本つまり金持ちの企業経営者の自由を主としている。市民社会は企業活動にそれなりのルールは作ってはきたが、基本的に大金を持つものが自由に企業活動を展開し、利益を上げることを公認してきた。米欧日市民社会が、世界で新興国や途上国に追い詰められ、内部に新たな階層格差を持つようになってきたのは、「ゆたかな社会」といわれた期間に緩和した事業税や累進課税など緩められた再配分制度をそのままにし、これら大資本の企業活動の自由をそのままにしているからである。

## 中央集権的権力による上からの平等化ではなく、「機会の平等」をふまえた「結果の平等」の実現を！

事業税の見直し、累進課税の強化などによる再配分の適切化は、それ自体市民社会の平等化の基礎になる。20世紀のソ連型社会主義が、中央集権的権力によって上からの平等化を図ろうとしたことが、社会を硬直させ、人びとの活力を奪ってしまったことを忘れてはならない。

むしろ米欧日市民社会は、1960～70年代のアメリカで、公民権運動やヴェトナム反戦運動の成果をふまえて、「機会の平等」を実現するだけでなく、できるだけ「結果の平等」も実現するべきだ、という議論が展開され、アファーマティブ・アクションなどの政策や運動がおこなわれたことを思い出すべきである（Gans 1968）。

### 友愛理念の実現
#### ―― 人種差別の撤廃から移民制度の確立へ、さらに女性差別、年齢差別、障害者差別、性的マイノリティ差別などの撤廃へ

友愛については、アメリカ市民社会の経験や第二次世界大戦後の世界の経験をふまえて、まず人種差別を徹底的になくし、人種間民族間の活発なコミュニケーションと関係形成がおこなわれるべきである。日本は人種的民族的に同質性が高いために反差別の意識が弱く、移民にたいする意識も非常に消極的である。

欧日市民社会では、高齢化とともに少子化が進み、労働力不足が深刻化してきているのを天の配剤と考え、移民の意味をきちんと理解し、積極的な移民受け入れ制度を作るべきである。このことを社会の多様性増大につなげ、女性差別、高齢者差別、障がい者差別、性的マイノリティ差別などあらゆる差別を撤廃していかなくてはならない。米欧日市民社会における差別撤廃の推進が、友愛理念の実現であることをあらためて強調するべきである（本書前論文6）。

### 自由・平等・友愛に自然との調和を加える
#### ―― 地球環境保護のための身を削る努力を

市民社会が掲げた自由・平等・友愛の理念は人間中心主義的で、人間社会がそのなかで生きる自然、さらには地球環境のことを考えていなかった。人間中心主義的に産業革命を世界に広めてきた結果、環境破壊が進み、地球環境が危機的な状態になってきた。市民社会は、自由・平等・友愛に加えて自然との調和を最高の理念として掲げるべきである。自由・平等・友愛・調和である（前論文6）。

米欧日市民社会は1992年の地球サミットいらい続けられてきた地球環境保護

のための合意形成に献身的に努力しなければならない。1997年の京都議定書から2015年のパリ協定にかけて消極あるいは否定路線を取ってきたアメリカを抑えて、温暖化を初めとする地球環境悪化に歯止めをかけなければならない。地球環境悪化の最大の原因は18世紀以来の米欧日の産業革命なのであるから、米欧日市民社会が自らの身を削る改革の姿勢を示さなければ、新興国や途上国を説得することはできない。

## 米欧日市民社会の歴史的責任、とくに日本の東アジアにたいする責任

　米欧日市民社会は、これまでの近代化、とくに産業化、20世紀前半の二度の世界大戦、およびそれ以後の核兵器や核エネルギーの開発が、地球環境を危機的な状態にまで追い込んできたことを反省し、自ら身を削る改革を実行して新興国と途上国を説得していかなければならない。

　とくに日本は、過去に台湾や朝鮮半島を植民地にし、中国を侵略し、侵略を東南アジアにまで及ぼそうとした歴史的事実を正しく認識し、反省して、朝鮮半島の統一、そのうえでの朝鮮半島と日本の非核化に向けて真剣な努力を重ねなくてはならない。そのために平和国家としての意思を明示し、第二次世界大戦後の復興と経済成長をつうじて積み上げてきた経済力を用いなくてはならない。その前提として、あらゆる方法で、朝鮮半島、中国、および東南アジアの人びとの信頼を得ていかなくてはならない。

## 米欧日市民社会の世界支配の終焉と新しい世界システムの形成
### ── その先頭に立つ中国

　日本および米欧の社会学は、21世紀の世界では米欧日市民社会の支配が終わり、新興国を先頭とする旧従属国植民地の経済成長と政治力の増大によって新しい世界システムが形成されつつあることを認めることによってのみ、現代社会に直面できる。

　新世界システム形成の先頭に立っているのが中国である。米欧日市民社会で形成されてきた社会学でわれわれは中国を分析できるであろうか？

　われわれは、1911年まで中国が帝国であったこと、辛亥革命を起こした孫文がこれを共和国化し、民族・民権・民生の三民主義によって近代化しようとしたこと、その三民主義がソ連や共産党を認め労農支援を掲げたのに乗じて、毛沢東が農民と労働者を組織して反帝闘争を進め、1949年についに中華人民共和国を樹立したこと、を知っている。

中国
── 「市場社会主義」による経済成長の持続と、それを支え、そのため
に変わってきている社会過程と社会構造の分析を

　われわれはさらに、毛沢東が個人崇拝を利用して主意主義的な新社会建設を急
速に進めようとし、その結果プロレタリア文化大革命の大混乱に陥ったこと、し
かし鄧小平を中心とする現実主義者が混乱を収束して改革開放を進め、「市場社
会主義」による経済成長を軌道に乗せることに成功したこと、1990年代以降中
国は共産党を主体とする政治体制を維持しながら市場経済を生かして経済成長を
続け、2010年にはアメリカに次ぐ世界第2位の経済を築きあげるにいたったこと、
を知っている。

　社会学はそのうえで、在来の都市に新都市を加え、都市および都市周辺の工業
およびサービス業を農村からの労働力によって支えながら経済成長を持続させて
くる過程で、社会単位はどう変わったのか、社会統合はどのように維持されてい
るのか、市民社会とは異なる中国の社会システムが経済成長のうえにどのように
循環し続けているのか、などを分析し、市民社会の社会学を越える社会学を築き
あげなければならない。

# 3　台頭する人民社会から世界を見直す
## ── 新しい社会認識のパラダイム

## 中国社会はどのような社会であったのか？

　中国社会は、二千年以上にわたって帝国の興亡をくり返した社会である。社会
統合のシンボリズムは、春秋戦国期に、基本的な天信仰と四書五経などをもとと
して、俗称「儒教と道教」として形成され、全国制覇した最初の皇帝、秦の始皇
帝はあえてこれを破壊して権力で帝国を立てようとしたものの、長続きせず、そ
の後の皇帝の多くはこのシンボリズムをもとに、家産官僚制を拡大し、麦作と
米作の農業をもととする前近代的な市場を、帝都を主とする都市・農村形態で
カヴァーして帝国を維持しようとした。独自なシンボリズムは、7世紀以降、の
ちにヨーロッパがマンダリン（仏語ではマンダラン）と呼んだ官僚層を生み出し、
彼らは中国文化の重要な担い手となったが、文官に傾斜した彼らと家臣武官およ
び傭兵とによって維持された家産官僚制は、非漢族以外の皇帝にも適応しえた反
面、欧米日列強の侵略には弱点となった。

## 中国革命はどのようにおこなわれ、中国社会をどのように変えたのか？

　20世紀の中国革命は、この構造を根底から変えた。民族、民権、民生からな

るとされた孫文の三民主義は、民権主義で、司法、立法、行政に「考試」と「監察」を加えて中国の伝統をふまえつつ欧米の民主主義を越えようとした反面、民生主義で農民への土地再分配を強調して底辺から社会を変えようとしたが、両睨みの曖昧さを隠しきれないものであった（孫文 1924=1957）。これにたいして毛沢東は、孫文がロシア革命や中国共産党の発展を評価する方向に傾いたのをとらえて新三民主義を主張し、民権から民生へ思い切って舵を切る方向に運動を展開し、中国革命を、旧帝国の解体再編から、底辺にあり続けてきた農民社会からの抜本変革に大胆に切り替えた。

　中国農村については、戦前の侵略期にその動きになんらかの形で乗って調査した日本人学者たちの報告が残っており、日本のいわゆる自然村——これ自体大きな問題を内包した概念であったが——との比較から、極端な場合には中国の農村がゲマインシャフト的であるところかゲゼルシャフト的であるとすら主張したりしており、日本人学者たちの受けた衝撃の大きさが分かる。しかし、戦後の再調査などをふまえた論者の主張などによれば、中国農村もそれなりに自然村的な面やゲマインシャフト的な面をもったものであったとされている（高橋 2016）。いずれにしも帝国の興亡を二千年以上にも及んで支えてきた中国の農村と農民に、毛沢東の革命は思い切った変革の切り込みを入れたのである。私は、1979年の初訪中のさい、同行した日本の代表的農村社会学者から、まだ人民服一色であった当時の中国農民の現状が、汚れて傷んだ中国服を着て、場合によって裸足ですらあった戦前と較べて、いかに長足の進歩を遂げつつあるように見えるか、という印象を吐露されたことがある。

## 百花斉放・百家争鳴から文化大革命にいたる大混乱は何であったのか？

　中国革命は初期段階で生産手段の公有化を主とする社会主義的改造を進めたが、その後「百花斉放・百家争鳴」で民主化を進めるように見えたものの、1958年には「大躍進」運動を開始し、急進的な変革の強行で膨大な犠牲者を出した（以下、中華人民共和国、香港、台湾については、共同通信社編著 2019）。それによって後景に押しやられそうになった毛沢東は66年からプロレタリア文化大革命を開始し、少年たちに、「修正主義」批判としてほとんどの幹部を攻撃させ、党内を大混乱に落とし入れた。この間の毛の指導方針は、彼のいわゆる主観的能動性に基づいており、人民社会なのだから人民自身が動けばどのようにでもなるというような、極度の主意主義である（矢吹 2017: 88）。彼は矛盾論や実践論について論じ、権力掌握までの過程では階級階層分析や関連情勢分析などをある程度おこなったが、社会主義建設の過程では、革命の過程をつうじて得た個人

崇拝を利用してレーニンの政治主義をはるかに上回る主意主義で行為した（毛沢東 1937=1957; 1939=1962-66; 1940=1962-66; 1945=1962-66）。この過程をつうじて中国革命の原形を最小限維持するよう必死の努力を続けた人物は、私が何人かの経験を積んだ中国人に聞き、これまでにテレビで放映されたドキュメンタリーなどに照合したかぎりでは、周恩来なのではないかと思う。ヘーゲルの哲学について、その本質は「理念的なものは現実的であり、現実的なものは理念的である」という命題に現れているとされているが、周はこの「理念＝現実」主義と基本的に同じ原則を、苛烈な混乱の過程をつうじて貫いた人物だったのではないか。

## 革命の入り口で起こった「撫順の奇跡」
### ── これは本当に「奇跡」であったのか？

「撫順の奇跡」と今日ある人びとに呼ばれる事件について、私はそれほど多くを知らない（大澤 2016; 庄司編 2020; 10）。そのかぎりで私が感ずるのは、最高指導者であった毛沢東のそばに実務執行責任者として付き添っていた周の、何世紀までも先を見通したような、驚異的に一貫した信念である。日中国交回復時に田中角栄に対した周の冷静な言説や、それを補強するようにのちにドキュメンタリーふうにまとめられた諸言説などを見るかぎり、周は、「中国で侵略行為をおこなったのは日本の帝国主義者であり、日本人民ではない」という命題、いわゆる軍民二分論を本気で通そうとしていたように見える（林 2017: 83, 86）。もちろん周は、撫順組も太原組も、いや最末端の日本兵の多くも、たんに帝国主義者に唆されたからなどではなく、戦前日本の教育のせいにしろ、あるいはそういう状況におかれた人間の性からにしろ、本気で侵略的、かつさまざまな意味で残虐な行為をおこなったことは十分知っていたであろう。そのうえで周は、歴史がここまできた以上、人民が人民を信じ、その信頼のうえにこれからの社会を文字どおり下から造り上げていくしかない、と信じようとしていたのではないか。それが主意主義で狂気のようになり、大中国を大混乱に陥らせた最高指導者のそばにいて、革命の最小限の原形を最後まで残そうとした周の執念だったのではないか。

中国革命の精髄であるこの人民主義は、サチアーグラハ（真理把持）とスワデシ・スワラジ（自産・自治）によって、できることならば全インドを一体として独立させようとしながら、独立直前に暗殺されたガンディーの人民主義（Gandhi 1960=1970-71）とともに、20世紀中葉に顔をのぞかせた全人類史の最基層であり、本流である。人は少しでも豊かになり、落ち着いてくると、安楽の追求に夢中になるものだが、私も含めて自らそのような道を歩いてきた人間に、そんな人民主義など幻影にすぎないなどという資格はない。

### 周恩来から鄧小平へ —— 理念＝現実主義の現実主義化

　周は1976年に亡くなり、四人組の攪乱などがあったが、なんとか周の後を鄧小平が継いだ。鄧は、周のそばにいて、もっとも良く周の心情を分かっていた人物だったのではないか。ただ、周のことを、ヘーゲルのいった意味で「理念＝現実」主義者だったのではないかと言ったが、その意味でいうと、鄧はより多く現実主義に傾いた人物だったように思う。日本訪問の際にも、彼は、圧倒的に人口の多い中国民衆が食べていくこと、遅れていること、などの大変さを隠さなかったし、生活の改善と遅れを取り戻すためになんでもする、という率直な態度を隠さなかった。「改革開放」は彼にとってまったく当然なことであったし、「市場社会主義」も、ソ連で問題になったネップ（新経済政策）とかリーベルマン論争とかにかかわっていられるような問題ではなかったのだと思う。

　事態は怒濤のように進み、これに乗って学生たちや知識層も動いた。胡耀邦や趙紫陽が鄧の意向を受けて激動する事態をなんとか収めようとしたが、胡の死をきっかけとして現れた、趙と鄧のあいだの溝は予想以上に深刻なものであったように思う。鄧が理念＝現実主義よりも現実主義に傾いており、逆に趙が理念主義に傾いていて、両者の中間を見いだすことは周恩来のような人物がいたとしても困難だったのかもしれない。この困難を忘れないこと、くり返し思い出すことは、中国にとってばかりでなく全人類にとって、これからもずっと残り続ける重要課題なのではないか。

### 分岐点としての天安門事件

　1989年の天安門事件は、人民社会にとってばかりでなく世界社会にとって、大きな分岐点であった。今日までに報道されたドキュメンタリーなどによると、鄧は最終段階で、「200人の犠牲が中国にとって（経済成長のための）20年を生み出すならば …」という意味のことを言ったとされている。200人が実際にそれよりもどのくらい多かったのか、今日では正確につかむすべはない。改革開放の波に乗って市民社会の方向に動いた学生や知識人にたいして、人民社会の現実主義が仮借なく発動された。

　天安門事件を契機に中国は現実主義に傾くことになり、江沢民から胡錦濤をへて習近平へといたる過程で、経済成長の現実が怒濤のように築きあげられていく。鄧は、1992年深圳・上海などを視察したさいの南巡講話で経済成長の加速を呼びかけ、これに江沢民と朱鎔基の第3世代が乗り、この路線は2002年以降の胡錦濤と温家宝の第4世代にも引き継がれた。

## 市場社会主義の意味 —— ソ連のペレストロイカ失敗との関連

　自らは名目的な最高指導者の位置につかなかった鄧小平は、南巡講話の前後を
つうじて、ペレストロイカ失敗のあと崩壊したソ連の現実を念頭におきながら、
なによりも経済を生き残らせること、そのためには国際経済のなかにあえて身を
投じる必要があること、それを共産党一党支配の体制を維持しつつ強い指導力の
もとでおこなっていかなければならないこと、を感じたのであろう。社会主義の
もとで市場をふたたび生かすのかどうか、生かすとすればどのようにか、などと
いう理論問題にかかずらっている暇はなく、眼前の現実が迫っている圧倒的必要
性に応じて、市場社会主義は選択されたのではなかったか。この意味で鄧は、ゴ
ルバチョフや旧ソ連の指導者たちよりも、はるかに現実主義的であり、言うなれ
ば唯物論者だったといえるであろう。

　人間社会の発展にとって市場はもともとどういう意味をもっていたのか、近代
資本主義が世界を制覇していったさい、資本主義的交換市場があらゆる社会から
自立し、カール・ポランニーのいわゆる「大転換」を引き起こしていったこしは
事実であるが、社会を非資本主義的に再建しようとするにあたって市場をまった
く排除してしまうことが適切であったのかどうか、は今後とも議論されなければ
ならない（本書前論文2, 4参照）。しかし、1992年の中国共産党第14回党大会で
提起された市場社会主義は、なによりも当時の中国の現実そのものの選択であっ
た、と言わざるをえないであろう。

　米ソ冷戦の終結、ソ連東欧の崩壊とともに世界経済は完全なグローバル化には
いり、市場化に、体制維持などの理由からにせよ、無理と分かりながら抵抗する
社会はなくなり、それに、電波の性格からすでに事実上進んでいた情報化が乗り、
さらには軍事機密上の制約が緩和されて、電子化が追い打ちをかけることになる。
1995年のウィンドウズ95販売に伴うインターネット普及とともに、グローバル
化は、市場化を情報化が加速し、さらにそれを電子化が加速する電子情報市場
化として、全世界をおおうことになっていく（庄司編 2004）。中国の市場社会主
義は、この電子情報市場化を取り込む形になり、さまざまな問題を惹き起こしな
がら急速度展開していくことになるのである。


## 現実主義が経済成長につれて文化になる

　市場社会主義による経済成長とともに、都市および都市近郊、さらには海岸沿
いに造成されていく新工業都市などに、進出してくる海外企業と並んで、企業家
が育ち、労働者が育成され、さらには農村部から人びとが労働者として引き寄せ
られてくることになる（以下、中国の現状については、中国研究所編 2018; 2019）。

160

農村と都市別に就業者数の推移を見ると、1978年に前者30,638万人にたいして後者9,514万人であったのが、2014年を境に逆転し、15年には都市就業者40,410万人にたいして農村就業者37,041万人となっている。また、所有制別企業就業者数を見ると、国有企業就業者数が、1978年の7,451万人から95年の11,261万人に増加したものの、その後減少して2015年に6,208万人、集団企業就業者数が、78年の2,048万人から90年の3,549万人に増加したもののその後急減して2015年に481万人、外資系企業就業者数が85年の6万人から急増して2015年の2,790万人、私営と自営就業者数が90年の671万人から急速な増大を続けて2015年の18,980万人、その他が90年の2,313万人から2010年に11,384万人に増加したもののその後減少して15年には3,352万人となって、2015年には公的セクターの20%余りにたいして、非公有セクターが80%近くを占めるまでになっている（中国研究所編2018: 342-343）。

　これらの人びとの一部を含むいわゆる流動人口は、出稼ぎ農民工、人と戸籍が分離する人戸分離人口、人戸分離が比較的近距離にとどまる流動人口などの形で統計が出されているが、2014年時点で出稼ぎ農民工が1.68億人、人戸分離人口が2.98億人、流動人口が2.53億人とされていて、日本の総人口をはるかに超える人びとが「流動」の状態にあることが分かる（同）。このようにして、中国では2011年に都市人口が農村人口を超え、農村人口が圧倒的なまま二千年以上経過してきた人民社会の基本性格が変わった。「アジア的停滞」の例証のようにされてきた社会が初めて根底から変わったのである。

　この過程で、鄧小平から江沢民、胡錦濤をへて習近平へと引き継がれてきた現実主義は、圧倒的な人口の大半に浸透し、いわば文化となってきた。農村部の貧困や遅れはいまだに根強いものがあるが、都市および都市近郊農村では、さまざまな事業が展開されたり、うえに見たような各所有形態の企業が進出してきてさまざまな雇用が生まれ、資本主義社会でいう中間層や富裕層と呼ばれるような人びとが育ってきて、海外旅行が盛んとなり、各地で「爆買い」と呼ばれるような現象が起こってきている。電子情報市場化の普及も急速で、2017年時点でインターネット・ユーザーは7億7200万人、人口比普及率55.8%とされている（同: 65）。電子情報市場化は企業のトップレベルにもおよび、5Gの技術を駆使したグローバル企業が世界的に問題を惹き起こしている。こうした過程で、国内総生産（GDP）は2010年についに日本を越え、その後引き離し続けてきている（矢野恒太記念会2018: 102-103）。購買力平価ベースでは、中国のGDPは2014年にアメリカをも越えた（矢吹2017: 112）。名目の一人あたりGDPはまだ日本の5分の1にも達していないが、その勢いは凄まじいというべきであろう。アメリカと対決す

る新興大国社会の出現である。

## 新理念の出現 ── 「中国の夢」と「農業強・農村美・農民富」

2012年に始まった習近平時代の特徴は、こうして肥大してきた圧倒的な現実とそのもとで普及してきた現実主義とをふまえて、それに新しい理念による方向付けを与えようとしてきていることであろう。天安門事件を契機に、鄧小平という指導者の存在を介して、理念をめぐる議論を越えて、いわば現実そのものによって選択され、その後現実の経済成長をつうじて継続されてきた現実主義が、中国経済の規模がアメリカに次いで世界第二位となり、数年来の人民社会で都市人口が農村人口を超えるなか、新たに理念を模索し始めたように見えるのは、圧倒的である。

習近平は2012年の第18回党大会で党総書記に就任した直後に、「中国の夢」について語ったとされている（中国研究所編 2018: 62）。そして、翌年の人民代表大会で定義されたところによれば、中国の夢とは「①国家の富強、②民族の復興、③人民の幸福実現」であるという。そのために第18回党大会は「二つの100年」という目標を提起し、中国共産党設立から100年になる2021年までに「小康社会」を実現し、中華人民共和国建国から100年になる2049年までに社会主義現代国家を建設する、という目標を掲げた。国家の富強はともかく、民族の復興には少数民族の処遇という大きな問題がからんでいる。

他方、人民の幸福実現との関連では、共産党中央は2004年いらい「一号文件」で農業・農村・農民の「三農」問題を取り上げており、人民社会の実質であった農民社会の問題を一貫して忘れていないことを示している（中国研究所 2018: 229）。農村における貧困の克服は革命前からの主要問題であり、改革開放をつうじて絶対的貧困は克服され、相対的貧困の克服が主要問題となってきているという認識で、2035年までに近代化を進めて都市と均等に持ち込み、2050年までには「農業強・農村美・農民富」を実現していくものとされている。農業が強くなり、農村が美しくなって、農民が富んでいるというのが、人民社会の変革から出発した中国革命のユートピアなのであろう。

## 新理念の強化 ── 習近平新時代の特色ある社会主義思想

2017年の第19回党大会に向けて、習近平は、彼の代になって打ち出した新理念をさらに強化する方向に動いた。彼はまず、中国社会の発展を3段階論でとらえ、中国は毛沢東の「立ち上がる」段階から鄧小平の「豊かになる」段階をへて、習近平の「強くなる」段階に来ているという（中国研究所 2019: 56-62）。「強

くなる」という習の言葉は、基本的な軍備増強をふまえて南シナ海への進出や少数民族対策と結びつけられやすいが、私には、19世紀から20世紀にかけて欧米日列強に痛めつけられた中国が、その本来のプライドを取り戻すというニュアンスにも聞こえる。それはたしかに、儒教・道教と並んで古代からある中国兵法思想に基づけば、中華帝国の威厳を取り戻すというふうに聞こえないこともない（Pillsbury 2015）。しかし、人民社会の変革から出発した中国が、見てきたような巨大な変貌を遂げてきているのである。

　こういう前提に立って、強化される新理念は「習近平新時代の特色ある社会主義思想」と呼ばれる。それは、マルクス・レーニン主義、毛沢東思想、鄧小平理論、をふまえ、科学的発展観を継承し発展させたものである。党大会での報告で、習は、中国が「人類運命共同体の構築」にかかわっていくことを明言している（中国研究所 2018: 43-48）。豊かになり、強くなろうとしている中国は、もはや中国のことだけを考えているのではない。中国の夢、中国人民の夢は、各国人民の夢と重なっているのであり、それらの実現のために世界平和は守られなければならず、多様性を尊重する文明交流をおこない、グリーン発展型の生態系を構築していかなければならない、という。こうした言説が、周恩来が必死で守り抜いたあの人民史観とつながり、ラッセル・アインシュタイン宣言いらいの核廃絶思想や、「沈黙の春」いらい世界に広まったエコロジズムへとつながるのであれば、私は率直に評価したいと思う。

　習近平思想との関連で世界に広められている「一帯一路」の構想にしてもそうである。近代から現代にかけての経済圏が、ヨーロッパから、やがてアメリカを中心に、大西洋・太平洋にまたがって形成されたのは歴史的事実であり、第一次および第二次の世界大戦もそれを舞台におこなわれ、戦後の経済復興と「豊かな社会」の形成もその範囲でおこなわれてきた。それにたいして、東アジアからユーラシア大陸の中央部をとおってヨーロッパにいたり、他方東アジアからインド洋を経由して中東・アフリカにいたる経済圏の構想は、近代世界欧米日支配の既存秩序に真っ向から挑もうとするものであり、新しい世界秩序・人類共同体の構想として検討されるべきものである。こうした世界変革を、現代のIT技術のみならず組み込みシステムembedded systemを用いたET技術を用いて達成していこうとする中国のやり方は、デジタル・レーニン主義とか電脳社会主義とも呼ばれている（矢吹 2017）。関連する開発構想などが対象となる地域を巻き込み、中国流の経済合理主義で債務負担などを惹き起こしてしまうのも、解決されていかなければならない問題である。多様性を尊重する文明交流と言っているのだから、それらは一つひとつ厳しく反省されていくことになるであろう。

## 新理念実現のために考えなければならないこと

　問題はさらに、こうした新理念を実現していく、やり方である。天安門事件を乗り越えるさい、中国は共産党一党支配を実力で守り抜くやり方を選択し、その前提のもとに市場社会主義を選択し、実行してきた。現在、人口約14億のうち、9千万人が共産党員である。約15人に1人が党員ということになるが、憲法に規定されている民主集中制が文字どおりにおこなわれているのであれば、中国は、巨大ながら血の通った人民社会ということになろう。実際には、反汚職反腐敗キャンペーンがくり返しおこなわれ、それと重なっているのかはともかく、各種要員の失脚など権力抗争と思われる事件がくり返されてきている。

　そうしたなかで、言論統制の方針として、胡錦濤時代の2011年3月に「五不搞」（五つのやらないこと）という方針が発表された（中国研究所編 2018: 63-65）。それによると中国は、「①多党制はしない、②指導思想の多元化をしない、③三権分立と両院制をしない、④連邦制をしない、⑤私有化をしない」という。この方針は習近平政権にも継承され、そのうえでさらに13年には「七不講」（七つの語ってはならないこと）が通達されたと言われている。大学教員やジャーナリストがインターネットで広めたところによると、それらは、「①普遍的価値、②報道の自由、③市民社会、④公民の権利、⑤党の歴史的誤り、⑥権力と資本を持つ階級、⑦司法の独立」であるという。現在の政権として、これこれのことはしないということはありえないわけではないが、政権内外の広い範囲にこれこれについて語ってはならない、というような統制がありうるのだろうか。

　党の歴史的誤りや権力と資本を持つ階級について語ることは、中国が共産党一党支配のもとで、どの程度人民社会であることを貫いてきたかを論ずるうえで、はなはだ重要なことに思える。革命初期の理念＝現実主義のもとで、各国人民の連携をつうじて以後の社会を築きあげようとしていた中国が、大混乱をつうじてもそれを貫き、改革開放でいわば自然の現実主義に勢いで乗ったものの、天安門事件のさいには理念と現実の葛藤に苦悶しながら現実を重視する苦渋の決断をし、その後の市場社会主義による急速な経済成長による現実主義の普及をへて、ふたたび新しい中国的な理念を語り始めた時期に、率直に党の歴史的誤りや権力と資本を持つ階級について語らないで良いのであろうか。

　普遍的価値、報道の自由、市民社会、公民の権利、司法の独立などが、市民社会にとっての普遍であり、市民社会はそれらの普遍の背後に植民地従属国支配の現実を隠し、世界中の旧植民地従属国に隷属と苦渋を強いてきたではないか、ということを言いたいのであれば、中国は、19世紀から20世紀にかけて欧米日列強に痛めつけられた経験をふまえて、どのようにでも言うことができよう。しか

し、論を未来につなげていくためには、中国がそれらの普遍を越える普遍を追求しつつあることを、説得的に示していかなければならない。中国が「中国の夢」について語り始め、平和や環境や経済交流をふまえて「人類運命共同体の構築」を論ずるようになったこの時期に、これらの言葉を安易に語るなと言うならともかく、それらの新しい内包と外延について論じてはならないというのは、どういうことであろうか。

# 4 民主協同共生社会をめざして ── 21世紀の社会形成

## 社会の総括表（マトリクス）によるこれまでの整理と将来展望

　人類運命共同体構築の展望をえるために、他の所で用いた社会の総括表（マトリクス）を用いて、これまでの論述をふり返ってみよう（庄司編 2020: 32-33）。

　人間の社会は、共同性（皆がいっしょに生きる）と階層性（どうしても上に立つ者と下に置かれる者とが生じてしまう）の相克であり、結果としてできていくピラミッド形の構造を維持していくために、宗教のような集合意識を形成し、それでまとめきれない全体を国家のような統治機構で押さえ、市場を制御して経済基盤を確保しようとし、都市を中心に農村をまとめ上げていく形態を確保して、ある体系（システム）性をなしてまとまっていくのであった（庄司 1999; 2016; および本書前論文2, 3）。この王、さらには皇帝を頂点とする体系（システム）すなわち王国あるいは帝国は地球上ほとんどの地域で見られたものであり、中国は広大な農村を基盤に二千年以上にわたって帝国の興亡をくり返してきた巨大社会であった。

　この帝国が比較的弱かったヨーロッパで、12-3世紀から市民の攻勢が始まり、15世紀から王たちの誘いに乗って大航海を始め、17世紀から王の権力を制限したり、王たちを排除したりして自分たちの社会すなわち市民社会を形成し、世界に広がった市場に乗ってそれを世界に広げ始めた。宗教に取って代わろうとした集合意識は科学であり、王政や帝政に取って代わろうとした統治形態は民主主義であり、市場は個々の社会の拘束を脱け出して世界に広まり、それに乗って主要都市は拡大していく。市民社会は頂点と言えるフランス革命で「自由・平等・友愛」を標語とし、人類初の普遍的社会たろうとした（庄司 2016: および前論文4, 5）。

　しかし、科学は世界の実像を明らかにし始めたとはいえ、人間の生死の不安などに応えることはできていない（この問題に日本の社会学が取り組んできた成果の一部は、本書の奥村論文に示されている）。市民社会が実際にまとまったのは、

建国神話などをつうじて宗教の側面も持つナショナリズムをつうじてであり、国民国家Nation Stateとしてである。国民国家として早くまとまったイギリスとフランスは、たがいに争いながら、また後を追うアメリカ、ドイツ、日本、イタリア、ロシアなどと争いながら、まだ古い帝国やその版図にある地域を片端から植民地や従属国にし、それらをふまえて新しい意味での帝国、すなわち産業資本主義を基礎とする帝国主義に転成し、19世紀から20世紀にかけて世界を支配することになった（庄司2016;および前論文5，6）。19世紀以降中国を侵略し始めたのは、そういう帝国主義であった。

## 人類運命共同体のための共同性
### —— 核兵器廃絶と食のコモンズ・知のコモンズの形成

こういう帝国主義の侵略を受けた中国がどのようにその状態を抜け出し、混乱を重ねながら自らの発展方法を見いだし、その結果どのように、どのような現状にいたっているかをすでに見たから、その中国も視野に入れて、人類運命共同体を構築するための諸契機を見ていこう。中国からすれば、帝国の盛衰と主体形成の状態から、市民社会と主体形成の状態をへずに、いかにして21世紀社会とその主体形成へと到達するかという問題である。20世紀から21世紀にかけて、市民社会に支配された社会の生態系内在性が地球環境と人間身体の両面から顕在化してきたので、一次体系（システム）化の契機としての集合意識、統治機構、市場および都市については、体系（システム）性のなかに含めて考えていこう。

人類運命共同体を構築するためにまず必要なのは、人類絶滅を防止するための核兵器の廃絶である。核兵器禁止条約が世界に広がりつつある今、核保有国で真っ先にこの条約に乗り、21世紀安全保障の主導権を握る国は、21世紀社会形成の主導権をも握ることになるであろう。ついで、全人類の生存を補償する食の共有圏（コモンズ）の形成に積極的な役割を果たす国は、前向きに人類運命共同体を形成する主導権を握ることになる（庄司編2020, 立川論文）。そういう国は、大規模資本主義的農業で、遺伝子組み換えなどの「先端」技術を組み込んで食糧増産を図り、食料輸出で世界を支配しようとするのではなく、真の意味で「農業強・農村美・農民富」といわれるような、生態系の修復および保全と結びついた農業で主導性をとるのが望ましいであろう。日本は、過去の近隣諸国侵略と帝国主義を反省しつつ、中国と友好関係を保ちながら、自ら率先してこの道をとるべきなのではないか。

人類運命共同体の基礎となる共同性としては、食のコモンズと並んで知のコモンズの形成が重要である。情報およびなんらかの体系性をもつ情報としての知識、

すなわち広い意味での知は、もともと普遍的価値として資本主義的営利の対象となってはならないはずのものであった。精神的労働、とりわけ独創的知的労働への正当な対価は必要であるが、その程度は、出版物のような読者購買という民主的投票によるべきもので、科学技術における発見や発明などにかかわる特許制度も、正当な企業努力に報いる範囲をあまりに超え出てはならない。逆に、直接的価値あるいは利益とむすびつきにくいがゆえにそのための努力が報われにくい独創的知的労働にかんしては、その主体が属して十分な研究や著作ができる大学や研究機関などの知的機関の整備がなされていくべきであろう（庄司編 2020, 岡野論文）。

　知的技術の成果の取得や販売にあたっては、創出者の精神労働が保護され、その成果の正当な取得や販売のルールが守られなければならない。そのうえで、これまでの技術と成果を越える新たな技術や成果を生み出していく場合には、正当な競争のルールを守りながら、その技術や成果が、巨視的に見て、人類全体の知的コモンズの改良と拡大に貢献していくかどうか、が問われなければならないであろう。これらをめぐっては、「先進」国、新興国、途上国のあいだで公平な議論がおこなわれていくべきである。

### 階層性の緩和 ── 新自由主義・社会的資本主義と市場社会主義の近未来

　核戦争はもとより戦争を防止し、食のコモンズと知のコモンズとをますます豊かにしながら公平に利用しあい、各国社会と人類運命共同体を形成していくために、まずはすでに存在するあらゆる階層性あるいは格差の緩和に取り組んでいかなければならない。これまでに見てきたように、21世紀に入って、新興国や途上国が伸びてきた反面、その影響で欧米日「先進」国が停滞気味になり、それまでの富裕者優遇税制などをそのままにしているため、内部格差が目立ってきた。新興国でも、中国のように、経済成長が続いて経済力も政治力も大きくなってきている反面、内部の格差も大きくなってきている。「先進」国と途上国との格差、新興国と途上国との格差、および途上国間格差も依然として大きい。

　戦争を防止しながら、それぞれが形成途上にある食のコモンズと知のコモンズとを使ってこれらの格差を縮小していく一次的な方法は、21世紀的な意味での生産様式である。社会形成の基礎となっている生産様式は、おおざっぱに言って現代世界では、アメリカの新自由［資本］主義、ヨーロッパ［大陸］の社会的資本主義、そして中国の市場社会主義の3つであると言えよう（日本は新自由［資本］主義と社会資本主義の中間か？　資本主義はどのようにして終わるのか、終わらせるべきかについては、庄司 2020: 山田論文を参照）。アメリカの新自由［資本］主義は、トランプ政権とともにナショナリズムをむき出しにするようになり、各

国、とくにヨーロッパ各国に自国第一主義の反動を呼び起こしている。ヨーロッパの社会的資本主義は、第二次世界大戦後の社会主義勢力の影響を受けて形成され、1980年代以降の新自由主義の影響にもかかわらずなお持ちこたえている、社会政策の側面を強く残す資本主義である。その担い手諸国はヨーロッパ連合EUを形成して、人間社会が国民国家の呪縛を乗り越える可能性を示唆しているが、従属国植民地解放の余波が、絶えざる移民の流入やくり返される難民の激流をつうじて、この可能性を脅かしている。

　中国の台頭によって、新自由［資本］主義と社会的資本主義にたいする市場社会主義の存在が大きくなってきている。すでに見たように、中国は党創立100年の2021年までに「小康社会」を実現し、建国100年の2049年までに「社会主義現代国家」を実現するとしているが、小康社会とは、経済成長に向けての競争が多少なりとも収まってくるという意味であろうから、国内格差も大なり小なり縮小の方向に向かってくるということであろう。まして社会主義現代国家ともなれば、格差の縮小を抜きにして語ることはできまい。20世紀のソ連東欧社会の崩壊ですっかり信用も人気も失ったように見える社会主義だが、アメリカでは大統領選挙をつうじてバーニー・サンダースの「民主的社会主義」が若者たちの支持を集めてきている。中国は、この動きと自らがめざす社会主義現代国家がどのような関係にあるのか、示さずにはいられないであろう（この点にかんしては、日本、朝鮮半島と並んで香港、台湾と東南アジア諸国も重要な役割を果たすが、インドネシアを中心とする東南アジアの長期的趨勢については、庄司 2020: 中村論文を参照）。

　階層性あるいは格差の縮小を志向する主体としては、労働組合や協同組合に携わってきた人びとが重要である（企業内組合が重要な役割を果たして高度経済成長を実現した戦後日本の企業体については、庄司 2020: 呉論文を参照）。労働組合が体制内化して、20世紀ソ連東欧社会主義の崩壊とともに人気を失ってしまったように見える今、協同組合のほうが大切かもしれない。19世紀半ばにイギリスで生まれた協同組合は、生活協同組合や共済組合のほか農業、漁業、中小零細企業など資本主義に見捨てられがちな業界に広まったが、ほんらい労働者や生活者が自ら事業をするという意味で、経済的主権者の活動としての意味をもっている。1895年に結成された国際協同組合同盟の100年目を記念して1995年に作成された原則は、開かれて民主的な組織の、自主的で自立的で、かつ相互教育的で、組合間からコミュニティにまで広がる活動を展望している（2012年国際協同組合年実行委員会編著 2012）。協同組合の、平等感覚で格差拡大に反応し、友愛精神で営利にこだわらない活動を展開していく人間は、むしろ労働組合にも広げられ

ていくべきであるかもしれない（この問題を含む現代社会変革のための集団的主
体形成について、それへの視座を根底から組み直して理論と研究を展開すべきこと
を主張したものとして、庄司 2020: 丹辺論文を参照）。

### 社会体系化の基本方向 ── 国際社会から人類運命共同体へ

　市場社会主義の新自由主義や社会的資本主義との競合は、グローバルな社会
の体系化を国際社会から世界社会へと向けて進めていかざるをえない。「一帯一
路」構想を打ち上げた中国は、2015年から16年にかけてアジアインフラ投資銀
行AIIBを設立し、アメリカ・太平洋・大西洋中心の経済圏にたいしてユーラシ
ア大陸・インド洋中心の経済圏を設立し、活性化していく方針を明確にした。中
国のこれまでのやり方から、周辺諸国には当該国に負債を担わせて支配すること
への警戒が強いが、そのような警戒心を中国は払拭していかざるをえないであろ
う。

　社会を統治する政府の基本的な任務は、基本的に、安全の確保と、社会が社会
として持続していけるだけの再分配の実施である。核兵器禁止条約が成立し、各
国に批准を求めつつある現在、核保有国にとっては率先してその要求を受け止め、
世界政府形成の主導権をとっていくことが利口であることを先に触れたが、それ
についで重要なのは、国連の経済社会局などを利用し、世界中のNGOsやNPOs
などと組みながら、世界的な再分配を主導し、世界社会の実質的基礎を造りだ
していくことである。米欧日「先進」国はODAなどの形で対外援助をおこなっ
てきたが、中国も経済成長とともにそのあとを追うようになった。中国のばあい、
「一帯一路」構想の打ち上げと具体化にともない、その圏内の、さらに向こうを
見越しているかのような、アフリカや中南米などの途上国への援助活動も目立っ
ている。これらも、中国がその理想としてきた「農業強・農村美・農民富」の延
長上にあるのであれば、もっとはっきりとそのような援助の形を出すべきであろ
う。

　世界の安全保障を確保し、世界的な再分配を進めていくためには、現実的に国
連の改革を進めていくことも重要である。国連は第二次世界大戦時の連合国を基
礎として結成され、米ソ冷戦が続いたあいだはそのために多くの問題について進
展が図れず、冷戦終結後も、唯一の超大国となったアメリカの不熱心のため、民
主化に向けての改革を進めることができなかった。こうしたなか中国は、まだ文
化大革命を収束できていなかった1974年に、アメリカとソ連が覇権を争う超大
国として第一世界をなし、その前者についている西ヨーロッパと日本、および後
者についている東ヨーロッパは第二世界で、中国はその他の第三世界の先頭に

立っているのだという、いわゆる「三つの世界」論を展開したことがある（庄司1975; 1980, および本書冒頭庄司論文）。中国が改革開放を決断し、経済成長を続けてきたのはこの延長上でのことであるから、そういう文脈で経済力と政治力の向上におごらず、第三世界諸国、あるいはあとを追う新興国や途上国の意向をくんで国連の民主化に努めれば、大きな役割を果たすことができるであろう。そのために必要ならば、国連本部を多くの国が納得する中立国に移すなどの提案をすれば良い。

　いずれにしても、人類運命共同体を構築していくためには、世界的な共同性を形成しつつ、すでにある膨大な階層性あるいは格差を軽減し、新しく生み出されるそれらをできるだけ事前に軽減しながら、世界的な政治システムを産みだしていく必要がある。そのための集合意識はもはやナショナリズムではありえず、それを越えた人類意識であり、政治システムは文字どおり諸国民の連合Union of Nationsの統治機構でなければならず、それは、中立の都市から、世界中の都市を連結して、諸社会から自立してしまった市場を統制し、再生産される食のコモンズと知のコモンズをもっとも有効に生かしていかなければならないであろう。たとえば日本は、過去の近隣諸国への侵略の歴史を反省しつつ、このような方向にどのように貢献していけるのであろうか（このような視座転換のために、私たちはもっとニクラス・ルーマンの社会システム論などをふまえた、社会学的言説の自己反省をくり返さなければならないが、その一例として、庄司 2020: 赤堀論文を参照）。

## 生態系内在性 ── 地球環境の修復保全を組み込む社会システム化

　社会の体系（システム）化はさらに、地球温暖化による気候変動、原子力発電による事故の可能性、プラスティックゴミによる海洋さらには地球汚染の深刻化などを受けて、地球生態系をますます組み込む方向に、すなわち社会を社会・生態系化せざるを得ない方向に向かっている。1992年に始動し、94年に発効した気候変動条約に基づく締約国会議COPは2019年で25回におよび、15年に成立したパリ条約の具体化に向けて各国目標の策定と実施を進めてきている。この過程で最大の問題は、いうまでもなくアメリカの離脱である。トランプ政権になってとくに露骨になったこの動きは、しかし、国内でも、カリフォルニアなど有力州の、連邦政府に批判的で温暖化防止などに積極的な動きもあり、中長期的にはアメリカ市民良識派の意図する方向に変えられていくであろう。

　中国は、経済成長の結果としての国内の深刻な環境破壊への反省もあり、国際的な環境再生保護の動きにも熱心で、2018年には憲法に生態文明の語を入れ、

環境保護省を生態環境省に組織改編して、党中央・国務院意見で2020年末を目標とする、空気の質改善にかんする具体的目標を出している（中国研究所 2019: 261-264）。人類運命共同体の構築を目指す以上、当然の動きである。新興国の先頭を行く国として、また国連安保理の常任理事国の一員として、こうした動きは重要な意味をもっている。地球環境破壊悪化の顕在化から地質学の分野に、地質時代46億年のうちの最新時代第四期258万8千年のうち、更新世257万6300年につぐ完新世1万1700年が終わり、人新世 Anthropocene が始まったという説が出て、外部にも広がり始めている現在、国際社会から世界社会への、そしてさらには地球社会への体系（システム）化の主導性を握る国の動きは大きな影響力を持つであろう（篠原 2018; 立川 2020）。

　問題は、その動きを市場社会主義の生産様式にどのように組み込んでいくかである。2021年までの小康社会化の動きに、世界を騒がせてきた大気汚染の改善がどの程度組み込まれていくかが当面の課題であろう。しかし、そこからさらに49年までの社会主義現代国家実現までには、現代社会主義というに値するほどの、たんに量的にとどまらない、むしろ質的な変革がなされなければならない。米欧日「先進」国家あるいは米欧日市民社会で行き詰まっている近代的生産・生活様式を、どこまで本当の意味で脱近代的な生産・生活様式にしていけるか。近代欧米日市民社会の道を歩まず、何千年も続いた農民社会を変革して立ち上がってきた中国の本領が問われるであろう。そのさいには「衣食足りて礼節を知る」を教えてきた儒教の伝統にとどまらず、文明を透視し、自然との一体化を主張してきた老荘思想の伝統が生かされてくるのではないか。

## 生態系内在性 ── 人間身体の多様性容認と友愛

　人間社会の生態系内在性には、地球生態系の一環である人間身体群も含まれる。人間身体は、人種や民族、性差、年齢差、障がいの有無、性的行為特性（セクシュアリティ）などによって多様であり、人間の個体数すなわち人口が77億を越え、地球上全域におよぶとともに、差別をめぐるさまざまな問題を惹き起こすようになってきた。人種・民族による差別がひどく、その撤廃のための運動が展開され、差別撤廃行為（アファーマティヴ・アクション）が展開されてきたのはアメリカであるが、なかなか差別がなくならないうえ、トランプ大統領になってからは、大統領自身がしばしば差別的な発言をしたり、白人至上主義者の活動が活発化したりしている。中国でもチベットや新疆ウイグル自治区などに以前から見られた強制的な「中国化」の動きが、「中国の夢」の提唱などにともなって強められてきている。こうした動きは、人類運命共同体構築の構想に合うよう、変

えられていかなくてはならないであろう。

　社会的な性差（ジェンダー）による差別への反対運動は米欧から始まり、とくに1960年代のアメリカで盛んになって全世界に広まったが、日本の企業や政治や大学での両性平等化はいまだに遅れている。少子高齢化はヨーロッパや日本や韓国などで急速に進み、経済成長の進んだ中国でも深刻になってきているが、これにともなう高齢者の処遇の問題や逆に年少者の虐待の問題も深刻になってきている。少子高齢化を人口データなどで比較するのは困難ではないが、実際に年少者や高齢者が社会のなかでどのように処遇されているかを把握するのは、マスコミやインターネットなどに取り上げられる例を見ていても全体像をつかむのは困難である。まして、障がい者やセクシュアリティの面でのマイノリティへの社会的差別は、具体例を見逃さずに取り上げて、当事者が納得するようなやり方で解決していく以外にないであろう。

　フランス革命で「自由・平等・友愛」が言われたとき、想定されていたのは普遍的人間であり、実質的には健常な白人男性であった。米欧日市民社会の、その他世界を犠牲にした開発が、環境面から社会の生態系内在性を明らかにし、従属国植民地諸国が独立して後を追うようになって、なおさらその面が明らかになり、それと併行して生態系の一環としての人間身体の多様性と、それをめぐる社会的差別が明らかになってきたことは、人類運命共同体を構築しようとする場合のわれわれが、否が応でも立たざるをえない共同性の基盤を示している。中国はもちろん、小康社会から社会主義現代国家に向けての社会変革の道筋にそれを組み入れていかざるをえないし、そのあとを追う新興国や途上国も、もちろん米欧日「先進」国も、そうせざるをえないであろう。人間社会は、それが生態系の一部であることから自然との調和すなわち共生を図らざるをえないし、それを構成する人間身体も生態系の一部であることから、ほんらい自由と平等の基礎としての友愛を追求せざるをえないのである。

## 総体性（高次システム性）としての社会
### ── 民主協同共生社会としての21世紀社会

　以上を人間社会の総括表（マトリクス）で整理しよう。これまでに書き切れなかった諸点も入れて整理してみると、次々頁の表のようになる。

　人間社会は今、核戦争、そしてあらゆる戦争を防止しながら、一人の餓死者も出さない食のコモンズを形成し、誰でもが生を充実させられるよう、どこからでも公平に利用できる知のコモンズを形成していく課題に直面している。これらを遂行しながら、「先進」国、新興国、途上国それぞれの内部、およびこれらの

あいだの格差をできるだけ縮小していかなくてはならない。しかし、一国ならばその安全と最低限の再分配を司る政府（国家）のようなものが、世界には確立しておらず、国連はその成り立ちや冷戦時代の悪弊を大きく克服しえていないため、世界の安全保障と、安定した食と知のコモンズの形成はまだまだ不完全である。

　こうしたなか各国がそれぞれに開発を進めてきたため、地球生態系は大気圏の温暖化、原発事故による放射能飛散、プラスティックゴミによる海洋汚染などで、人間社会はこの地球生態系のなかでしか存続しえないにもかかわらず、存続できるかどうかの瀬戸際に立たされてきている。併行して生態系の一部である人間身体も、人種、性別、年齢、障がいの有無、セクシュアリティなどによる多様性を容認しあい、対等に生きていけるかどうかが問われている。人間社会はそれ自身のみならず、それがそのなかにある生態系を含めて持続的に展開していけるよう、社会・生態系として体系（システム）化されていくかどうか、問われているのである。

　人間社会がこのように問題として現れてきた歴史は、明らかである。本書前論文から本論文にかけて見たように、この5世紀あまりのあいだ、欧米日市民社会がその他世界を従属国や植民地にしながら発展し、帝国主義化して、20世紀前半に二度もの世界大戦を起こして核兵器を開発使用し、この間に生成拡大したソ連社会主義とアメリカとのあいだで核軍拡競争を基礎とする冷戦を展開した。この間に植民地従属国が続ぞくと解放運動を起こし、20世紀の後半までにほとんどすべての従属国植民地が独立して、最初は混乱したものの自力で発展を始め、新興国が次つぎに生まれるようになってきた。開発が地球生態系の許容量に達し、開発を担い、その恩恵と被害をこうむる人間身体の多様性と差別・被差別構造が明らかになってきたのは、この過程をつうじてのことである。

　21世紀に入って、社会を体系化する生産様式としては、アメリカ的な新自由［資本］主義、ヨーロッパ的な社会的資本主義、とならんで中国的な市場社会主義が作用している。米欧日「先進」国、中国やインド他の新興国、その他途上国を貫いて、集合意識としては近代以降のナショナリズムが作動しているが、ヨーロッパ連合EUにそれを乗り越えようとする努力が一定程度現れている一方、中国は「中国の夢」を掲げながらも人類運命共同体の構築を主張し始めている。しかし、国連はこれらの討議の場とはなっておらず、「先進」国のG7もそれに主要国を加えたG20も、なっていない。

　アメリカ合州国もかつては国民国家超克のモデルとみられた時期があった。EUは移民・難民受け入れのあとイギリスの離脱問題が起こり、同方向のモデルとしての影響力を下げている。中国は、人類運命共同体の構築をいう以上、国内

表　21世紀社会の課題と主体形成：総括表（マトリクス）による整理（2020年1月）

| 方法<br>理論 | 問題 | 歴史 | 構造 |
|---|---|---|---|
| 共同性 | 核戦争を防止し、食のコモンズと知のコモンズを確保しながら、米中対立、北朝鮮問題、中東問題、その他国際紛争を解決していく | アメリカ独立の影響を受けて、中南米からアジア、中東、アフリカに波及した植民地従属国解放のほぼ全面的な勝利 | 米欧日「先進」社会にたいして、中国がＧＤＰで世界第2位となり、インド、ブラジル、南アフリカなどがその後を追っている。中国の小康社会への接近 |
| 階層性 | 新興国に拡大してきている国内格差、「先進」国で新たに広げられている国内格差、「先進」国と新興国途上国間、新興国間、新興国途上国間、および途上国間で広げられている諸格差 | 旧従属国植民地の解放・発展につれて、米欧日「先進」国中心の世界的階層構造が維持されがたくなってきた | アメリカの新自由［資本］主義、ヨーロッパの社会的資本主義にたいして、台頭してきた中国の市場社会主義が、拡大する格差に対応しようとしてきている。日本は米欧の中間か？ |
| 体系<br>（システム）<br>性 | アメリカの対イスラエル寄り外交と対イラン協定離脱、イギリスのＥＵ離脱の動き、北朝鮮の核ミサイル策動、およびこれらにたいする欧州、中国、日本の対応の弱さ | 中国が、文革中にもかかわらず、アメリカ、日本などとの国交を回復し、台湾政府から国連代表権を奪い返して、国際関係を実態に合わせてきた実績 | アメリカが自国中心主義に陥り、ヨーロッパにもその影響が波及してリベラリズムが戸惑っている反面、中国が一帯一路構想を打ち出し、人類運命共同体の構築を唱え始めている |
| 生態系<br>内在性<br>（環境） | 温暖化による気候変動、原子力発電による事故の可能性、プラスチックゴミによる海洋・地球汚染など、地球環境破壊の深刻化 | 欧米日が自国中心的な経済発展を続けてきたのにたいして、新興国も急速な経済発展を追求してきて、地球環境のバランスを破壊してきた | 温暖化防止にたいしてパリ協定が締結されたが、アメリカが離脱。世界の大勢は自然エネルギー発電へと傾斜しているものの、日本のようになお原子力発電に固執している国も |
| 生態系<br>内在性<br>（身体） | 少数民族問題、未解決の両性平等、「先進」国から新興国途上国に広がった少子高齢化問題、それらのなかでの障がい者や性的マイノリティの差別の問題 | 「先進」国での身体的社会問題の対応に、民族解放を進めてきた新興国途上国がしだいに追いついてきつつあるものの、まだ顕在化以前の問題も | 「先進」国から新興国に広がりつつある、人間身体の人種、性別、年齢、障がいの有無、セクシュアリティの差異などによる差別の構造と、それらをなくそうとしてきているさまざま運動 |
| 総体性<br>（高次<br>体系性） | 人類共同体をめざして、「先進」国、新興国、途上国を対等化し、民主的な意志決定で、環境保全と身体の多様性容認を堅持しつつ、格差最小限の国際社会から地球社会へ | 社会主義の成立拡大で、米ソ冷戦が核戦争による人類絶滅の危機を顕在化。しかし、従属国植民地が独立し、新興国が成長し始めて、国際社会から世界社会、地球社会への変化が始まった | 新興国途上国の台頭で成長の基盤と政治力が低下しつつある「先進」国、アメリカに対抗して新世界秩序形成を志向しつつある中国、残る力や潜在的力で影響を及ぼしつつあるロシア、インド、ブラジルなど |

| 意味 | 戦略 | 主体 |
|---|---|---|
| 核兵器登場で消極的に示された人類的共同性の可能態が、食と知のコモンズの必要性という積極的なものとして目に見えるようになってきた | 中国の一帯一路構想などを参考にしながら、欧米日中心の世界経済発展構想をユーラシア、インド洋、アフリカ、中南米全体にまで広めていく | すべての人類の生存の平等性を確認し、核兵器による人類絶滅の可能性をなくして、すべての人類の食衣住とコミュニケーションの確保に努める人間 |
| 世界的な平等化が進むなか、各国に中下層および移民難民が広がり、世界的な階層構造が造り直されつつある | 欧米日「先進」国と主要新興国との協議で途上国援助を進めながら、国連の経済社会局の役割を強め、NGOs、NPOsと協力して、緊急援助を越えた世界の再分配をおこなっていく | 平等感覚で格差拡大に反応し、友愛精神で営利にこだわらない活動をおこなっていく人間、労働組合や協同組合に携わってきて経済的主権者の重要性を理解している人間 |
| 新自由［資本］主義と社会的資本主義の先端技術に市場社会主義が対抗しているものの、21世紀向けの望ましい生産様式が見えにくくなっている | 先端資本主義や市場社会主義の行き過ぎを民主主義政府の連合の力で抑えながら、主権者の協同的事業が次世代の生産様式となるよう展望を拓いていく | 国際社会および世界社会の混乱に冷静に対処しながら、これからの国際・世界社会のあり方を積極的に考えていく、政治的にも経済的にも主権者であろうとする人間 |
| 経済成長を続けてきた中国が全人類運命共同体に言及するようになったなかで、アメリカやその影響で地球環境悪化をあえて無視する勢力の存在 | 欧米日のこれまでのやり方を乗り越える脱近代的生産・生活様式に、中国文明やインド文明などの欧米日近代主義を乗り越える面を加えて強化していく | 地球生態系の一部であることを意識し、中国やインドなどの伝統思想などをふまえて、人間と自然との合一、生きとし生けるものへの愛着を強調するヒト的人間 |
| 人類の外延が地球的規模に広がり、人間身体の多様性と、それらの容認のうえに生きていかざるをえないことが目に見えてきている | 中国のいう人類運命共同体を実現するために、それを構成する個身体の多様性を認め合い、真の友愛を地球的規模で実現していこうとする | 身体的多様性を容認しあい、多言語を克服してコミュニケーションを普及し、友愛の意味を実現して、自然との調和につなげていく人間 |
| 米ソ対決を軸とする20世紀秩序が崩壊し、中国が人類運命共同体を掲げつつ新秩序形成の音頭をとりつつある。民主主義を基礎とする秩序形成が根底的な疑問にさらされつつある | 全人類平等のうえに身体の多様性をふまえた友愛と自由を、地球環境修復保全のうえに、国際秩序としても世界秩序としても実現していく、普遍的な主権者社会の形成 | 人類の一員、格差解消、主権者性拡大、ヒトとしての環境修復と保全、および友愛志向の仲間意識で、たえず更新される普遍性に基づき、民主協同共生社会を築いていく人間 |

の少数民族や一帯一路にかかわる諸国への、押しつけ的な動きを修正していかざるをえないであろう。日本は、かつて米欧帝国主義の尻馬に乗り、近隣諸国に迷惑をかけたことを真摯に反省し、最初の原爆投下の犠牲になり植民地同然の経験をしたのであるから、だからこそ旧植民地従属国の感情を理解できるという立場に立たなければ、いかなる役割も果たせないであろう。

　日本は、集合意識として、どういう言い方をするかはともかく、人類運命共同体への方向性を明示するべきである。そのうえで、資本主義をそう簡単に克服できないのであれば、代表制民主主義をとおしてそれを限りなく社会的資本主義にしていくべきである。日本の主権者は、ヨーロッパの主権者とともに、そしてアメリカの主権者とともに、資本主義を、代表制民主主義をとおして統制していくことができることを示さなくてはならない。

　そのうえで、主権者の意味を政治的な意味から政治的かつ経済的なものに変えていくべきである。協同組合は、日本では、農業、漁業、林業、消費者、共済、医療福祉、大学などで盛んであるが、しだいに発展してきた労働者協同組合がそうであるように、労働者自身が事業を起こし、経済的主権者として経済と社会を変えていく可能性を持っている。この意味での活動を広げていけば、ヨーロッパの一部に見られるように協同組合としていろいろな事業を起こしていけるようになるし、すでに資本主義的におこなわれている事業でも、労働者とくに労働組合の意識と活動によっては、協同組合的な事業に近づけていくこともできるであろう。

　中国の市場社会主義の行方が大きな焦点となってきている今、中国を初めとする新興国や途上国の台頭にさらされて萎縮してきている米欧日資本主義の行き方は、生産様式と社会形成の両面から主権者が決めていく以外にないのではないか。米欧日の意欲的な主権者としては、政治的のみならず経済的にも主権者である人間として、民主主義を政治の分野から経済の分野にも広げ、人類の一員として核戦争およびあらゆる戦争の防止に努めつつ、格差解消を志向していくほかにないであろう。そしてそのことをつうじて、地球生態系の修復と保全に努め、あらゆる身体的多様性を容認しあいながら、友愛精神で民主協同共生社会を築いていく以外にないのではなかろうか。


【文献】
　文献は次ページ以下の「庄司論文文献」に一括掲載。

## 【庄司論文文献】

Adorno, T. W., Frenkel-Brunswik, E., Levinson, D. J., Sanford, R. N., 1950, *The Authoritarian Personality*, New York: Harper & Brothers. (=1980, 田中義久・矢沢修次郎・小林修一訳『権威主義的パーソナリティ』青木書店.)

Althusser, L., 1965, *Pour Marx*, 2 tomes, François Maspero, 1996, La Découverte. (=1968, 河野健二・田村俶訳『甦るマルクス』、人文書院; 1994, 河野健二・田村俶・西川長夫訳『マルクスのために』平凡社ライブラリー.)

Anderson, B., 2006, *Imagined Communities: reflections on the origin and spread of nationalism*, rev. & enl. ed., Verso. (=2007, 白石さや・白石隆訳『定本想像の共同体 ―― ナショナリズムの起源と流行』NTT 出版.)

Bell, D., 1962, *The End of Ideology: On the exhaustion of political ideas in the fifties*, Free Press. (=1969, 岡田直之訳『イデオロギーの終焉 ―― 1950 年代における政治思想の枯渇について』東京創元新社.)

Bernstein, E., 1899-1920, *Die Voraussetzungen des Sozialismus und die Aufgaben der Sozialdemokratie*, neue Ausg., 1920. (=1960, 戸原四郎訳『社会主義の前提と社会民主党の任務』河出書房新社, 世界大思想全集 15; 1974, 佐瀬昌盛訳『社会主義の諸前提と社会民主主義の任務』ダイヤモンド社.)

Bourdieu, P., avec Passeron, J.-C., 1970, *La reproduction: éléments pour une théorie du système d'enseignement*, Edition de Minuit. (=1991, 宮島喬訳『再生産 ―― 教育・社会・文化』藤原書店.)

Bourdieu, P., 1979, *Distinction: Critique sociale du jugement*, Éditions de Minuit. (=1989, 石井洋二郎訳『ディスタンクシオン ―― 社会的判断力批判』新評論.)

Бухарин, Н. И., 1921, *Теория исторического материализма*. (=1974, 佐野勝隆・石川晃弘訳『史的唯物論』青木書店.)

中国研究所, 2018, 『中国年鑑 2018』発売 明石書店.

中国研究所, 2019, 『中国年鑑 2019』発売 明石書店.

Cliff, T., 1974, *State Capitalism in Russia*, London: Pluto Press.

Comte, A., 1822, *Plan des travaux scientifiques nécessaires pour réorganiser la sociéte*. (=1970, 霧生和夫訳「社会再組織に必要な科学的作業のプラン」『世界の名著 36 コント・スペンサー』中央公論社.)

―――, 1830-42, *Cours de philosophie positive*, 6 tomes. (=1928-31, 石川三四郎訳『実証哲学』春秋社；Emile Rigolage による抜粋の訳, 1970, 霧生和夫訳「社会静学と社会動学」『世界の名著 36 コント・スペンサー』中央公論社, 第 50-51 講.)

―――, 1844, *Discours sur l'esprit positif*. (=1970, 霧生和夫訳「実証精神論」『世界の名著 36 コント・スペンサー』中央公論社.)

Cooley, C. H., 1909, *Social Organization: A study of the largest mind*. (=1970, 大橋幸・菊池重代志訳『社会組織論 ―― 拡大する意識の研究』青木書店.)

Deleuze, G. & Felix Guattari, 1972, *L'anti-OEdipe*, Paris: Éditions de Minuit. (=1986, 市倉宏祐訳『アンチ・オイディプス』河出書房新社.)

―――, 1980, *Mille Plateaux: Capitalisme et schizophrénie*, Paris: Éditions de Minuit. (=1994, 宇野邦一・田中敏彦・豊崎光一・宮林寛・守中高明訳『千のプラトー ―― 資本主義と分裂症』河出書房新社.)

Derrida, J., 1967, *L'écriture et la différance*, Le Seuil. (=1977-83, 若桑毅他『エクリチュールと

　　　差異』法政大学出版局.）

──────, 1967, *De la grammatologie*, Éditions de Minuit.（=1971, 足立和治訳『根源の彼方に
──グラマトロジーについて』現代思潮社.）

──────, 1994, *Politique de l'amitié: Suivi de, L'oreille de Heidegger*, Galilée.（=2003, 鵜飼哲・
大西雅一郎・松葉祥一訳『友愛のポリティクス』1, 2, みすず書房.）

Du Gard, R. M., *Les Thibault, 1920-40*, Gallimard.（=1949-50, 山内義雄訳『チボー家の人々』
1-11, 白水社.）

Durkheim, E., 1 8 9 3, *De la division du travail social: Étude sur l'organisation des sociétés
supérieures*,（=1971, 田原音和『社会分業論』青木書店；1957, 井伊玄太郎訳『社会的分業
論』理想社；1935-37, 山崎早市訳『社会分業論上下』春秋社.）

──────, 1895, *Les règles de la méthode sociologique*, P.U.E. 1968（=1978, 宮島喬訳『社会学的
方法の基準』岩波文庫.）

──────, 1897, *Le Suicide: Étude de sociologie*, nouvelle ed., P.U.F.,1960（=1968, 宮島喬訳『自
殺論』世界の名著 47, 中央公論社, 中公文庫, 1985；1927, 鈴木宗忠・桑沢謙一訳『自殺論』
宝文館.）

──────, 1912, *Les formes élementaires de la vie religieuse: Le systeme totémique en Australie,
1912*, P.U.F.,1960.（=1975, 吉野清人訳『宗教生活の原初形態』岩波文庫.）

Einstein, A. & Infeld, L., 1 9 3 8, *The Evolution of Physics: The growth of ideas from early
concepts to relativity and quanta*, Cambridge University Press.（=1950, 石原純訳『物理
学はいかに創られたか──初期の観念から相対性理論及び量子論への思想の発展』岩波新
書.）

Engels, F., 1 8 8 0, *Die Entwicklung des Sozialismus von der Utopie zur Wissenschaft*, Marx-
Engels Werke, 19, Dietz, 1962.（=1968, 寺沢恒信・村田陽一訳「空想から科学への社会主
義の発展」『マルクス・エンゲルス全集』19, 大月書店；1946, 大内兵衛訳『空想より科学へ
──社会主義の発展』岩波文庫；1953, 寺沢恒信・山本二三丸訳『空想から科学へ』国民文
庫, 大月書店.）

──────, 1 8 8 4, *Der Ursprung der Familie, des Privateigentums und Staats*, Marx-Engels
Werke, 21, Dietz, 1962.（=1971, 村田陽一訳「家族, 私有財産および国家の起源」『マルク
ス・エンゲルス全集』21, 大月書店；1965, 戸原四郎訳『家族・私有財産・国家の起源』岩
波文庫.）

Foucault, M., 1966, *Les mots et les choses: Une archéologie des sciences humaines*, Gallimard.
（=1974, 渡辺一民・佐々木明訳『言葉と物──人文科学の考古学』新潮社.）

──────, 1972, *L'histoire de la folie*, Gallinmard.（=1975, 田村俶『狂気の歴史』新潮社.）

──────, 1976-1986, *Histoire de la sexualité*: 1 *Le volonté de savoir*, 2 *L'usage des plaisirs*, 1984,
3 *Le souci de soi*, 1986, Gallimard.（=1986, 渡辺守章訳『性の歴史 知への意志』；1986, 田村
俶訳『性の歴史 快楽の活用』；1987, 田村俶訳『性の歴史 自己への配慮』新潮社.）

Frank, A. G., 1 9 6 9, *Underdevelopment or Revolution: Essays on the development of
underdevelopment and the immediate enemy*, Monthly Review Press.（=1980, 大崎庄治ほ
か訳『世界資本主義と低開発──収奪の《中枢−衛星》構造』柘植書房.）

Fromm, E., 1941, *Escape from Freedom*, Holt, Rinehart & Winston.（=1951, 日高六郎訳『自由
からの逃走』創元社.）

──────, 1955, *The Sane Society*, New York: Rinehart & Compan.（=1958, 加藤正明・佐瀬隆
夫訳『正気の社会』社会思想社.）

──────, 1968, *The Revolution of Hope*, New York: Harper & Row.（=1969, 作田啓一・佐野哲

郎訳『希望の革命』紀伊國屋書店.）

福武直, 1946,『中国農村社会の構造』大雅堂；増補版：有斐閣, 1951；福武直著作集 1, 東京大学
出版会, 1975.

―――, 1948,『社会学の現代的課題』日本評論社；東京大学出版会, 1953；福武直著作集 1, 東
京大学出版会, 1975.

―――, 1949,『日本農村の社会的性格』東京大学協同組合出版会；福武直著作集 1, 東京大学
出版会, 1975.

―――, 1952,『社会学の基本問題』東京大学出版会；増補版, 1957；改題『社会学の方法と課
題』1969；『福武直著作集』3, 東京大学出版会, 1975.

Fukuyama, F., 1992, *The End of History and the Last Man*, Free Press.（=1992, 渡部昇一訳『歴
史の終わり』三笠書房.）

Galbraith, J. M., 1958, *The Affluent Society*, Houghton Mifflin, 4th rev. ed., 1984.（=1985, 小原
敬士訳『ゆたかな社会』第 4 版, 岩波書店.）

Gandhi, M. K., 1960, *My Non-Violence*, Navajivan Publishing House, Ahmedabad.（=1970-71,
森本達雄訳『私の非暴力』みすず書房.）

Gans, H. J., 1 9 6 8, *More Equality: How the United States can reduce inequalities of income,
wealth and political power*, Random House.

Giddens, A., 1998, *The Third Way: The renewal of social democracy*, Polity Press.（=1999, 佐和
隆光訳『第三の道――効率と公正の新たな同盟』日本経済新聞社.）

Gramsci, A., 1 9 4 7- 6 0, *Opere di Antonio Gramsci*, 1 0vols., Giulio Einaudi, new ed., 1 9 6 6.
（=1961-65, 代久二・藤沢道郎編『グラムシ選集』6 巻, 合同出版.）

Hardt, M. & Negri, A., 2000, *Empire*, Harvard University Press.（=2003, 水島一憲他訳『〈帝
国〉――グローバル化の世界秩序とマルチチュードの可能性』以文社.）

林望, 2017,『習近平の中国――百年の夢と現実』岩波書店.

Hegel, G. W. F., 1821, *Grundlinien der Philosophie des Rechts*, Suhrkamp, 1970.（=1978, 藤野
渉・赤沢正敏訳「法の哲学」『世界の名著 44 ヘーゲル』中央公論社.）

Hegel, G. W. F., 1837, *Vorlesungen über die Philosophie der Geschichte*, Reclam, 1924.（=1971,
武市健人訳『歴史哲学』岩波文庫.）

日高六郎編, 1964,『現代日本思想体系 34 近代主義』筑摩書房.

平野義太郎, 1934,『日本資本主義社会の機構――史的過程よりの究明』岩波書店, 改版第 1 刷
1948, 第 20 刷改版 1967.

Horkheimer, M., hrsg., 1936, *Studien über Autorität und Familie*, Paris: Alcan.（=1970, 清水
多吉編『道具的理性批判〈第 2〉権威と家族』イザラ書房, に部分訳.）

Horkheimer, M. & Adorno,T. W., 1947, *Dialektik der Aufklärung: Philosophische Fragmente*,
Amsterdam: Querido Verlag；Frankfurt am Main: Fischer Taschenbuch Verlag, 1971；2.
Aufl. Frankfurt am Main: Suhrkamp, 1984.（=1990, 徳永恂訳『啓蒙の弁証法――哲学的断
想』岩波書店.）

Huntington, S. P., 1996, *The Clash of Civilizations and the Remaking of World Order*, Simon
& Schuster.（=1998, 鈴木主税訳『文明の衝突』集英社.）

Jaspers, K., 1949, *Vom Ursprung und Ziel der Geschichte*, R. Piper.（=1964, 重田英世訳『歴史
の起源と目標』選集 9, 理想社.）

加藤周一, 1958,「現代社会と人間の問題」『中央公論』73(8).

Kautsky, K. J., 1 8 8 9, *Die Klassengegensatze von 1 7 8 9, 1 9 0 8*, als *Die Klassengegensätze in
Zeitalter der französischen Revolution*.（=1954, 堀江英一・山田和男訳『フランス革命時代

における階級対立』岩波文庫.）

―――, 1 8 9 9, *Die Agrarfrage: Ein Ubersicht über die Tendenzer der modernen Landwirtschaft und die Agrarpolitik der Sozialdemokratie.*（=1946, 向坂逸郎訳『農業問題』岩波文庫；1955, 山崎春成・崎山耕作訳『農業問題』国民文庫.）

―――, 1913-14, "Der Imperialismus" *Neue Zeit* Jg.32, Bd.II.（=1953, 波多野真『帝国主議論』創元文庫.）

川島武宜, 1949,『所有権法の理論』岩波書店, 川島武宜著作集第 7 巻.

―――, 1948,『日本社会の家族的構成』学生書房, 改版 1950.

共同通信社編著, 2019,『世界年鑑 2019』, 共同通信社.

Ленин, В. И, 1917a, Империализ, как высшая стадия капитлизма, *Полное собрание сочинений*, 5 и 3., том 27, 1962.（=1957, マルクス・レーニン主義研究所訳「資本主義の最高の段階としての帝国主義」『レーニン全集』25, 大月書店.）

Ленин, В. И, 1917b, Гœдарство и революцня. *Полное собрание сочинений*, 5 и 3., том, 33, 1964.（=1957, マルクス・レーニン主義研究所訳「国家と革命」『レーニン全集』25, 大月書店.）

Lévi-Strauss, C., 1962, *Le totémisme aujourd'hui*, PUF.（=1970, 仲沢紀雄訳『今日のトーテミスム』みすず書房.）

Lichtheim, G., 1970, *A Short History of Socialism*, Praeger.（=1979, 庄司興吉訳『社会主義小史』みすず書房.）

Liszt, F., 1841, *Das nationale System der politischen Ökonomie.*（=1970, 小林昇訳『経済学の国民的体系』岩波書店.）

Luhmann, N., 1968, *Zweckbegriff und Systemrationalitöt: Über die Funktion von Zwecken in sozialen Systemen*, Mohr.（=1990, 馬場靖雄・上村隆広訳『目的概念とシステム合理性 ―― 社会システムにおける目的の機能について』勁草書房.）

―――, 1 9 8 4, *Soziale Systeme: Grundriß einer allgemainen Theorie*, Frankfurt am Main: Suhrkamp.（=1993-95, 佐藤勉監訳『社会システム理論』恒星社厚生閣.）

Luxemburg, R., 1906, *Massenstreik, Partei und Gewerkschaften.*（=1962, 河野信子・谷川雁訳「大衆ストライキ, 党および労働組合」『ローザ・ルクセンブルク選集 第二巻』現代思潮社.）

Luxemburg, R., 1913, *Akkumulation des Kapitals: Ein Beitrage zur ökonomischen Erklärung des Imperialismus.*（=1934, 長谷部文雄訳『資本蓄積論』岩波文庫, 改訳版, 青木文庫, 1952；1952, 高山洋吉訳『資本蓄積論』三笠文庫.）

Mannheim, K., 1 9 2 9, *Ideologie und Utopie*, Friedrich Cohen, *Ideology and Utopia: An introduction to the sociology of Knowledge*, Routledege, 1 9 3 6 by L. Wirth & E.Shils.（=1968, 鈴木二郎訳『イデオロギーとユートピア』未来社；1971, 高橋徹・徳永恂訳「イデオロギーとユートピア」『世界の名著 56 マンハイム／オルテガ』中央公論社.）

―――, 1935, *Mensch und Gesellschaft im Zeitalter des Umbaus*, rev.ed., *Man and Society in an Age of Reconstruction*, Routledge, 1940 by E. Shils.（=1962, 福武直訳『変革期における人間と社会』みすず書房.）

―――, 1944, *Diagnosis of Our Time*, Oxford Universtiy Press.（=1954, 高橋徹・青井和夫訳『現代の診断』みすず書房.）

―――, 1 9 5 1, *Freedom, Power and Democratic Planning*, Routledge, ed. by H.Gerth et al.（=1971, 池田秀男訳『自由・権力・民主的計画』未来社.）

毛沢東, 1937,『実践論・矛盾論』（=1957, 松村一人・竹内実訳『実践論・矛盾論』岩波文庫.）

―――, 1939,『中国革命和中国共産党』（=1962-66, 毛沢東選集翻訳委員会『毛沢東選集』2 下,

　　新日本出版社.)

─────, 1940,『新民主主義論』(=1962-66, 毛沢東選集翻訳委員会『毛沢東選集』2 下, 新日本出版社.)

─────, 1945,『聯合政府論』(=1962-66, 毛沢東選集翻訳委員会『毛沢東選集』3 下, 新日本出版社.)

丸山眞男, 1952,『日本政治思想史研究』東京大学出版会, 新装版 1983.

─────, 1956-57,『現代政治の思想と行動』未来社, 増補版 1964.

─────, 1961,『日本の思想』岩波書店.

Marx, K., 1859, *Zur Kritik der politischen Ökonomie*, MEW 13, Dietz, 1961.（=1956, 武田隆夫他訳『経済学批判』岩波文庫；1964, 杉本俊朗訳「経済学批判」『マルクス・エンゲルス全集』13, 大月書店.)

─────, 1867-94, *Das Kapital*, Bd.1. 1867, Bd.2.1885, Bd.3. 1894, MEW 23-25, Dietz, 1962-64, (=1967, 向坂逸郎訳『資本論』3 巻 4 冊, 岩波書店；1965-67, 岡崎次郎・杉本俊朗訳「資本論」『マルクス・エンゲルス全集』23a, 23b, 24, 25a, 25b, 大月書店.)

Marx, K., & Engels, F., 1845-46, *Die deutsche Ideologie*, MEW 3, Dietz, 1958 (=1956, 古在由重『ドイツ・イデオロギー』岩波文庫部分訳；1963, 真下信一・藤野渉・竹内良知訳「ドイツ・イデオロギー」『マルクス・エンゲルス全集』3, 大月書店；1966, 花崎皋平訳『新版ドイツ・イデオロギー』合同出版；1974, 廣松渉編『ドイツ・イデオロギー（手稿復元, 新編輯版)』河出書房新社.)

─────, 1848, *Manifest der kommunistischen Partei*, MEW 4, Dietz, 1959 (=1951, 大内兵衛・向坂逸郎訳『共産党宣言』岩波文庫；1960, 村田陽一訳「共産党宣言」『マルクス・エンゲルス全集』4, 大月書店.)

Marcuse, H., 1941, *Reason and Revolution: Hegel and the rise of social theory*. London; New York: Oxford University Press.（=1966, 桝田啓三郎他訳『理性と革命 ── 理性と革命』岩波書店.)

─────, 1 9 5 5, *Eros and Civilization: A philosophical inquiry into Freud*, Boston: Beacon Press.（=1958, 南博訳『エロス的文明』紀伊国屋書店.)

Marcuse, H., 1964, *One-Dimensional Man*, Boston: Beacon Press.（=1974, 生松敬三・三沢謙一訳『一次元的人間』河出書房新社.)

Mead, G. H., ed. by C. W. Morris, 1934, *Mind, Self and Society: from the standpoint of a social behaviorist*.（=1973, 稲葉三千男・滝沢正樹・中野収訳『精神・自我・社会』青木書店.)

Meadows, D. H. et al., 1972, *The Limits to Growth: A report for the Club of Rome's project on the predicament of mankind*, Newgate Press.（=1972, 大来佐武郎監訳『成長の限界 ── ローマ・クラブ「人類の危機」レポート』ダイヤモンド社.)

本橋哲也, 2005,『ポストコロニアリズム』岩波新書.

『日本資本主義発達史講座』全 7 巻, 1932-33, 岩波書店, 復刻版, 1982.

2012 年国際協同組合年実行委員会編著, 2012,『協同組合憲章［草案］のめざすもの』家の光協会.

野呂栄太郎, 1927,『日本資本主義発達史』新潮社, 鉄塔書院, 1930, 岩波書店, 1935.

尾高邦雄, 1941,『職業社会学』岩波書店, 新稿 1-2, 福村出版, 1953.

─────, 1958,『産業社会学』ダイヤモンド社, 改訂版, 1963.

大澤真幸, 2007,『ナショナリズムの由来』講談社.

─────, 2019,『社会学史』講談社現代新書.

大澤武司, 2016,『毛沢東の対日戦犯裁判 ── 中国共産党の思惑と 1526 名の日本人』中公新書.

大塚久雄, 1938,『株式会社発生史論』有斐閣，大塚久雄著作集第 1 巻, 岩波書店, 1969.

─────, 1944,『近代欧洲経済史序説』日本評論社，大塚久雄著作集第 2 巻, 岩波書店, 1969.

Paine, T., 1 7 7 6, *Common Sense*, edited with an introduction by Richard Beeman, Penguin Books, 2012. (=1976, 小松晴夫訳『コモン・センス ── 他三編』岩波文庫.)

Park, R. E., Burgess, E. W., & McKenzie, R. D., 1925, *The City*. (=1972, 大道安二郎・倉田和四生訳『都市 ── 人間生態学とコミュニティ論』鹿島出版会.)

Parsons, T., 1937, *The Structure of Social Action: A study in social theory with special reference to a group of recent European writers*, New York: McGraw Hill. (=1974-89, 稲上毅・厚東洋輔訳『社会的行為の構造』5 冊，木鐸社.)

─────, 1951, *The Social System*, New York: Free Press. (=1974, 佐藤勉訳『社会体系論』青木書店.)

─────, 1 9 6 6, *Societies: Evolutionary and comparative perspectives*, Englewood Cliffs, N.J.: Prentice-Hall. (=1971, 矢沢修次郎訳『社会類型 ── 進化と比較』至誠堂.)

─────, 1969, *The System of Modern Societies*, Englewood Cliffs, N.J.: Prentice-Hall. (=1977, 井門富士夫訳『近代社会の体系』至誠堂.)

Polanyi, K., 1957, *The Great Transformation: The political and economic origins of our time*, Boston: Beacon Press. (=1975, 吉沢英成・野口建彦・長尾史郎・杉村芳美訳『大転換 ── 市場社会の形成と崩壊』東洋経済新報社.)

─────, 1966, *Dahomey and the Slave Trade*, Boston: Beacon Press. (=1975, 栗本慎一郎・端信行訳『経済と文明』サイマル出版会.)

─────, 1977, *The Livelihood of Man*, New York: Academic Press. (=1980, 玉野井芳郎・栗本慎一郎訳『市場社会の虚構性 ── 人間の経済』岩波書店.)

Reich, W., 1930, *Die Sexualität im Kulturkampf*, 2. Aufl., 1936. (英訳 *The Sexual Revolution*, New York: Orgone Institute Press, 1945.) (=1969, 中尾ハジメ訳『性と文化の革命』勁草書房.)

─────, 1933, *Massenpsychologie des Faschismus*, Copenhagen: Sexpol Verlag, 1 9 3 3, (英訳 *The Mass Psychology of Fascism*, 3rd ed., New York: Orgone Institute Press, 1 9 4 6.) (=1973-75, 平田武靖訳『ファシズムの大衆心理』上・下，せりか書房.)

Renan, J. E., 'Qu'est-ce qu'une nation?', Oeuvres Complètes vol.1, Calmann-Lévy, 1993. (=1997, 鵜飼哲ほか訳『国民とは何か』インスクリプト・河出書房新社.)

Rolland, Romain, 1903-12, *Jean Christophe*. (=1952-53, 片山敏彦訳『ジャン・クリストフ』1-4, みすず書房.)

Rostow, W. W., 1960, *The Stages of Economic Growth: A non-communist manifesto*, London: Cambridge University Press, 2nd ed., 1971. (=1974, 木村健康・久保まち子・村上泰亮訳『増補 経済成長の諸段階』ダイヤモンド社.)

向坂逸郎, 1937,『日本資本主義の諸問題 ── 資本主義と農村の階級的分化』育成社，黄土社, 1947.

Schutz, A., 1932, *Der sinnhafte Aufbau der sozialen Welt: Eine Einleitung in die verstehende Soziologie*. Wien: J. Springer. (=1982, 佐藤嘉一訳『社会的世界の意味構成 ── ウェーバー社会学の現象学的分析』木鐸社.)

─────, 1 9 7 7, *Zur Theorie sozialen Handelns: Ein Briefwechse*, ed. by W. M. Sprondel. (=1980, 佐藤嘉一訳『社会理論の構成 ── 社会的行為の理論をめぐってシュッツ・パーソンズ往復書簡』木鐸社.)

Shaw, G. B., ed., 1889, *Fabian Essays in Socialism*, London: Fabian Society.

篠原雅武, 2018,『人新世の哲学 —— 思弁的実在論以後の「人間の条件」』人文書院.

庄司興吉, 1975a,「中国の世界認識と世界認識の諸類型 —— 世界史の社会学への序章」『社会労働研究』21-1.2, 法政大学社会学部学会.

―――, 1975b,『現代日本社会科学史序説』法政大学出版局.

―――, 1977,『現代化と現代社会の理論』東京大学出版会.

―――, 1980,『社会変動と変革主体』東京大学出版会.

―――, 1989a,『社会発展への視座』東京大学出版会

―――, 1989b,『管理社会と世界社会』東京大学出版会.

―――, 1989c,『人間再生の社会運動』東京大学出版会.

―――, 1999,『地球社会と市民連携 —— 激性期の国際社会学へ』有斐閣.

―――, 2002,『日本社会学の挑戦 ——〈変革〉を読み解く研究と文献』有斐閣.

―――, 2008,『社会学の射程 —— ポストコロニアルな地球市民学へ』東信堂.

―――, 2009,『大学改革と大学生協 —— グローバル化の激流のなかで』丸善プラネット.

―――, 2015,『学生支援と大学生協 —— 民主協同社会をめざして』丸善プラネット.

―――, 2016a,『主権者の社会認識 —— 自分自身と向き合う』東信堂.

―――, 2016b,『主権者の協同社会へ —— 新時代の大学教育と大学生協』東信堂.

庄司興吉編, 2004,『情報社会変動のなかのアメリカとアジア』彩流社.

庄司興吉編著, 2009,『地球市民学を創る —— 地球社会の危機と変革のなかで』東信堂.

―――, 2016,『歴史認識と民主主義深化の社会学』東信堂.

―――, 2020,『21 世紀社会変動の社会学へ —— 主権者が社会をとらえるために』新曜社.

Simmel, G., 1890, *Über soziale Differenzierung: Soziologische und Psychologische Untersuchengen*, Dunker und Humnblot. (=1970, 居安正訳『現代社会学体系 1 社会分化論 社会学』青木書店.)

―――, 1908, *Soziologie: Untersuchungen über die Formen der Vergesellschaftung*, Dunker und Humblot 5.Aufl. 1968. (=1970, 居安正訳『現代社会学体系 1 社会分化論 社会学』部分訳, 青木書店.)

―――, 1917, *Grundfragen der Soziologie: Individuum und Gesellschaft*, Sammling Göschen, Berlin und Leipzig: Walter de Gruyter. (=1979, 清水幾太郎訳『社会学の根本問題』岩波文庫.)

孫文, 1924,『三民主義』(=1957, 安藤彦太郎訳『三民主義』岩波文庫.)

Spencer, H., 1850, *Social Statics*, new ed., 1892. (=1881, 松島剛訳『社会平権論』報告社.)

―――, 1876-96, *Principles of Sociology* (SSP vols. VI- Ⅷ) (=1882, 乗竹孝太郎訳『社会学の原理』上下, 第一巻の訳, 経済雑誌社, 1884, 浜野定四郎・渡辺治訳『政治哲学』第二巻の訳.)

Spivak, G. C., 1988, "Can the Subaltern Speak?" in Nelson, S. & Crossberg, L., eds., *Marxism and the Interpretation of Culture*, Urbana: University of Illinois Press. (=1998, 上村忠男訳『サバルタンは語ることができるか』みすず書房.)

―――, 1999, *A Critique of Postcolonial Reason: Toward a history of the vanishing present*, Cambridge, Mass.: Harvard University Press. (=2003, 上村忠男・本橋哲也訳『ポストコロニアル理性批判 —— 消え去りゆく現在の歴史のために』月曜社.)

Summer, W. G., 1907, *Folkways: A study of the social importance of usages, manners, customs, mores and morals.* (=1975, 青柳清孝他訳『フォークウェイズ』青木書店.)

高木八尺・末延三次・宮沢俊義編, 1957,『人権宣言集』岩波文庫.

高橋徹, 1987a,『近代日本の社会意識』新曜社.

————, 1987b,『現代アメリカ知識人論 —— 文化社会学のために』新泉社.

高橋明善, 2016,「村の比較社会論」庄司興吉編『歴史認識と民主主義深化の社会学』東信堂.

高橋和之編, 2007,『世界憲法集』新版, 岩波文庫.

竹内良知編, 1965,『現代日本思想大系 21 マルキシズムⅡ』筑摩書房.

立川雅司, 2020,「分野別研究動向（人新世） —— 人新世概念が社会学にもたらすもの」『社会学評論』刊行予定.

Tönnies, F., 1887, *Gemeinschaft und Gesellschaft: Begriffe der reinen Soziologie*, 1912, 2.Aufl., 1935, 8.Aufl. (=1954, 杉之原寿一訳『ゲマインシャフトとゲゼルシャフト —— 純粋社会学の基本概念』理想社, 岩波書店, 1957.)

遠山茂樹・山崎正一・大井正編, 1956-57,『近代日本思想史』1-3 巻, 青木書店.

内田義彦・大塚久雄・松島栄一編, 1966,『現代日本思想大系 20 マルキシズムⅠ』筑摩書房.

Wallerstein, I., 1974, *The Modern World System: Capitalist agriculture and the European world economy in the sixteenth century*, New York: The Academic Press. (=1981, 川北実訳『近代世界システム —— 農業資本主義と「ヨーロッパ世界経済」の成立』岩波書店.)

————, 1980, *Mercantilism and the Consolidation of the European World-Economy, 1600-1750*, The Modern World System 2, New York: The Academic Press. (=1993, 川北稔訳『重商主義と「ヨーロッパ世界経済」の凝集 —— 1600-1750』近代世界システム 2, 名古屋大学出版会.)

————, 1989, *The Second Era of Great Expansion of Capitalist World-Economy, 1730-1840s*, The Modern World System 3, New York: The Academic Press. (=1997, 川北稔訳『大西洋革命の時代 —— 1730-1840s』近代世界システム 3, 名古屋大学出版会.)

————, 2011, *Centrist Liberalism Triumphant, 1789-1914*, The Modern World-System 4, Berkeley: University of California Press. (=2013, 川北稔訳『中道自由主義の勝利 —— 1789-1914』近代世界システム 4, 名古屋大学出版会.)

Ward, L. F., 1883, *Dynamic Sociology*, 2 vols, New York: D. Appleton.

Webb, S. & B., 1897, *Industrial Democracy*, new ed., 1920. (=1927, 高野岩三郎監訳『産業民主制論』同人社書店, 覆刻版, 法政大学出版局, 1969.)

————, 1932, *Methods of Social Study*(=1982, 川喜多喬訳『社会調査の方法』東京大学出版会.)

Weber, M., 1904-05, *Die protestantische Ethik und der "Geist" des Kapitalismus, Gesammelte Aufsätze zur Religionssoziologie*, Bd. I, 1920. (=1955-62, 梶山力・大塚久雄訳『プロテスタンティズムの倫理と資本主義の精神』岩波文庫.)

————, 1920-21, *Gesammelte Aufsätze zur Religionssoziologie*, 5. Aufl., 1963, 3Bd., J. C. B. Mohr. (=1972, 大塚久雄・生松敬三『宗教社会学論選』部分訳, みすず書房；1971, 木全徳雄訳『儒教と道教』創文社；1983, 深沢宏訳『ヒンドゥー教と仏教』日貿出版社；1962-64, 内田芳明訳『古代ユダヤ教』1・2, みすず書房.)

————, 1921, *Gesammelte Politische Schriften*, Zweite, erweiterte Aufl., J. C. B. Mohr, 1958. (=1982, 中村貞二・山田高生・林道義・嘉目克彦・脇圭平訳『政治論集』1, 2, みすず書房.)

————, 1921-22, *Wirtschaft und Gesellschaft*, 4.Aufl., 2 Bde., 1956, 5.Aufl., 1972. (=1972, 清水幾太郎訳『社会学の根本概念』岩波文庫；1960, 62, 64, 70, 74, 世良晃志郎訳『支配の諸類型』『法社会学』『支配の社会学』1・2『都市の類型学』創文社；1975, 富永健一訳「経済行為の社会学的基礎範疇」尾高邦雄責任編集『ウェーバー』中央公論社；1975, 厚東洋輔訳「経済と社会集団」尾高邦雄責任編集『ウェーバー』中央公論社；1976, 武藤一雄・薗田宗人・薗田坦訳『宗教社会学』創文社；1954, 濱島朗訳『権力と支配』みすず書房；1967, 安藤英治・

池宮英才・角倉一朗訳『音楽社会学』創文社.）

―――, 1922, *Gesammelte Aufsätze zur Wissenschaftslehre*, 2.Aufl., 1951, 3. Aufl., J. C. B. Mohr, 1968.（=1955-56, 松井秀親訳『ロッシャーとクニース』1・2, 未来社；1936, 富永祐治・立野保男訳『社会科学方法論』岩波文庫；1968, 林道義訳『理解社会学のカテゴリー』岩波文庫；1976, 松代和郎訳『社会学および経済学の「価値自由」の意味』創文社；1936, 尾高邦雄訳『職業としての学問』岩波文庫.）

Wirth, L., 1928, The Ghetto. Chicago: University of Chicago Press.（=1981, 今野敏彦訳『ゲットー――ユダヤ人と疎外社会』マルジュ社.）

―――, 1938, "Urbanism as a Way of Life", *American Journal of Sociology*, 44.（=1978, 高橋勇悦訳「生活様式としてのアーバニズム」鈴木広編『都市化の社会学』増補版, 誠信書房.）

山田盛太郎, 1934,『日本資本主義分析』岩波書店.

―――, 1948,『再生産過程表式分析序論』改造社.

矢野恒太記念会, 2018,『世界国勢図絵 2018/19』矢野恒太記念会.

矢吹晋, 2017,『中国の夢――電脳社会主義の可能性』花伝社.

吉見俊哉, 2000,『カルチュラル・スタディーズ』岩波書店.

Zinn, H., 1995, *A People's History of the United States: 1492-present*, Rev. and Updated ed., New York: HarperPerennial.（=2005, 富田虎男・平野孝・油井大三郎訳『民衆のアメリカ史――1492年から現代まで』上下, 明石書店.）

# 人名索引

192

執筆者および主要著作一覧（執筆順、○印は編著者）

○庄司　興吉　東京大学名誉教授（奥付参照）

主要著作：『主権者の社会認識 —— 自分自身と向き合う』（東信堂、2016 年）、『日本社会学の挑戦 —— 〈変革〉を読み解く研究と文献』（有斐閣、2002 年）、『現代化と現代社会の理論』（東京大学出版会、1977 年）。

冨江　直子　茨城大学人文社会科学部准教授

主要著作：「穂積八束と岡村司 —— 自由の重さの耐え難さ」（佐藤健太郎・荻山正浩・山口道弘編『公正から問う近代日本史』吉田書店、2019 年）、「福祉権保障と国家 —— 闇市から福祉国家へ」（尾形健編『福祉権保障の現代的展開 —— 生存権論のフロンティアへ』日本評論社、2018 年）、『救貧のなかの日本近代 —— 生存の義務』（ミネルヴァ書房、2007 年）。

佐久間　孝正　東京通信大学人間福祉学部教授

主要著作：『移民と国内植民の社会学 —— 矢内原忠雄の植民論とアイヌ民族』（勁草書房、2019 年）、『多国籍化する日本の学校 —— 教育グローバル化の衝撃』（勁草書房、2015 年）、『在日コリアンと在英アイリッシュ —— オールドカマーと市民としての権利』（東京大学出版会、2011 年）。

奥村　隆　関西学院大学社会学部教授

主要著作：『反転と残余 —— 〈社会の他者〉としての社会学者』（弘文堂、2018 年）、『社会はどこにあるか —— 根源性の社会学』（ミネルヴァ書房、2017 年）、『社会学の歴史Ⅰ —— 社会という謎の系譜』（有斐閣、2014 年）。

編著者紹介

庄司　興吉（しょうじ　こうきち）
東京大学名誉教授　博士（社会学）
東京大学文学部社会学専修課程卒業、同大学院社会学研究科博士課程単位取得退学、法政大学社会学部専任講師、同助教授、東京大学文学部助教授、同教授（社会学第一講座）、同大学院人文社会系研究科教授（社会学専攻）、清泉女子大学教授（地球市民学担当）を歴任。
日本社会学会理事、関東社会学会会長、などを歴任。社会学系コンソーシアム理事長（2009-2014年）として、2014年横浜でひらかれた世界社会学会議に向けて、*Messages to the World from Japanese Sociological and Social Welfare Studies Societies,* 2014（冊子体、CDおよび http://www.socconso.com/message/index.html）を刊行。日本社会学および社会福祉学の世界への発信に努める。
東京大学消費生活協同組合理事長（1999-2003）をへて、全国大学生活協同組合連合会副会長（2004-2005）、同会長理事（2005-2014年）、同顧問（2014-）。

主権者と歴史認識の社会学へ
21世紀社会学の視野を深める

初版第1刷発行　　2020年3月25日

編著者　　庄司興吉
発行者　　塩浦　暲
発行所　　株式会社　新曜社
　　　　　101-0051　東京都千代田区神田神保町3-9
　　　　　電話（03）3264-4973（代）・FAX（03）3239-2958
　　　　　e-mail : info@shin-yo-sha.co.jp
　　　　　URL : https://www.shin-yo-sha.co.jp

組　版　　Katzen House
印　刷　　新日本印刷
製　本　　積信堂

# 新曜社の本

| | | |
|---|---|---|
| **21世紀社会変動の社会学へ**<br>主権者が社会をとらえるために | 庄司興吉 編著 | Ａ５判200頁<br>本体 2400円 |
| **地域福祉実践の社会理論**<br>贈与論・認識論・規模論の統合的理解 | 山本 馨 | Ａ５判272頁<br>本体 4200円 |
| **東大闘争の語り**<br>社会運動の予示と戦略 | 小杉亮子 | Ａ５判480頁<br>本体 3900円 |
| **運動史とは何か**<br>（社会運動史研究 1） | 大野光明・小杉亮子・<br>松井隆志 編 | Ａ５判136頁<br>本体 1500円 |
| **障害社会学という視座**<br>社会モデルから社会学的反省へ | 榊原賢一郎 編著 | 四六判234頁<br>本体 2400円 |
| **相互行為の人類学**<br>「心」と「文化」が出会う場所 | 高田 明 | Ａ５判248頁<br>本体 2800円 |
| **自己語りの社会学**<br>ライフストーリー・問題経験・当事者研究 | 小林多寿子・浅野智彦 編 | 四六判304頁<br>本体 2600円 |
| **開発と生活戦略の民族誌**<br>ソロモン諸島アノケロ村の自然・移住・紛争 | 宮内泰介 | 四六判384頁<br>本体 4200円 |
| **コモンズ論の挑戦**<br>新たな資源管理を求めて | 井上 真 編 | Ａ５判232頁<br>本体 3200円 |
| **空間紛争としての持続的スポーツツーリズム**<br>持続的開発が語らない地域の生活誌 | 村田周祐 | 四六判240頁<br>本体 3600円 |
| **子どもへの視角**<br>新しい子ども社会研究 | 元森絵里子・南出和余・<br>高橋靖幸 編 | Ａ５判208頁<br>本体 2600円 |
| **ハンナ・アレント〈世界への愛〉**<br>その思想と生涯 | 中山 元 | Ａ５判514頁<br>本体 5700円 |
| **変貌する恋愛と結婚**<br>データで読む平成 | 小林 盾・川端健嗣 編 | 四六判282頁<br>本体 2500円 |

（表示価格は税抜きです）